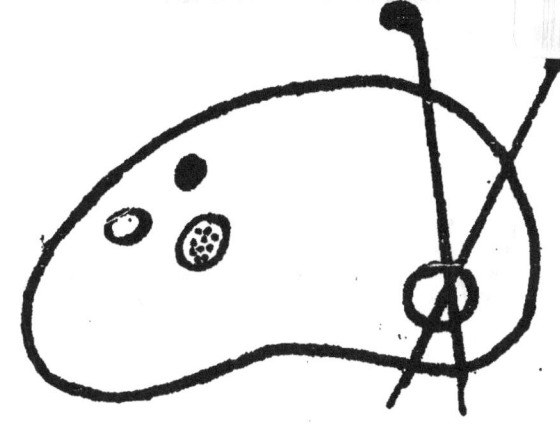

Couvertures supérieure et inférieure en couleur

FERDINAND FABRE

Ma Vocation

PARIS
ALPHONSE LEMERRE, ÉDITEUR
23-31, PASSAGE CHOISEUL, 23-31

M DCCC LXXXIX

BIBLIOTHÈQUE CONTEMPORAINE

VOLUMES IN-18 JÉSUS, IMPRIMÉS SUR PAPIER VÉLIN
Chaque volume, 3 fr. 50.

JAMES DARMESTETER	Lettres sur l'Inde	1 vol.
DE LESCURE	Coppée, sa vie, son œuvre	1 vol.
JEAN ERDIC	En Bulgarie et en Roumélie	1 vol.
FERDINAND FABRE	Ma Vocation	1 vol.
GUSTAVE FLAUBERT	Bouvard et Pécuchet	1 vol.
PAUL HERVIEU	Les Yeux verts et les Yeux bleus	1 vol.
—	L'Alpe Homicide	1 vol.
—	L'Inconnu	1 vol.
—	Deux Plaisanteries	1 vol.
ÉDOUARD HABERLIN	Les Employés	1 vol.
—	Le Capitaine Girard	1 vol.
CH. HUGO	Les Hommes de l'exil	1 vol.
JACQUES LA RONCE	Les Tubeuf	1 vol.
LECONTE DE LISLE	Iliade	1 vol.
—	Odyssée	1 vol.
LÉONCE DE LARMANDIE	Pur-Sang	1 vol.
JULES LEMAÎTRE	Sérénus	1 vol.
CAMILLE LEMONNIER	Les Charniers	1 vol.
DANIEL LESUEUR	Marcelle	1 vol.
—	Un Mystérieux amour	1 vol.
—	Amour d'aujourd'hui	1 vol.
HENRI LIESSE	On n'aime qu'une fois	1 vol.
JACK LINNE	Dans le Mariage	1 vol.
ANDRÉ MELLERIO	Contes psychologiques	1 vol.
FRANCIS MARATUECH	Rocailles. Choses de mon pays	1 vol.
MARC MONNIER	Nouvelles napolitaines	1 vol.
JOSEPH MONTET	Les Adorées	1 vol.
JEAN D'OC	Trop pur	1 vol.
PAULHAGUET	Boris Trofimoff	1 vol.
PELLEGRIN-CARCASSONNE	Liaison de Cœur	1 vol.
DE PONTEVÈS-SABRAN	L'Inde à fond de train	1 vol.
É. POUVILLON	Césette (Histoire d'une paysanne)	1 vol.
—	L'Innocent	1 vol.
—	Jean-de-Jeanne	1 vol.
MARCEL PRÉVOST	Le Scorpion	1 vol.
—	Chonchette	1 vol.
—	Mademoiselle Jaufre	1 vol.
ÉMILE PIERRET	Premières Amours	1 vol.
FRANCIS POICTEVIN	Derniers Songes	1 vol.
N. QUELLIEN	Loin de Bretagne	1 vol.
BERTRAND ROBIDOU	La Dame de Coëtquen	1 vol.
ROBINOT-BERTRAND	Les Songères	1 vol.
AUGUSTE SAULIÈRE	Les Guerres de la Paroisse	1 vol.
ANDRÉ THEURIET	Péché Mortel	1 vol.
—	Bigarreau	1 vol.
—	Les Œillets de Kerlaz	1 vol.
—	Amour d'Automne	1 vol.
ALFRED DE VIGNY	Cinq-Mars	1 vol.

PARIS. — Imp. A. LEMERRE, 25, rue des Grands-Augustins.

Ma Vocation

DU MÊME AUTEUR

(PETITE BIBLIOTHÈQUE LITTÉRAIRE)

L'ABBÉ TIGRANE. 1 vol. petit in-12 . . . . 6 fr.
MONSIEUR JEAN. 1 vol. petit in-12 . . . . 6 fr.

Tous droits réservés.

FERDINAND FABRE

Ma Vocation

PARIS
ALPHONSE LEMERRE, ÉDITEUR
23-31, PASSAGE CHOISEUL, 23-31

M DCCC LXXXIX

DILECTÆ UXORI

Nemo, nisi a quo omnia acta sunt sub censura sua, quæ nunquam fallitur, libenter se in præteritum retorquet.

SÉNÈQUE.

MA VOCATION

AVANT-PROPOS NÉCESSAIRE

Je veux me donner le plaisir de reconstituer et de raconter avec quelques détails cette journée mémorable...

Je vois encore toute la scène. Les acteurs se réduisent à deux : mon oncle Fulcran, curé de Camplong, et moi, écolier de septième au collège de Bédarieux. Par exemple, le décor est admirable : à droite, les retombées du roc de Philip avec des bouquets de chênes verts bruissants de tourdelles, de merles, de chardonnerets ; à gauche, les collines de Canals clairsemées d'oliviers pliant sous les fruits déjà mûrs ; au fond, se dégageant des terrains rougeâtres de la plaine de Véreilles, la rivière d'Orb, qui, à travers les hauts peupliers de ses rives, nous lance des regards de feu.

Aujourd'hui il y a eu chez nous, rue de la

Digue, un long entretien entre mon père et mon oncle. Mon père, très ému des reproches que M. le principal du collège m'a adressés ce matin, jour de la rentrée, a pris, à propos de moi, conseil de son frère l'abbé, et celui-ci a été d'avis qu'on me confiât à sa vigilance, à sa tendresse, à son habileté, à ses soins.

— Il est dissipé ? Il est paresseux ? Eh bien ! nous verrons ça. Je l'emmène.

Sitôt dit, sitôt fait. Tandis que je ficelais mes livres, mes cahiers, que ma mère empaquetait mon linge, mes habits, mon oncle Fulcran, préoccupé de mon bagage, courait à travers la ville pour découvrir Justine Cazalas, la messagère de Camplong; puis, vers cinq heures, nous sommes partis.

Une vie nouvelle commence pour moi, et j'en suis secoué de fond en comble. Toutefois, je n'ai pas pleuré en quittant ma mère en larmes. Moi qui adore ma mère, si indulgente à mes incartades, je ne comprends rien à tant de froideur. Chose horrible ! quand elle m'embrassait, m'embrassait encore, me rembrassait, je trouvais cela long. Comme un poulain de la montagne né d'hier, qui ne demande qu'à exercer ses jambes neuves, j'avais peur de voir se refermer la porte que mon oncle venait de m'ouvrir vers sa paroisse, vers la liberté ; et cette peur me glaçait.

Maintenant je chemine au long de la grande route de Lodève, et je ne suis pas sans éprouver un vague trouble. Dix fois je me suis retourné pour apercevoir le clocher de Saint-Alexandre, qui décroît, décroît un peu plus à chaque pas parmi les vapeurs roses où la ville s'estompe, s'écroule, s'évanouit. J'ai une seconde d'angoisse : je voudrais presque revenir, et je regarde mon oncle avec inquiétude. Il ne se préoccupe guère de moi, lui. Dès le faubourg Saint-Louis, le pont à peine franchi, il s'est signé, s'est touché les lèvres du bout du pouce et a commencé de réciter son bréviaire. Il va d'un pas lent, mesuré, attentif, articulant le latin à mi-voix. Il est tellement absorbé qu'il ne rend ni un salut ni un mot aux gens de sa paroisse qui, en passant, lui parlent ou le saluent.

— Bien le bonsoir, monsieur le curé ! lui crie Justine Cazalas, derrière sa mule chargée de mes paquets.

Et lui, de lever la tête, de regarder sans voir et de répondre à la messagère de Camplong :

— *A facie Domini mota est terra, a facie Dei Jacob...*

Les luzernières de M. Prades dépassées, le chemin fait un coude brusque, et le joli hameau du Mas-Blanc, avec son église fraîchement badigeonnée au lait de chaux, brillante au milieu des masures terreuses et décrépites comme un écu neuf dans un tas de sous usés, se dresse devant moi, de l'autre côté de l'Orb. J'éprouve quelque ennui, quelque regret de m'en aller. C'est au Mas-Blanc que demeure Léon Boucquier, un de mes condisciples du collège, celui que j'aime le plus...

Les Boucquier, entêtés à faire « quelque chose » de leur fils, l'avaient placé à Bédarieux pour y commencer ses classes ; mais Léon, trop paysan pour oublier son endroit, ses vagabondages à travers les garrigues, flairait sans cesse aux portes, et, si l'une d'elles venait à s'ouvrir, il détalait vers le pays de tous ses orteils. En deux ans, ses parents le virent revenir plus de vingt fois. Après les vacances de Pâques, M. le principal a refusé de le reprendre, et maintenant il chasse, il braconne, il englue, il pêche, il mène la vie de son plaisir. Justement, voilà sa maison parmi cette plantation d'amandiers. Que de fois j'y suis venu, dans cette maison hospitalière, et combien de grives j'y ai plumées, j'y ai mangées, cet hiver, tandis que des brindilles d'olivier éclairaient l'âtre, toute la cuisine, à jour !

Léon Boucquier, encore que plus âgé que moi de quatre ans — il en a seize et j'en ai douze, — durant son incarcération si pénible à Bédarieux, m'avait pris en belle amitié, et, dans ces derniers temps, c'est incalculable le nombre de fois que j'ai fui le collège pour me mêler à ses pêches, à ses chasses, à ses engluements. Le Mas-Blanc est si près de Bédarieux ! Un quart d'heure de course un peu vite, et l'on y est.

Nous avons laissé le Mas-Blanc derrière nous

et nous abordons le village de La Tour, composé de quelques auberges pour les rouliers qui, du bas pays, montent charger de la houille aux mines de Graissessac, et de trois ou quatre fabriques de drap dont les roues énormes tournent dans la rivière. Mon oncle a refermé son bréviaire et tire, de-ci de-là, son tricorne aux femmes qui lui font la révérence. Nous ne prenons pas, à gauche, la route des charrettes, noire de charbon pilé, aux banquettes effondrées. Nous allons toujours devant nous. — Il y a donc un chemin par là? — Si mon oncle, dont les lèvres balbutient l'oraison finale de son office, dans le recueillement de sa prière se trompait par hasard?... Je n'ose l'interrompre pour l'interroger.

Tant pis! Après tout, nous n'arriverions pas à Camplong, nous nous égarerions, que nous finirions bien par arriver ailleurs, dans une autre paroisse où le curé nous recevrait. Là-bas, le clocher de Caunas, puis celui de Frangouille, puis celui de Saint-Xist. Ah! ni les églises ni les presbytères ne manquent chez nous. Ce serait si amusant de tomber là où nous ne sommes pas attendus, d'être obligé de courir soi-même aux œufs, au jambon, à la volaille, pour improviser un repas, comme chez les Boucquier, où Léon aurait tout mis à feu et à sang dès qu'il m'apercevait! Puis on cause le soir, au frais ou au coin de la cheminée : on apprend des nouvelles; on conte des histoires;

enfin on se couche en un lit un peu dur, mais excellent, où l'on dort mieux qu'à la maison.

Mon oncle Fulcran fait un crochet, traverse le fossé longeant la route, s'enfonce dans un taillis de jeunes châtaigniers. Je me précipite et, malgré des surgeons vivaces qui me flagellent aux jambes, véritable basset flairant piste sous bois, je rejoins mon cher oncle qui a filé comme un levraut.

Au fur et à mesure que nous escaladons la montée raide, le pays s'offre à nous rocailleux, pelé, découvert. Plus de broussailles inextricables ; par intervalles seulement, s'élançant du sol crevassé, des chênes magnifiques, aux troncs vastes et rudes, aux frondaisons immobiles, se découpent sur le ciel avec une surprenante netteté. Le soleil, au moment de disparaître derrière les collines de Carlencas, a beau leur décocher des rayons plus aigus que des flèches, ces masses épaisses de feuillage ne se laissent pas pénétrer et c'est tout au monde si, sur les contours, une ramille perdue, de toutes parts enveloppée, consent à rougir légèrement. Les beaux arbres ! et quelle abondance de fruits partout répandue ! Bien au delà de la portée des branches, les pierrailles sont jonchées de glands énormes comme des noix.

Ma foi, mon oncle continuant à prier — après le bréviaire, le chapelet, — je ramasse au passage les plus gros de ces glands et les lance à droite, à gauche, dans toutes les directions. Bon ! une linotte; bon! un chardonneret; bon! un verdier, qui se sauvent parmi les buissons. Pourquoi déranger ces oiseaux ravissants, en train de se chercher un gîte pour la nuit? Cela m'amuse. Pourtant, je l'avoue, j'aurais horreur de ressembler à Léon Boucquier, qui, cet été, ayant pris au filet une demi-douzaine d'alouettes, sous prétexte qu'elles seraient d'un meilleur manger, les pluma vivantes devant moi. « Sauvage! sauvage! » lui criais-je, furieux. Et lui, sans discontinuer sa besogne atroce, de rire à gorge déployée.

— Petit! appela mon oncle.

J'accourus. Épuisé, peut-être par ses trop longues oraisons, peut-être par les difficultés d'un véritable sentier de chèvre, il s'était assis aux bords d'une roche plate sous un amoncellement de ronces chargées de mûres. Il demeurait là, pâle, essoufflé, ses yeux brillants attachés sur moi.

— Petit..., répéta-t-il.
— Mon cher oncle?...
— Aimes-tu les mûres?
— Oui, mon oncle, je les aime.
— Celles-ci sont excellentes; croques-en quelques-unes. Le tènement de l'Aire-Raymond, où nous sommes, appartient à Vincent Bassac, marguillier de mon église, et Vincent Bassac m'a autorisé à dévaliser sa propriété. Tu vois, je ne me gêne guère.

Il allongea une main, en effet, et détacha une superbe grappe.

— Alors, les mûres n'appartiennent pas à tout le monde? Je croyais...

— Peut-être est-ce pousser loin le scrupule, mon enfant. Pour mon compte, je n'oserais toucher au fruit d'une terre qui ne serait pas à moi. Quand il s'agira du bien d'autrui, si tu veux m'écouter, tu en useras comme j'en use.

Je choisis une douzaine de mûres, les plus belles, les plus appétissantes, et les lui présentai respectueusement, à genoux. Il me sourit. Je trouvai je ne sais quoi de bon, de tout à fait exquis à son sourire. Qu'était le fruit des ronces comparé à ce fruit-là !...

Cependant le soleil était près de sombrer au loin, et les monts graveleux de Valquières profilaient dans l'azur obscurci des crêtes qui allaient s'éteignant de plus en plus. A notre droite, les châtaigneraies de Frangouille, à travers lesquelles on ne démêlait guère les clairs sentiers de Saint-Xist, se développaient ténébreuses, formidables, jusqu'aux verreries du Bousquet, jusqu'à la rivière d'Orb, où elles semblaient plonger. Et puis quel silence partout épandu! Les oiseaux, encore alertes et vifs tout à l'heure, avaient découvert maintenant la branche propice au sommeil d'une nuit, et, dans l'air paisible d'où la lumière se retirait davantage à chaque minute, ne passait plus une aile, ne sonnait plus un bec. Un bruit unique, par intervalles, arrivait jusqu'à nous : le cla quement sonore d'un fouet acharné sur quelque bête traînant sa charge de houille dans l'affreux chemin des mines, de l'autre côté de l'Aire-Raymond.

Mais à quoi pensait mon oncle Fulcran? Il ne voyait donc pas la nuit qui tombait, qui bientôt allait nous envelopper? Assurément il ne la voyait pas, la nuit, car, encore qu'il eût fini son goûter de mûres, il semblait ne pas se préoccuper le moins du monde de partir.

— Eh bien, mon oncle?... lui demandai-je.

Il demeura tête penchée.

— Nous sommes encore loin de Camplong, je crois? insistai-je.

Il leva tout entière vers moi sa face pâle, où, par l'enfoncement des joues, le nez me parut plus long, plus renflé qu'il ne l'était en réalité, et fixant dans mes yeux noirs un peu effarés ses yeux noirs tranquilles :

— Tu sauras, mon cher enfant, me dit-il, qu'en revenant de Bédarieux, où de temps à autre m'appellent les Conférences cantonales, je m'arrête toujours ici. L'endroit est solitaire ; je le trouve merveilleusement propre à la méditation. En quittant la Conférence, après cent questions posées, discutées, plus ou moins résolues, la tête me bourdonne comme une ruche trop pleine. Ici, sur ces hauteurs salubres, *in alta solitudine*, je parviens à mettre quelque ordre dans le désarroi de mes pensées. Dans la paix de cette lande perdue, j'essaye de séparer le bon grain de l'ivraie, et la voix de ma conscience me prévient que plus d'une fois j'y ai réussi. Que d'ivraie ! Le tas est gros. Quant au bon grain, le tas est petit et je le plierais bien dans une feuille de ce roncier. N'importe ! Nos discussions entre confrères terminées, si j'ai pu distraire une vérité de la montagne de nos erreurs, je suis fier d'emporter cette vérité unique dans ma paroisse, où elle m'aide à vivre comme un bon prêtre a le devoir de vivre, où elle m'aidera à mourir comme un bon prêtre a le devoir de mourir.

— Vous êtes un saint ! m'écriai-je, transporté, sans trop comprendre.

— Oui, le vénérable abbé Laroche, auquel je songe à propos de toi, était un saint.

— Le vénérable abbé Laroche ?...

— Dieu, qui veille sur les élus de sa grâce, dès mon entrée au grand séminaire, en novembre 1819, me conduisit par la main au vénérable abbé Laroche. C'était un vieillard tout menu, avec une petite tête qui paraissait énorme par l'abondance des cheveux. Je ne vis jamais à personne chevelure plus touffue, plus riche. Et quel éclat les traits de M. Laroche, qui touchait à ses quatre-vingts ans, empruntaient à cette splendide couronne blanche ! Il professait l'*Histoire ecclésiastique*. Mais ce n'était pas son enseignement qui lui avait créé une situation exceptionnelle parmi les directeurs du grand séminaire de Montpellier : c'était son tact en quelque sorte divin à découvrir les *vocations*, à les cultiver, à les faire s'épanouir sous le souffle de son âme comme des fleurs dont le sanctuaire un jour serait parfumé. Ce texte de l'Écriture lui revenait sans cesse aux lèvres : « Ayez la bonne odeur du Liban, *quasi Libanus odorem suavitatis habete !* » Comme on ne saurait entrer trop tôt dans la bonne voie, je compte, mon enfant, dès ton arrivée au presbytère, te soumettre, *sur toi-même,* au travail auquel M. Laroche me soumit.

— Mais vous aviez vingt ans...

— Non, j'en avais dix-neuf...

— Et ce travail sur moi-même ?

— Il ne sera ni difficile ni pénible... A la fin de notre première entrevue, l'abbé Laroche me tendit un cahier assez volumineux et me dit : « Prenez ceci et répandez-y votre âme sous l'œil de Dieu. Ne passez jamais un jour sans vous confesser à vous-même vos fautes, la plume à la main. C'est par écrit que vous formerez de bonnes résolutions, et c'est par écrit que je vous ordonne de constater si vos bonnes résolutions ont été tenues. Notre volonté est si fragile qu'il n'est pas trop de l'étayer, de la soutenir par la surveillance assidue de notre pensée. Saint Cyprien proclame qu'un prêtre doit vivre d'une manière constante « en la présence du Seigneur, « *in conspectu Domini.* » Habituez-vous, avant d'être élevé à la dignité du sacerdoce, la plus haute dignité de la terre, à vivre d'une manière constante en présence de vous-même. Ce n'est qu'en vous pénétrant « jusqu'aux os, *usque ad* « *ossa*, » que vous balayerez hors de vous-même les scories du péché dont toute créature humaine se trouve encombrée depuis Adam. Ces sortes de mémoires quotidiens que je vous impose vous aideront à vous purifier. Ne négligez aucun coin ou recoin de votre être. Soyez jaloux pour Dieu, puisque vous enviez de lui appartenir... » Je demeurai planté devant M. Laroche, n'osant avancer la main pour saisir son cahier.

« Maintenant, n'allez pas vous imaginer que ces pages où se livrera la bataille de votre vocation — un combat singulier avec Dieu même, — seront jamais effleurées par un regard indiscret. Comme s'ils étaient demeurés enfouis au fond de votre conscience, vos secrets vous appartiendront exclusivement, ils ne seront qu'à vous. Pour moi, votre directeur, je pourrai bien, dans les épanchements sacrés du tribunal de la Pénitence, vous demander si vous poursuivez vos *écritures*; ce sera tout, je n'en lirai pas un mot. Il n'est de place pour personne entre vous et Dieu. »

Je considérais mon oncle avec un étonnement indicible. En nulle rencontre il ne m'avait parlé ainsi. Mon âge, assurément, ne me permettait guère de pénétrer ses paroles ; mais, par-ci par-là, j'en avais pressenti la portée, flairé le sens, et je ne sais quel vent d'enthousiasme me soulevait les cheveux.

Le soleil ayant disparu tout à fait, une petite lune mince et pâle montait à l'horizon pas à pas, incertaine de sa marche tant elle était jeune. Au fur et à mesure qu'elle avançait, elle avait à peine la force de teinter de blanc les gros nuages qui, tantôt, dans l'immensité du ciel, roulaient leurs masses rouges sous les rayons droits du couchant.

Nous nous remîmes en route.

Je me comportais un peu comme la nouvelle lune : je ne volais pas à travers le sentier pierreux. Mon oncle, coutumier de ces raidillons encombrés d'obstacles, plus maigre d'ailleurs qu'un chat sauvage, sautait, bondissait, cabriolait ; moi, tout aussi maigre, je m'empêtrais en des souches de buis, engageais mes pieds en des trous et d'aventure baisais la terre de mon long.

— Par ici, petit, par ici ! me criait mon oncle dont le tricorne, pareil à quelque oiseau de nuit, flottait dans l'air à vingt pas de moi.

Enfin nous atteignîmes le plateau de l'Aire-Raymond.

Comme ma petite lune s'en donnait, là-haut, toute seule, au milieu d'une armée d'étoiles ! Elle n'était plus blanche, à présent ; elle était d'un jaune d'or brillant, avec deux pointes très fines, très vives, très allumées. Je ne comprenais pas qu'elle eût eu la force de fendre les amoncellements de nuages d'où elle se dégageait si difficilement à son lever. Les étoiles, ses amies, l'y avaient aidée sans doute. Le fait est que le ciel se montrait partout déblayé, plus net que la main, plus transparent et poli qu'une glace. Ce pays où j'entrais, à peu près nouveau pour moi, me paraissait merveilleusement beau. Mon âme, séduite par l'attrait d'un changement, répandait sur toutes choses une lumière aussi douce que la lumière douce tombant de la lune et des étoiles, et j'allais à côté de mon oncle Fulcran, ravi, enlevé, heureux comme on ne l'est que dans l'enfance, quand on ne sait rien de l'homme, que, pour ainsi dire, on n'en a pas ouï parler.

— Voilà le moulin de Barthélemy, dit mon oncle, me montrant une masure dans un paquet d'arbres.

— C'est bien joli! répondis-je, enchanté.

— Nous approchons de la paroisse... A propos, avant d'arriver, il me serait agréable de savoir si tu ne voudrais pas t'habituer, chaque soir, à écrire quelques lignes sur un cahier...

— Je ne demande pas mieux.

Alors, se parlant à lui-même à haute et intelligible voix, il s'en alla murmurant :

— Je pourrais préparer un cahier de 365 pages, une page pour chaque jour... Mon neveu ne serait pas obligé de remplir quotidiennement sa page; il écrirait ce qui lui viendrait au bout de la plume...

— Vous pensez donc que je serai prêtre,

moi, un jour? articulai-je, pris d'un tremblement de tous les membres.

— Le sacerdoce est le privilège de rares êtres qu'il a plu à Dieu de marquer de son doigt, et je ne sais encore, mon enfant, si le doigt de Dieu t'a touché. Mais, quelque carrière que tu sois appelé à suivre à travers les hommes, tu auras besoin de courage, autrement dit, de *vertu*, pour donner au mot courage son véritable sens. Or, où puiseras-tu ce courage, cette vertu nécessaire, si les ressources, les armes qui peuvent résider en toi pour soutenir le rude combat de la vie, te demeurent cachées? Il ne m'est pas permis d'en douter après une expérience de vingt-trois ans : en m'appliquant, dès 1819, à un examen minutieux de mes moindres actions, M. Laroche me mettait à même de me connaître, de sonder le fort et le faible de ma nature et de devenir, à la lumière de cette analyse de chaque jour, le prêtre honorable que je suis... Du reste, ton journal, à Camplong, sera le journal qu'on peut écrire à ton âge, reprit-il après un silence, et il n'aura rien de commun avec celui que j'écrivais à Montpellier. Tandis que le mien était grave, souvent triste, parfois mouillé de larmes, le tien sera gai, vif, amusant. Je veux que sur tes pages tu babilles à cœur ouvert, ainsi que babillerait à bec ouvert un oisillon sur une branche. Deux, trois lignes pour un examen très court de conscience; puis vingt, puis cent, si tu le veux, à propos de tes divertissements dans le village, de tes courses dans les montagnes du Jougla, de Fonjouve, de Bataillo, où je ne t'empêcherai pas d'aller tendre des pièges aux grives, aux merles, aux lapins. Tu n'auras plus Léon Boucquier ici; mais tu auras Galibert, le pâtre des Bassac...

— Quel bonheur !

— Ce n'est qu'à la longue que ton cahier deviendra exigeant, pour ton profit. Au bout d'un an, de deux peut-être, il te demandera une nourriture moins légère que celle des premiers temps, et tu la lui donneras sans effort, car, par un travail intérieur accompli à ton insu, ta pensée se sera faite plus ferme, plus nette, et tu l'exprimeras mieux par la raison que tu la verras mieux. Quel ami tu auras dans l'ami que me donna l'abbé Laroche et que je te donne ! Si tu le pratiques fidèlement, quoi qu'il plaise à Dieu de faire de toi, à quelque extrémité que la méchanceté des hommes soit capable de te réduire, tu demeureras dans ta force, dans ta fierté. Les luttes si âpres de la vie entament uniquement ceux qui, se fuyant eux-mêmes, ont négligé d'apprendre ce qu'ils pouvaient pour résister...

Prudence Ricard, la gouvernante de mon oncle, nous attendait à la porte du presbytère.

— La soupe est sur la table ! glapit-elle en nous apercevant.

*
* *

Mon oncle est mort en 1871, et M. l'abbé Sals, « légataire de ses papiers quelconques, » a brûlé une montagne de cahiers d'une écriture très fine, très serrée. La vie de l'humble desservant de Camplong se trouvait notée là jour par jour, presque heure par heure. Sait-on si, parmi tant de pages, quelques-unes ne méritaient pas d'être choisies, de vivre? L'histoire d'une âme simple qui se répand en liberté, que sa foi chasse sans cesse vers les sommets, qui a éprouvé plus lourdement qu'une autre le poids de la terre par un contact journalier avec les douleurs humaines, si grandes, si habituelles en nos pays dénués, l'histoire d'une pareille âme n'était certes pas chose méprisable: Mon oncle, se racontant, eût fourni un noble et touchant spectacle. Je n'ai pas été consulté, et tout a péri.

M. l'abbé Sals ne m'a pas épargné dans son autodafé cruel, car les premières années de mon journal—de 1842 à 1845,—mises sous clef dans la commode du presbytère, n'ont pas été retrouvées. Cela a flambé avec le reste. Je regrette ces feuilles où je m'étais évertué dès la douzième année. Mais aussi pourquoi, tandis que mon oncle vivait, n'ai-je pas repris ce qui m'appartenait, ce qui était bien à moi, ce qui était moi? Je n'y songeais guère. Nous sommes ainsi faits qu'il nous faut subir les atteintes de l'âge pour nous intéresser au passé. Vienne la cinquantaine, et la vie, qui ne bat plus son plein, sujette désormais à des défaillances, à des arrêts, commence à déserter l'espérance pour se complaire au souvenir. Oh! alors, comme les choses laissées derrière nous, semées à pleines mains sur la route : idées, sentiments, souffrances, efforts, luttes, folies, nous retiennent, nous attachent, nous secouent jusqu'aux larmes !

Je fus malade il y a quelques années, et, dans les langueurs d'une convalescence pénible, je feuilletai ce qui reste de mon journal. Il ne me répugnait en aucune façon, quand tout semblait m'échapper, de procéder à une enquête suprême. Je dirai plus : pouvant me rendre le témoignage d'avoir été, sinon un bon, du moins un honnête ouvrier de la vigne littéraire, je comptais pour le relèvement de mes forces sur une lecture où je serais mis en face de moi-même, où je toucherais du doigt tout ce que j'avais tenté à la sueur de mon front, tout ce que j'avais voulu, obstinément voulu, le peu, hélas! qu'il m'avait été permis de réaliser.

Cette épreuve redoutable — il est redoutable de se voir de trop près — eut une grande douceur et ne me fut pas sans profit. Des émotions délicieuses de l'âme, le corps reçut des contre-coups fortifiants. La vertu de mes *écritures* me redressa sur pieds. Retrouver le petit séminaire de Saint-Pons me fut un soulagement adorable. Je ressaisis l'impression entière de mon séjour dans la silencieuse maison de la Montagne-Noire, chez M. l'abbé Dubreuil, mort depuis archevêque d'Avignon. Je refis mes promenades d'écolier, et l'air du Saumail, l'air violent des hauteurs, qui d'aventure me roulait dans la neige, me ranima encore une fois.

Mais, trois cahiers parcourus, j'en ouvris un quatrième. Celui-ci m'attacha plus intimement, plus âprement que les autres. Là était consigné, consigné avec minutie, le long supplice de ma vocation religieuse. Je fus pris aux entrailles. Quel martyre j'avais subi ! Je faillis en crier. Était-il croyable que j'eusse été ainsi écartelé par Dieu et que je ne fusse pas mort sur le coup? Incontinent, cette idée me tomba dans l'esprit et y mit le feu : « Si j'imprimais ces notes?... »

Après de mûres réflexions, il m'a paru qu'il ne serait pas sans intérêt pour les lecteurs des *Courbezon*, de *l'Abbé Tigrane*, de *Mon oncle Célestin*, de *Lucifer*, de connaître à quelle source j'ai puisé en écrivant ces études de mœurs ecclésiastiques, et je me décide à publier des fragments de mon journal. Devant ma persistance dans un ordre d'observations où se sont risqués de rares romanciers, certains critiques, trop peu naïfs, m'ont supposé toute espèce de motifs très ingénieux de renommée ou d'intérêt. — Peut-être, par un scandale retentissant, voulais-je affirmer mon nom ou ramasser des poignées de gros sous?—Ces critiques se sont trompés. Je ne suis pas allé à l'Église de propos délibéré pour la peindre et pour la juger, encore moins pour faire d'elle métier et marchandise; l'Église est venue à moi, s'est imposée à moi par la force d'une longue fréquentation, par les émotions poignantes de ma jeunesse, par un goût tenace de mon esprit, ouvert de bonne heure à elle, à elle seule, et j'ai écrit tout le long de l'aune, naïvement. D'autres, plus heureux, plus robustes, mieux doués, abordaient Paris, abordaient la province, abordaient le monde; moi, je demeurais confiné dans mon coin étroit, dans mon « diocèse, » comme aurait dit Sainte-Beuve, me persuadant, sans doute pour atténuer le sentiment trop pénible de mon impuissance, que les œuvres fortes ne devaient être, ne pouvaient être que les œuvres où l'auteur mettait un peu de son sang, un peu de sa vie. De là une série de livres sur les desservants, les curés, les chanoines, les évêques...

Cependant, à certains jours, je fuyais la sacristie étouffante, partais en folle course à travers la montagne cévenole et en rapportais *Barnabé, Julien Savignac, le Chevrier, Monsieur Jean,* toute mon existence au village parmi les ermites, les pâtres, les chèvres, les moutons. Mais je revenais à l'Église invinciblement, à l'Église où je connaissais tout, gens et choses, où le moindre détail des cérémonies m'intéressait, où la fumée de l'encensoir m'enlevait aux voûtes, jusqu'à ce ciel que mon oncle Fulcran me montrait de son doigt levé. Sans que mon esprit ait jamais rien perdu de son indépendance, mon âme, à travers mon œuvre, a constamment subi la servitude d'une première empreinte, l'irrésistible fascination des souvenirs. On n'aime plus peut-être, mais on est encore charmé.

J'ignore ce qu'il en sera de ces pages arrachées à mes cahiers. Bien que par un bout de toilette j'aie essayé de les faire présentables — la sincérité à dix-huit ans ne trouve guère l'expression, — je ne suis pas sans inquiétude. Pourtant, si elles venaient à trouver des lecteurs, je pourrais, plus tard, renouveler l'épreuve avec mon journal de Paris. Après ma *Vocation religieuse*, ma *Vocation littéraire*. Ici encore l'effort, la lutte, la bataille, le drame déchirant pour secouer le poids d'une éducation aussi incomplète qu'écrasante, pour faire le départ tragique des sentiments et des idées, pour conquérir la possession de soi, qui est la liberté et qui est le talent. Et quel travail de dix ans, à suer sang et eau, quand il fallut planter une phrase debout !

Y suis-je enfin parvenu ?... Ne parlons pas de cela, car cela est trop douloureux :

Horrent admotas vulnera cruda manus.

PREMIER CAHIER

I

Bédarieux, 12 août 1847.

... Par les volets fendillés de la fenêtre, des rayons crèvent les vitres, les rideaux, et s'éparpillent à travers ma chambre. Les carreaux rougeâtres en reçoivent des taches de sang toutes luisantes. Il m'en coûte de me lever, car je suis couché en mon bon lit de noyer à Bédarieux, chez mes parents, non plus dans mon lit de sangle à Saint-Pons-de-Thomières, chez M. l'abbé Dubreuil, mainteneur de l'Académie des Jeux floraux, grand vicaire de M⁹ʳ l'évêque de Montpellier.

Au petit séminaire, là-haut, dans la Montagne-Noire, sous le Saumail, c'étaient dès le matin le silence, la paix comme ici; mais je ne sais pourquoi le silence, la paix me semblent plus doux dans la maison de mon père que dans la maison de M. le supérieur Dubreuil.

Assez de paresse. Avec un *Benedicamus Domino* qui, par le fait de l'habitude, s'échappe de mes lèvres à mon insu, je m'élance. J'ouvre. C'est un éblouissement qui me force à reculer. Il s'en faut qu'à Saint-Pons le soleil ait cet éclat terrible, cette fureur de rayons aveuglants. Je me sens fier de mon petit coin de pays ; et du fond de son entonnoir, — ma jolie ville natale est de tous côtés étroitement enserrée par les montagnes : Tantajo, le Roc-Rouge, Philip, — j'envoie un regard vers le ciel, d'un bleu superbe, d'un bleu inaltéré, d'un bleu divin, d'un bleu que certainement on ne connaît pas ailleurs.

Un figuier au tronc lisse, bien portant, projette jusqu'à ma fenêtre ses feuilles larges comme des éventails, épaisses et charnues. Des fruits, des régimes de fruits apparaissent à tous les degrés de maturité ; quelques-unes ont le col aminci, prêts à se détacher. Les belles figues de velours noir imperceptiblement mordorées par places ! J'allonge le bras, j'en cueille une. L'arbre se met à bruire, à ramager, pareil à une immense volière, et, parmi les branches agitées, ce n'est qu'un envolement d'oiseaux effarés, éperdus. Ma main, très sottement, pour contenter ma bouche, a fait le vide dans le figuier.

La cloche du couvent Saint-Joseph, un misérable grelot enroué, tinte dans le quartier de la

Plaine... Un, deux, trois. L'*Angelus*... Midi?
C'est faire trop grasse matinée vraiment! Ma
tante Angèle, mince et blanche, entre et me
prévient qu'on va se mettre à table. Je la suis.
Ma tante, qui, pour m'appeler, a interrompu
les *Ave* de l'*Angelus*, les reprend dans l'escalier;
je les murmure avec elle dévotement.

II

Bédarieux, 16 août 1847.

Le jour de mon arrivée de Saint-Pons, ma
mère et ma tante me parurent tristes. Que se
passait-il? Contre l'ordinaire, personne n'était
venu me chercher au petit séminaire, d'où
jusqu'ici je n'étais jamais sorti seul, et l'absence
des miens m'avait un peu préoccupé, un peu
humilié aussi. N'avais-je pas l'air d'un enfant
abandonné, parmi ces enfants que leurs parents
retrouvaient avec des cris de joie? En allant
recevoir le premier prix de discours latin des
mains de Mgr Thibault, qui présidait la solennité, je sentis mes yeux se mouiller.

Maintenant, je sais tout: nous sommes ruinés.

Mon père a profité de la fête de l'Assomption
pour quitter ses chantiers de la Grange-du-Pin
et reparaître à la maison. Avant-hier, au dé-
botté, il m'a baisé du bout des lèvres, contraint,

inquiet; puis il m'a pris à part et m'a dit à brûle-pourpoint :

— Je ne puis plus rien pour toi, mon enfant. Demain, tu devras te suffire, gagner ta vie. Vois avec ta mère et ta tante à quoi tu es propre et mets-toi à l'œuvre sans retard.

Je n'ai pas trouvé un mot, assommé du coup. Mon père s'est sauvé à toutes jambes, courant à un rendez-vous d'affaires, chez le notaire Chavardez.

J'ai réfléchi cette nuit, et je me suis décidé à suivre mon père à la Grange-du-Pin. Que puis-je faire de mieux que d'embrasser la profession de mon père ? Il était architecte, puis il est devenu entrepreneur de travaux publics : je serai architecte et deviendrai entrepreneur de travaux publics comme lui. J'ai bondi hors de mon lit à cinq heures et me suis habillé à la hâte. Ma tante, que ses soixante-dix ans empêchent de dormir, achevait son bol de lait au café de pois chiches, en bas, dans la cuisine. Elle m'a regardé, surprise de me voir debout si matin.

— Et mon père ? lui ai-je demandé.

— Il est parti à quatre heures, à cause des ouvriers.

— Moi qui voulais le prier de m'emmener ! Peut-être lui rendrais-je quelque service sur les chantiers...

— Tu ne veux donc pas être prêtre ? s'est-elle écriée.

— Moi, prêtre !

— Puisque tu étais au séminaire.

Je suis demeuré planté, les yeux au plafond, au sol, ne pensant pas. Enfin ma tante m'a laissé seul. J'ai pu enfiler la porte et descendre au jardin, où je me suis caché tout tremblant, tout transi, à l'ombre noire des figuiers.

III

La Tuilerie, 25 août 1847.

Ma mère m'a dit hier au soir :

— Demain, nous irons cueillir des raisins à la Tuilerie.

Ce matin, en effet, nous sommes partis. Notre bonne, l'incomparable Marion, si dévouée à ses maîtres, allait devant, un panier sous chaque bras. Au bout de la rue de la Digue, nous lui avons faussé compagnie, et, tandis qu'elle prenait par la rue Saint-Alexandre, nous autres nous avons gagné le quartier du Château par le « Trou de la Mairie, » une venelle sinueuse, fort sale, où deux personnes ne sauraient marcher de front.

Ma mère ne passe jamais par là. Pourquoi y passait-elle aujourd'hui ? La préoccupation des méchantes affaires où mon père se débat, où nous finirons par sombrer, pourrait bien être pour quelque chose dans le choix qu'elle a fait de cette ruelle perdue. J'y songe : comme ma tante Angèle lui reprochait, dimanche, de ne pas l'accompagner à la grand'messe de dix heures selon son habitude, elle lui a répondu : « J'ai assisté à la messe basse de six heures, et déjà, dans l'église, il me semblait que tout le monde me regardait. Prie Dieu de venir à notre aide ; car, sans cela, bientôt je n'oserai plus sortir. »

Ma mère est fière, très fière, et, s'il faut que nous soyons ruinés, elle en mourra.

Nous escaladons vivement la montée du Château, traversons les potagers de M. Lutrand et atteignons la fabrique de draps de M. Causse. A peine un paysan de Pezènes ou de Soumâltre dans la poussière blanche de la route. Quant à Marion, pas plus de Marion que sur la main. Il fait une chaleur accablante. Nous respirons un moment à l'ombre des beaux platanes qui décorent l'entrée d'une autre fabrique de draps, d'une autre *mécanique*, pour employer le mot du pays, la mécanique de M. Grand.

Le délicieux endroit, frais, obscur, situé au confluent de deux ruisseaux : les *Douze*, — le ruisseau des Douze de Lafaugère et celui des Douze de Gaston ! La vue de cette eau où je me suis souvent désaltéré dans mon enfance aux heures inoubliables de l'école buissonnière, de cette eau plus claire que notre ciel, de cette eau dont mes lèvres ont conservé le goût, me sollicite, m'appelle. Si j'osais !... Ma mère a deviné mon envie.

— Je te permets de boire.

Je cours, je mets mes deux genoux en terre, et le ruisseau des Douze de Lafaugère, tandis que je veux l'engloutir tout entier d'une aspiration vorace, me baise voluptueusement au visage comme un ami, m'éparpille les cheveux, qu'il entraîne sans se gêner.

— Assez ! assez ! me crie ma mère.

Je la rejoins. Je ne sais, elle me paraît plus pâle que tout à l'heure. Est-ce la faute des arbres ? Elle me regarde longuement, tendrement ; puis, avec un effort qui lui coûte :

— Alors, tu ne veux pas être prêtre ? Tu ne te sens pas la vocation ? Cependant, ta tante a tant prié...

— Cela vous ferait donc plaisir que je fusse prêtre ?

— Ton père préférerait te voir médecin ; mais ta tante insiste pour que tu sois prêtre.

— Et vous, ma mère, pour quoi insistez-vous ?

— Moi, pour rien... Pourtant, il ne me déplairait pas de commander une soutane à Félix Caumette, qui habille ces messieurs de la cure... Tu serais un abbé si gentil !

Un sourire très doux a éclairé son visage. Elle s'est levée, et nous nous sommes remis en route.

Ma mère, toute à ses pensées, ne souffle mot, et moi, le cœur lourd, je regarde le Roc-Rouge, puis Tantajo, la montagne la plus haute de chez nous. Le jardin de Bourrel dépassé, le chemin, pris entre la vigne de M. Séguy et le bief des Douze, se rétrécit, ce qui me rapproche de ma mère.

— Il ne faut pas, mon enfant, que tu sois surpris de la grande place que ta tante Angèle occupe à la maison, me dit-elle. La reconnaissance nous oblige à nous montrer très bons pour elle et à nous rendre autant que possible à ses avis. Quand, il y a cinq ans, ton père commença à connaître les embarras sous le poids desquels nous sommes à la veille de succomber, ta tante nous prêta quarante mille francs, tout son avoir. Nous lui payâmes exactement les intérêts de cette somme trois ans de suite; et ma sœur continua à demeurer à Montpellier, où il y a plus d'églises qu'ici, où les offices sont célébrés avec plus de pompe, surtout à la cathédrale de Saint-Pierre et à Saint-Roch; malheureusement, la quatrième année, il nous fut impossible de nous acquitter envers elle, et elle dut se résigner à venir vivre à Bédarieux. Tu vois, mon petit, à quels égards nous sommes tenus...

— Oui, je le vois...

Nous cheminons au pas. Moi que la vie appelle, qui bientôt vais être obligé de livrer peut-être le combat du pain quotidien, tandis que l'âme de ma mère saigne, je reviens niaisement au souvenir du petit séminaire de Saint-Pons et en regrette l'insouciance, la paix, les amusements que j'ai fuis à tire-d'aile et qu'il me serait doux de retrouver.

Ma mère reprend d'un ton lamentable :

— Et dire que ce Bédarieux, où je n'ose plus me montrer, où je me sens déjà étrangère, ton père l'a bâti tout entier, soit comme architecte, soit comme entrepreneur. Il y a trente ans, c'était un village ; c'est une ville aujourd'hui, et une ville importante, qui compte à la foire de Beaucaire, et où l'on peut réaliser, dans la fabrication des draps, des fortunes pareilles à celle de ton oncle Sicard, évaluée à plus d'un million. Ah ! si ton père ne l'avait pas écouté, ton oncle Sicard !...

— Pourquoi l'a-t-il écouté ?

— Ton oncle lui dit, voici dix ans de cela : « Laisse-donc ton architecture et ta maçonnerie et lance-toi dans les grandes entreprises. On va mettre en adjudication la route de Bédarieux à Lodève ; porte-toi adjudicataire. Il y a cent mille francs à gagner. » Nous ne gagnâmes pas cent mille francs, mais quarante-cinq mille, ce qui était encore un joli denier. Ce gain nous a perdus. A dater de ce jour, ton père n'a plus parlé que de chemins, de canaux, de grosses affaires. Un matin, il nous arriva de la préfecture de Montpellier ayant sur les bras l'entreprise énorme de la route d'Agde à Castres. A cette entreprise malheureuse passera notre dernier sou...

Marion, qui depuis un instant nous suit d'un pas discret, me heurte au coude avec un de ses paniers. Elle a entendu les plaintes de sa maîtresse, déchirantes comme des sanglots, et la pauvre femme m'invite à trouver quelque chose qui divertisse ma mère de son désespoir. Marion a beau renouveler ses appels avec son osier, je ne trouve rien. Je ne sentis jamais plus profondément combien j'aime ma mère, et je suis impuissant à articuler une parole pour la rassurer, la consoler. Je l'embrasserais volontiers, voilà tout ce dont je serais capable. Mais ma mère, à qui je dis *vous*, m'inspire un respect sans bornes, et je réfrène mon envie.

— La Tuilerie, madame ! la Tuilerie ! s'écrie Marion, exaspérée par mon mutisme et lançant ces cinq mots de sa voix de clairon.

La Tuilerie, en effet, se dresse devant nous. Mon beau-frère Sirc, du haut de la terrasse, nous souhaite la bienvenue.

IV

La Tuilerie, 3 septembre 1847.

Voici toute une longue semaine que ma mère m'a laissé chez ma sœur à la Tuilerie « pour me recueillir, » et je ne me souviens pas d'avoir passé jours plus délicieux. Après ma claustration étroite dans la Montagne-Noire, je me suis trouvé reporté à la vie rustique de mon enfance, chez mon oncle l'abbé Fulcran Fabre, lorsque, à la suite du pâtre Galibert, je prenais mon élan vers les perdrix du Jougla ou les grives de Bataillo. — Quelles chasses à la glu, au filet, à tout! — Hier, dans la saulaie qui borde le ruisseau des Douze aux environs du moulin de Gaillard, en un coin ombreux, reluisant de cailloux moussus, une bergeronnette-lavandière est venue se poser. J'étais là, tapi dans la fraîcheur de l'herbe, et je regardais l'oisillon trembloter sur ses pattes grêles, briller comme une fleur mobile à la surface de l'eau. Soudain, la bergeronnette, lasse de se tenir en équilibre, a développé sa longue queue, étalé ses ailes pointues, et s'est envolée, ou, pour mieux dire, s'est évanouie. Je lui ai fait un pied de nez et je lui ai envoyé cette phrase avec orgueil : « Je suis aussi libre que toi! »

Il est certain que je suis libre. Dès le matin, mon beau-frère, qui a appelé à la Tuilerie un régiment de tonneliers pour racoutrer sa vaisselle en vue des vendanges prochaines, rejoint ses ouvriers à la cave; puis ma sœur, peu campagnarde, court à la ville où ses amies l'attendent pour babiller à langue que veux-tu, jusqu'au soir. Eh bien! malgré la liberté dont je jouis, malgré la solitude dont je vis adorablement enveloppé, la solitude si favorable au recueillement, je ne me suis pas encore « recueilli » une fois.

Cependant, j'ai manqué prendre un parti.

Il y a ici une tuilerie, dont la propriété de mon beau-frère tire son nom. Sirc, absorbé par le soin de ses vignes, a loué la petite usine à tuiles, avec ses fours, ses magasins, ses mines d'argile, à la famille Trescas, de Caux. Ces Trescas sont nombreux : le père et la mère, solides du cœur et des reins ; puis six enfants, cinq garçons robustes, noueux comme des rouvres, rouges comme nos casseroles de cuivre fourbies par Marion, et une fille, une fillette plus souple, plus blanche qu'un brin de saule, avec des yeux plus grands que la main, plus bleus que deux morceaux du ciel de chez nous. Du reste, à la voir aller et venir, volant ras et filé comme ma bergeronnette-lavandière des Douze, on ne saurait s'empêcher de penser au ciel, aux anges ailés qui l'habitent. Elle s'appelle Éléonore, un joli nom dont son père et ses frères, pour en avoir plus tôt fini, ont fait *Nore*, et dont sa mère, par un adoucissement plein de tendresse, a fait *Norette*.

Ce matin, je ne sais ce qui m'a jeté hors du lit dès l'aube : le soleil n'était pas encore levé que je me trouvais sur l'aire de la tuilerie, suivant des yeux Norette qui travaillait déjà au milieu des siens. Celui-ci, armé d'une masse de bois longuement emmanchée, écrasait des mottes d'argile à peine sorties de la carrière; celui-là, patouillant jusqu'à la ceinture en une fosse profonde, en retirait à grandes pelletées l'argile fondue dans l'eau, amenée à point; cet autre, brandissant des deux mains un coutelas monstrueux, coupait, taillait, débitait les tas d'argile, dont les fragments crus, rencontrés par le tranchant d'acier, s'effritaient, se mêlaient, entraient dans la bouillie. Le père Trescas seul, droit de toute sa taille, était au moule, fabriquant de longues tuiles creuses à couvrir les toits. Un cadre de bois repose devant le maître tuilier sur une ardoise saupoudrée de sable fin; par l'écartement du pouce et de l'index, il prend ce qu'il lui faut de glaise pour une pièce et l'étale; il plonge ses deux mains en un vase rempli d'eau à sa portée, les promène sur la tuile, qui brille, qui se polit, la fait glisser sur un bois de forme cylindrique et Nore l'emporte rapidement.

A présent, commence le plus difficile, le plus délicat de la besogne, et c'est Norette que cela regarde. Pas un de ses mouvements ne m'a échappé. La tuile reçue sur le demi-rouleau, elle est partie à travers l'aire de ses petits pieds nus, plus vites que des ailes. Parvenue à l'endroit propice pour commencer une rangée, elle s'est accroupie d'un affaissement très gracieux et a déposé son bois à plat sur le sol. Mais comment retirer ce bois sans que la tuile toute fraîche s'aplatisse, se crève? La petite ouvrière, ainsi que son père l'a fait, passe et repasse sa menotte sur la pièce, dégage le moule doucement, l'enlève d'un coup hardi. La tuile se soutient; elle va sécher; puis on la mettra dans le four.

J'ai vu Norette déposer trois files interminables de *marchandise*, et, à chaque nouvelle course sur l'aire, je la trouvais plus ravissante. Quand le soleil s'est montré à la crête du Col-du-Buis, a couvert la Tuilerie, balayant les pigeons soudainement aveuglés sur les toits, il a enveloppé Norette d'une telle profusion de rayons que j'en suis demeuré ébloui. Un moment, je ne l'ai plus vue. C'était comme si le soleil l'avait mangée... Enfin les raies rouges de son jupon, sa chemise de toile bise, très échancrée aux épaules, m'apparaissent, me la rendent. Quel pauvre costume, sans compter que des éclaboussures d'argile le souillent par-ci, par-là! Mais avec quelle grâce la fillette porte ses haillons! Cette grâce, qui m'ébranle jusqu'au fond de l'être, vient sans doute de sa liberté, de sa jeunesse. Norette n'a pas connu les contraintes de l'éducation bourgeoise et elle est adorable parce qu'elle est simple, telle que la nature a voulu qu'elle fût, et la nature a voulu qu'elle fût incomparablement jolie.

— Norette, lui ai-je dit, l'arrêtant en un coin de l'aire, est-ce qu'il est bien difficile, ton métier?

— Oh! non, monsieur.

— Si je l'apprenais, moi ?

— Mais Mme Sirc a conté, l'autre jour, que vous alliez étudier pour être prêtre...

— Et si je préférais être tuilier pour travailler ici avec toi ?

Elle est partie d'un éclat de rire tel que son père, ses frères ont relevé la tête tous à la fois. Je vous demande si j'ai décampé ! Je cours encore...

V

La Tuilerie, 10 septembre 1847.

Ma tante est venue me relancer. Peste soit de la dévote ! Elle m'ennuie à la fin avec son entêtement à vouloir faire un prêtre de moi. C'est une marotte. Ma tante n'aura de repos qu'elle ne m'ait étroitement boutonné dans une soutane. Et s'il ne me plaît pas de m'y laisser boutonner, dans une soutane, voyons ! Du reste, il n'est pas mauvais que la courte explication qui a eu lieu durant le déjeuner et à laquelle j'ai assisté plus mort que vif, se soit produite. Si ma sœur, quand il s'agissait de résolutions où ma vie peut être entraînée, a pris une attitude détachée, presque indifférente, mon beau-frère a revendiqué pour moi le droit de parler haut et d'affirmer ma volonté. — Puisque cette fatale entreprise de route mettait mon père dans l'impuissance de pourvoir à la fin de mes études, de m'ouvrir une carrière honorable, la famille se rendrait à une obligation qui était une obligation sacrée. Toutefois, il refuserait pour son compte de prendre aucun engagement avant que je me fusse expliqué. Il entendait, lui, qu'on ne me contraignît pas à la prêtrise, lorsque peut-être la profession de médecin, d'avocat, s'accorderait mieux avec mes aptitudes intimes que le sacerdoce...

Ma tante regardait Sirc avec de petits yeux pointus, pétillants de pieuse colère. Moi, j'étais bouleversé. — Comment ! ma tante, sans y être autorisée par mon père, venait à la Tuilerie dans le dessein d'y prélever quelques écus qui m'ouvriraient le grand séminaire ! Pourvu qu'elle n'eût pas essayé déjà la quête chez mon frère, chez mes deux autres sœurs ! — La honte me passait un fer rouge sur les joues ; elles me brûlaient. Mon beau-frère, devinant mon angoisse, m'a pris le bras et m'a entraîné.

Dans la cave où les tonneliers faisaient rage, Sirc, qui, ayant reçu quelque culture classique au collège de Bédarieux, est heureux de placer une citation de temps à autre, m'a attiré derrière son grand foudre de vingt muids, m'a planté une main au collet, et, me secouant :

— Souviens-toi, pour reprendre courage, de ces vers d'Horace :

« Rebus angustis animosus atque fortis
Appare..... »

VI

La Tuilerie, 13 septembre 1847.

L'existence que je mène à la Tuilerie est une existence très douce, et, s'il m'était permis de la mener toujours, je ne me plaindrais pas de la destinée. Ou je ne me connais pas, ou je suis fait pour vivre parmi les humbles, les petits. Est-ce mon éducation religieuse qui, m'ayant montré choses et gens comme misérables, m'empêche aujourd'hui de m'intéresser soit aux choses, soit aux gens? Est-ce ma nature âpre et solitaire qui trouve plus commode de fuir les hommes, de m'arranger une vie toute à moi dans l'isolement? Je ne sais. Le fait est que la prêtrise, prisée si haut par ma tante Angèle, que le doctorat en médecine, si vanté par mon beau-frère Sirc, me laissent froid également, je dirai plus, m'inspirent un égal mépris. Toutes ces *grandeurs* — c'est le mot et de ma tante et de mon beau-frère, — toutes ces grandeurs ne valent pas une tuile du père Trescas; elles ne valent pas surtout un regard de Norette, le matin, au lever du jour, quand elle voltige à travers l'aire, sa jupe courte collée aux reins, ses blonds cheveux dénoués au vent.

Cependant Sire a eu beau obtenir de ma mère que je passe ici le temps des vendanges, je serai arraché à la Tuilerie, aux joies que j'y goûte, et lancé... Lancé où ?...

— Cueille l'heure présente, *carpe diem*, ne cesse de me répéter mon beau-frère, toujours son Horace aux dents.

Est-ce que cela est possible ? Comment « cueillir l'heure présente, » s'enivrer à cette goutte du temps qu'on appelle une journée, souvent plus pleine que toute une vie, quand la crainte corrompt, empoisonne vos délices, vous enfonce dans la chair vive de l'âme la certitude qu'elles vont finir ?

Pourtant si le bonheur dont je suis avide, je devais le trouver en Dieu ?... Peut-être ma tante, en m'infléchissant avec cette opiniâtreté de chaque jour vers le sanctuaire, n'est-elle que l'instrument obscur de la Providence, obstinée à veiller sur moi, à me garder, à me sauver ? Je me sens une étrange faiblesse dès que le nom de Dieu me monte aux lèvres, et il pourrait arriver que je ne résistasse pas à une attraction d'un caractère terrible, où l'aimable fascination de Norette s'évanouit comme un rayon de lune dans le brasier du soleil.

VII

La Tuilerie, 15 septembre 1847.

Des pensées sérieuses m'occupent : si je m'y abandonne quelque temps encore, j'aurai moins de peine à me détacher du « siècle, » comme on disait à Saint-Pons. Il me faut être capable de regarder ma situation en face, surtout de ne pas en avoir peur. Un mouvement d'énergie, et je me jette dans les bras de ma tante Angèle, qui me conduira dans « les vrais sentiers, » pour rappeler une expression de M. le supérieur Dubreuil. Oui, sans doute ; mais c'est ce mouvement d'énergie qui me coûte. Il me semble parfois que la mort me serait plus douce que le renoncement volontaire aux jouissances entrevues de ce monde d'où l'on travaille à m'arracher...

Et dire que je n'ai pas un ami ici pour m'aider à me débrouiller moi-même ! que je n'ai pas un livre qui me parle, me conseille, m'assiste ! Sirc, tout bon qu'il soit, est plus préoccupé des arrangements de sa cave que des angoisses où je péris. Puis, il faut l'avouer, je suis d'une réserve qui déconcerte, refroidit. On me broierait avant d'obtenir de moi un mot sur le tourment de mon âme. Peut-être, si Norette m'interrogeait, n'hésiterais-je pas à me révéler à elle jusqu'au plus profond de l'être. Les pudeurs qui me font muet devant les miens tomberaient, je le sens, devant cette fillette rieuse, dont la vue seule m'ouvre le cœur comme si on le partageait avec un couteau. Pourquoi cette confiance en la petite du tuilier Trescas?

Allons, cela est folie. Norette, d'une ignorance absolue, ne me prêterait nulle lumière. Le mieux est, dans ma crise actuelle, de n'appeler personne à mon aide. J'ai des fiertés qui, à certaines heures, quand je me sens pris dans je ne sais quels rets divins, me font concevoir l'audace de ne recourir qu'à moi, où volontiers je lancerais vers le ciel le cri superbe de l'Ajax d'Homère : « Je me sauverai malgré les dieux ! »

VIII

La Tuilerie, 18 septembre 1847.

J'ai découvert dans un placard un volume dépareillé du *Génie du Christianisme*, et, cette après-midi, le livre sous le bras, je me suis acheminé vers les Douze de Lafaugère. Malgré la vie que les sources jaillissant à gros bouillons de la roche nue communiquent au paysage, ce coin de la terre cévenole, sablonneux, improductif, hérissé de maigres oliviers se tordant parmi les rocailles, a un aspect quelque peu désolé, quelque peu sauvage. *Le Génie du Christianisme,* dont, tout en marchant, j'ai lu une page admirable, la page intitulée « Les Rogations, » a ramené mon esprit aux descriptions que, dans l'*Itinéraire de Paris à Jérusalem,* Chateaubriand fait des bords de la mer Morte, et les Douze de Lafaugère m'ont semblé ne pas être sans analogie avec la Judée.

Toutefois, si, vers les hauteurs, le pays, rarement vivifié par les eaux de pluie, dépeuplé d'arbres, présente le caractère d'une sécheresse, d'une désolation biblique, le bas de la vallée, inondé par les Douze coulant à pleins bords, ombragé de platanes, d'ormes, de peupliers de France et d'Italie, repose les yeux dans une impression de délicieuse fraîcheur. Les Douze de Lafaugère ne sont pas réputées aussi abondantes que les Douze de Gaston, de l'autre côté du Roc-Rouge; néanmoins, sans parler des prairies qu'elles arrosent, elles suffisent à mettre en branle la papeterie de Lafaugère, le moulin de Gaillard, enfouis dans les frondaisons moutonnantes, et quantité d'usines aux approches de Bédarieux.

Je m'arrête au pied d'un rocher énorme, lamelle monstrueuse qui, détachée par un coup de foudre, a glissé au long des pentes et est venue s'enfoncer là, laissant un passage de deux mètres entre elle et la montagne. Je m'insinue en cette manière de caverne où filtrent par des crevasses de rares clartés, et je considère, j'admire les Douze de Lafaugère, car les douze sources sont ici. Elles s'échappent du rude flanc cévenol avec une force inégale : celle-ci, chichement, on croirait à regret; celle-là, molle, réglée, mais continue, comme s'épanchant d'une urne qui ne saurait tarir; cette autre, avec des soubresauts terribles, des élans enragés, en perpétuelle révolte contre la pierre acharnée à la retenir; cette dernière, en se déjetant, en poussant des gémissements, des cris, déchirée par mille pointes à l'orifice trop étroit du calcaire rugueux.

Il faut voir la limpidité du bassin où toutes ces sources diverses, parties de douze fissures rocheuses, reposent enfin tranquilles, apaisées, sur un lit de cailloux ronds! La transparence du cristal n'est rien comparée à la transparence de cette eau vierge, de cette eau inviolée... Un martinet traverse la grotte de bout en bout, et le miroir éclatant des Douze me le montre tout entier filant comme une flèche, me le met pour ainsi dire dans la main.

Au moment où, sorti de l'étroit défilé des Douze à la queue du martinet, je cherche, sur le gazon poussant dru de tous côtés, une place commode pour y lire en paix, les notes d'un instrument parviennent jusqu'à moi. Il serait difficile de confondre ces sons aigus avec le tic tac du moulin de Gaillard... Ah! mon Dieu!

voilà le ménétrier Salvant, son violon à l'épaule. Toute une noce sautille, gambade, se trémousse à son environ...

J'ai voulu m'échapper; mais la chose n'a pas été possible. C'était un de mes condisciples du collège de Bédarieux, Victor Gaillard, le fils du meunier des Douze, qui se mariait, et je n'ai pas su lui résister.

— Comment, déjà! lui ai-je dit, étonné.

— J'ai vingt-deux ans, et j'aime tant Eugénie!... m'a-t-il répondu.

Pour me garder, il m'a rappelé que nous avions été au collège ensemble, que plus d'une fois nous avions batifolé ensemble au moulin, et ces souvenirs d'un temps où j'étais heureux, où les miens aussi étaient heureux, m'ont désarmé. Je ne suis que faiblesse, et pourtant je touche à mes dix-huit ans... Maintenant, pour être sincère, je dois déclarer que, dans un groupe d'invités, mon œil fureteur avait démêlé Éléonore Trescas, ma chère Norette de la Tuilerie. C'est bien elle peut-être qui m'a retenu, non Victor Gaillard.

Au petit séminaire de Saint-Pons, M. l'abbé Lézat, un homme menu, noir comme une taupe, mais agile comme un écureuil, nous faisait, le jeudi après la messe, un cours de politesse et de déclamation. J'en veux à cet ecclésiastique très honorable, fort délié des membres, qui d'ailleurs n'était pas un sot, de ne pas avoir ajouté la danse aux jolies choses qu'il avait le devoir de nous enseigner. Si j'avais su danser, au lieu de demeurer planté au bord de la prairie des Douze, boudeur, maussade, contraint, peut-être un peu bien humilié dans le fond, j'aurais cédé au branle de la noce et me serais amusé avec ces braves gens d'une gaieté si franche, si cordiale. Incapable de hasarder un pas, je me suis efforcé, par une attitude digne, de laisser croire que ma grandeur m'attachait au rivage, ce qui, avec mes misères morales, me paraît la plus imbécile des prétentions. Il fallait obéir aux ritournelles de Salvant et, retenant Norette à la taille, au risque de mesurer le pré avec elle, m'élancer dans le tourbillon. La peur du ridicule a fait de moi le plus ridicule des hommes, voilà la vérité.

J'ai souffert, j'ai souffert cruellement, quand cette fête où j'avais été convié, où j'avais consenti à prendre place, moi présent, se passait pour ainsi dire sans moi. Par une timidité farouche, fruit de cet orgueil que l'Église inocule goutte à goutte à ceux qu'elle pétrit de longue main pour son service, je me refusais tout ce que je voyais, et tout ce que je voyais me ravissait, m'achevait sur place sans merci. Une fois, Norette, trop pressée contre la poitrine de quelque rustre du moulin, a poussé un cri. Peut-être était-ce de plaisir qu'elle haletait si bruyamment? Pour moi, je n'y ai pas tenu et, quittant le roc où je sentais mes pieds collés, j'ai volé au secours de notre fillette de la

Tuilerie. Impossible d'arriver jusqu'à elle. Le bal battait son plein sous l'archet furieux du ménétrier, et la tourbe bariolée des invités de Victor Gaillard évoluait enroulée par un ouragan. Un pas de plus, et j'étais entraîné dans cette théorie brutale, déhanchée, hurlante, ivre comme une bacchanale, débraillée comme elle, adonnée comme elle à toutes les satisfactions de la bête soulevée. L'effroi d'être piétiné dans le tournoiement universel de tant de souliers ferrés m'a fait reculer. Mon cœur, épanoui tout à l'heure, me levant de dégoût à présent, je me suis effacé derrière un, deux, trois troncs de peupliers; puis j'ai reluqué du coin de l'œil le chemin de la Tuilerie.

Mais Victor Gaillard, au moment où je prends le large, se dresse devant moi.

— Eh quoi! tu nous quittes quand on va se mettre à table?

— Je n'ai prévenu personne...

— Je cours prévenir Mme Sirc, chante une voix douce derrière moi.

Et Norette, légère, onduleuse, aérienne comme un papillon, s'élance à travers la prairie. C'est à peine si l'herbe qu'elle frôle se courbe. Son ombre grêle, presque diaphane, glisse, s'efface, reparaît parmi les ombres des peupliers.

La noce, ayant en tête Salvant, qui joue en sourdine l'air des *Treilles*, un vieil air du pays cévenol, s'égrène au long des talus gazonnés entre lesquels les Douze cheminent paisiblement. Le bief coule chargé de taches rouges, jaunes, bleues; puis, par-ci, par-là, sourient, dans le courant, les minois frais de fillettes, les rudes visages de jeunes gens. Fillettes et jeunes gens montrent des dents superbes qui éclatent pareilles à des perles au fond de l'eau. Toute la noce semble s'en aller, au fil des Douze, tourner la grande roue du moulin.

Le violon interrompt les *Treilles*. Nous voici devant la maison des Gaillard. Je la reconnais, cette vaste et antique maison avec sa cour encombrée de cribles en peau de bouc pour passer le blé, avec ses tas énormes de toiles enroulées pour sécher le blé au soleil avant de le verser dans la trémie. Des souvenirs m'assiègent. Quelles bonnes parties de fou rire nous avons faites jadis, Victor et moi, à travers ces objets divers, derrière lesquels nous nous blottissions, que nous bousculions pour les faire rouler devant nous, au grand déplaisir des garçons meuniers! Ces amusements, qui nous attiraient plus d'un reproche, n'empêchaient pas la mère de Victor, l'heure du goûter venue, de nous gorger de larges tartines de raisiné, que nous parsemions à l'envi d'amandes coupées menu.

On a dressé la table sur la terrasse. Tandis que chacun s'installe, se carre sur sa chaise, déplie sa serviette, apprête sa mâchoire avide de mordre au repas dont le fumet transpire de toutes parts, moi, inquiété par mes souvenirs, y trouvant aise, je me penche par-dessus le parapet et regarde curieusement la vieille roue du moulin. Les vannes abattues, l'eau s'épanche à droite, se distribue par mille ruisselets à travers les prairies. J'aurais aimé, comme aux jours de mon enfance, la voir rebondir en cascades sur les planchettes de bois vermoulues. J'éprouve une désillusion. Qu'y faire? le fils de céans se marie, et, pour ajouter à la fête, le travail chôme naturellement. N'importe, le bruit des Douze se précipitant, le tic tac du moulin montant clair parmi les arbres, charmeraient mieux mon oreille que les ramages enroués des convives de Victor Gaillard, sans en excepter les airs baroques de Salvant.

— Monsieur, je l'ai dit à Mme Sirc.

C'est Norette. Je me retourne vivement, très vivement. Elle est toute haletante de sa course, la pauvre petite. Sur son cou, très découvert par l'échancrure du fichu, des frisons humides se collent à sa peau. Tantôt, ces frisons s'élevaient comme une vapeur d'or au long de sa nuque blonde; ce sont de vrais cheveux à présent. Nous sommes là nous dévorant des yeux, mais ne soufflant mot...

Est-il ennuyeux, ce Victor Gaillard! Il veut me présenter à sa femme, et, se jetant entre Norette et moi, il interrompt le délicieux entretien de nos âmes, car, si nos bouches restaient muettes, nos âmes se parlaient certainement. Serions-nous demeurés l'un vis-à-vis de l'autre, fichés en terre, si nous n'avions été retenus là par quelque entretien secret? Moi, j'ai dans l'idée que nous causions beaucoup sans le savoir.

On mange, on mange, on mange. Je mangerais aussi peut-être si Norette était assise près de moi. Mais, pour m'honorer, on m'a placé entre la mariée et la mère de Victor. En quel exil je me trouve confiné! Je balbutie une parole à droite, une parole à gauche, et avale un morceau qui m'étouffe... Où est Norette? Je l'ignore. Par intervalles, j'entends sa voix fraîche d'alouette matinale grisolant au milieu du fracas des mâchoires, des verres, des couteaux, et, dans mon immense désert, car je me sens au désert, je m'attache à cette note unique, je m'y suspens éperdu. Mais elle, elle, où l'a-t-on reléguée? Je l'aperçois enfin au bout de la longue table; Salvant et son fils, *le Baragouin*, me la cachent à demi. Il faut dire qu'elle est si menue! Je l'admire insatiablement.

Un gros homme à figure joviale se met debout, là-bas. Le violon du ménétrier prélude. Va-t-on chanter, par hasard? La noce, qui a compris le signal, se dresse sur pieds d'un mouvement unanime. Norette est saisie par je ne sais quel bras qui la fait virer prestement. Elle ébauche un temps de valse sur la terrasse, puis s'arrête. Elle rit de toutes ses joues. — Pourquoi rit-elle? — Je crains qu'elle ne se moque de moi et ne puis m'empêcher de lui montrer le poing avec colère. La maligne rit de plus belle. A cette minute où le dépit me brûle, le gros homme à figure joviale lance ce couplet d'une chanson de la vallée d'Orb :

> « Jacqueline s'est coiffée
> De six bouteilles de vin ;
> Elle en est tout échauffée
> Et demande un médecin... »

Le dégoût me remonte au cœur. Je tourne les groupes qui écoutent bouche bée, et, plus léger qu'un chat, je m'évade d'un pas furtif.

Quelle lune magnifique, ronde, claire, blanche comme le corporal de l'autel ! On n'y voit pas mieux en plein jour. Les peupliers des Douze allongent dans la campagne tranquille des ombres aussi épaisses, aussi nettes que si le soleil touchait ces beaux arbres vers midi. Le ciel, d'une nuance transparente d'agate, n'a pas un flocon de nuage, et la calotte granitique de Tantajo, et la rocaille sourcilleuse du Roc-Rouge, et, tout en haut, vers le nord, les toitures hérissées de la grange de Philip s'y découpent avec une franchise de dessin qui met en relief chaque détail.

Moi, je chemine dans cette lumière nocturne porté haut par mes pensées. Ce que je viens de voir, de sentir aux Douze, puis au moulin de Gaillard, m'a dessillé les yeux. Mes répugnances et mes enthousiasmes m'éclairent également sur moi-même. Non, je ne suis pas fait pour vivre dans les agitations, les perplexités de tantôt. Ma sensibilité, qui est toute ma vie, se briserait comme une corde trop tendue du violon de Salvant, et je mourrais s'il me fallait aimer une fillette jolie comme Éléonore Trescas, une fillette ayant les yeux, les mines, la tournure, l'allure idéale d'Éléonore Trescas, et si un autre devait me la ravir, et si elle-même devait rire méchamment ainsi qu'elle a ri méchamment sur la terrasse des Gaillard.

Je n'en puis douter, mes timidités, mes embarras, mes peurs, mes empêchements de toute sorte sont la marque que j'ai été élu pour l'existence supérieure du sacerdoce. Là, rien de vulgaire, rien qui rappelle la fange de nos sentiers d'ici-bas, — une voie large où les bruits humains ne sauraient parvenir, une voie superbe dans les nuages, dans Dieu!

Je suis le cours du bief qui marche lentement devant moi, moiré d'argent, papelonné d'écailles comme un reptile. Tout à coup, à deux pas de la Tuilerie où j'arrive, un point mat attire mes yeux à la surface de l'eau. Une chose blanchâtre est retenue là, parmi les mourons poussés aux crevasses des murailles remparant le bief. Une inquiétude me vient. Je me penche et je retire l'objet, qui repartait à la dérive. Mon volume dépareillé du *Génie du Christianisme!* Comment se trouve-t-il là? Évidemment, je l'ai laissé fuir de dessous mon bras, quand j'ai accompagné la noce au moulin. J'essuie le livre avec soin. La reliure en basane mouchetée n'a pas été trop endommagée ; mais les feuillets, par-ci, par-là !... Bon ! voilà une page qui s'en va en charpie sous mon doigt, puis une autre également trop imbibée, puis une troisième... Celle-ci porte un titre imprimé en grosses lettres : « Les Rogations. »

Par une intuition brusque, j'acquiers le sentiment douloureux qu'une page importante, la plus douce peut-être, vient d'être détachée du livre de ma vie, et mes yeux s'emplissent de larmes.

IX

La Tuilerie, 21 septembre 1847.

Ma mère a loué, sur le Planol, à Bédarieux, une dizaine de *gavachs*, pour les vendanges de Sirc, et les a conduits elle-même à la Tuilerie. Mon beau-frère a eu un sourire de satisfaction à la vue des montagnards, des montagnardes robustes qu'on lui amenait. Il arrive souvent que les *gavachs* — gens des gaves — descendent des hauteurs dans le bas pays, malingres, chétifs, épuisés. La vie est si rude, si dénuée aux crêtes de l'Espinouze et du Saumail! Ma mère, très expérimentée en toutes choses — si mon père lui ressemblait !... — a eu la main heureuse cette fois comme toujours.

Tandis que Sirc, du ton solennel et enflé dont il citerait un vers d'Horace, harangue son monde attablé et mangeant la soupe — la savoureuse soupe des vendanges, — ma mère et moi nous nous dirigeons vers une vigne très vaste dite « la vigne du Roc-Rouge. » Là, parmi des éboulements rocheux, d'énormes quartiers détachés du bloc colossal dont la masse rougeâtre se fendille, s'effrite sous les orages et le soleil, rampent de vieux ceps au feuillage rare, aux fruits clairsemés. C'est aux profondeurs du granit que la vigne du Roc-Rouge va puiser les gouttes d'humidité qui la font vivre et décorent ses sarments un peu maigres de *clairettes* blondes d'un goût exquis. Prenez un grain, faites-le craquer sous la dent : c'est un rafraîchissement délicieux.

Ma mère aime beaucoup les clairettes, et c'est au Roc-Rouge que, tous les ans, elle vient faire sa provision. Armée d'une serpette minuscule, elle coupe de préférence les raisins haut perchés, ceux que le voisinage trop immédiat du sol n'a pu ni souiller ni pourrir. Ces clairettes, dont le soleil a fait le tour une saison durant, les caressant, les mûrissant, les abreuvant de son or chaud et nourricier, ces clairettes sont les seules qui se conservent tout l'hiver sans la moindre tache de moisissure, suspendues par des fils aux poutrelles de la maison. En nos pays, on appelle *liants* ces raisins accrochés aux solives des plafonds.

Marion, au fur et à mesure que ma mère les a détachées, couche les belles grappes en une grande corbeille, sur un lit de pampres verts. Moi, je me contente de regarder, incapable de rendre aucun service. Une fois j'ai amené un sarment et j'ai cueilli une clairette magnifique; mais, au moment où je la passe à Marion, ma mère, qui a l'œil à tout, s'écrie :

— Pas celle-là ! Elle gâterait les autres.

Je demeure la grappe au bout des doigts, interdit, un peu atteint. Je ne sais que faire de ce raisin, et je le croque indolemment, sans en sentir le goût, par exemple. Je mange comme je boirais, comme je lirais, comme je chanterais...

Marion est partie, la corbeille pleine sur sa tête, et ma mère choisit quelques dernières clairettes qu'elle empile dans un panier.

— C'est une petite réserve pour la tante Angèle, me dit-elle.

Le nom de ma tante, tombant à l'improviste dans la vigne du Roc-Rouge, me communique un vague frisson; je sens mes jambes se dérober, je suis pris d'une peur horrible. Ma tante est la menace éternelle, et l'on vient de me menacer.

Ma mère continue sa cueillette. Je m'éloigne. Néanmoins, de l'endroit élevé où je me suis abattu entre deux rocailles arides, mon œil, qui découvre toute la vigne du Roc-Rouge, voit ma mère, et, malgré qu'il en ait, ne peut se détacher d'elle. J'ai beau porter mes regards à droite, à gauche, partout je l'aperçois tenant une clairette que sa main dispose contre le soleil pour juger de la pureté, de la plénitude des grains. Ma mère m'enveloppe comme un danger, et, dans le réduit où je tâche de me tenir coi, mon cœur a des battements qui me crèvent la poitrine, qui bientôt la feront éclater.

Cependant, soit que les clairettes, en bas, se trouvent épuisées, soit que le panier n'en puisse contenir davantage, ma mère, se frayant un chemin parmi les sarments enlacés, remonte les hauteurs de la vigne du Roc-Rouge. Elle vient à moi, svelte, élancée, ses traits droits et pâles, ses beaux yeux noirs voilés par la dentelle plate, plus large que la main, de sa coiffe de fine batiste, montée à la mode de chez nous. Les ceps projetant fruits et ramures ne lui sont pas un obstacle : elle va avec une sorte de liberté souveraine au milieu des pampres qui l'étreignent pour la retenir. C'est à peine si sa main, où luit la lame de la serpette, donne un coup, de-ci, de-là. Elle veut arriver en droiture et ne peut souffrir d'être détournée.

— Eh bien, mon fils? me dit-elle s'assoyant à côté de moi.

— Eh bien, ma mère?...

— Le temps ne t'a pas manqué pour réfléchir. As-tu réfléchi?

— Oui, ma mère, j'ai réfléchi.

— Et tu ne te décides pas à entrer au grand séminaire?

— Je crois que je ferais bien d'y entrer.

— Alors, ce n'est pas une résolution prise?

— Il est des moments où je voudrais être déjà revêtu de la soutane; puis il en est d'autres où la soutane m'épouvante...

— Tu t'effrayes à tort, mon enfant. Servir Dieu ne peut être quelque chose de si redoutable. Ta tante te prouvera, elle qui n'ignore rien de notre sainte religion, que Dieu est toute bonté, toute miséricorde. et qu'il proportionne toujours nos obligations à nos forces.

— Oh! ma tante...

Je lève un bras et le laisse retomber. Ce mouvement déplaît à ma mère.

— Ta tante est une « prédestinée, » me dit-elle d'un ton sévère, en appuyant sur chaque syllabe.

Il n'en faut pas plus pour me réduire au silence. Mon âme s'ouvrait; elle se referme à ce reproche. Je reprends ma vie intérieure, la vie de mon habitude, cette vie qu'il m'est si doux de vivre, embellie que je la fais de rêves où je me perds, où je me noie, de sensations dont les délices intimes ne sont qu'un long enivrement. Ma mère est là, mais c'est absolument comme si elle était avec ma tante à Bédarieux, ou avec mon père à la Grange-du-Pin. Je ne la sens ni ne la vois. Mon œil distrait suit l'arête vive de Tantajo se détachant dans l'or bruni du couchant d'un trait merveilleusement pur; puis il se repose aux pampres finement découpés qui foisonnent parmi les éboulements. Une vision m'obsède : dans le vermillon cuivré de Tantajo, comme parmi les sarments touffus du Roc-Rouge, passe une silhouette mince, étirée, vêtue de lumière pourpre. C'est Nore, ma Norette, Éléonore Trescas de la Tuilerie.

— Ce qui me fait peur pour toi plus que le sacerdoce, mon enfant, c'est la pauvreté.

Ces paroles m'arrivent comme de loin. Je regarde ma mère. Son visage, qu'elle essaye de cacher de ses deux mains, ruisselle de larmes. Je l'embrasse irrésistiblement, et je lui dis, la langue pour la première fois déliée par une tendresse plus forte que mon respect :

— Partons sur-le-champ pour Montpellier !

Elle tient ses yeux humides attachés sur moi. Je me suis mis debout; je lui ai pris une main pour l'inviter à se lever, à me suivre. Je me sens des ailes de la tête aux pieds et je les ouvre toutes vers le grand séminaire. Ce n'est pas la pauvreté dont on me menace qui va précipiter mon élan, mais un besoin invincible de complaire à ma mère que j'adore et que, dût-il m'en coûter la vie, je ne voudrais plus voir pleurer.

Nous descendons les pentes encombrées de la vigne du Roc-Rouge. Elle s'appuie sur mon bras. Je ne sais si cela lui est arrivé jamais. Comme je me sens fort pour la soutenir! Je suis heureux.

Un peu las l'un et l'autre, nous nous arrêtons sous un amandier. L'ombre de l'arbre, dépouillé de ses fruits et dont les premières rosées emportent le feuillage, nous offre un bien faible abri contre le soleil qui, du haut du mont Caroux, nous crible de rayons fulgurants. Nous demeurons fixes, impuissants à faire un pas de plus. La Tuilerie est à une portée de fusil, mais nous ne pouvons aller jusque-là.

Ma mère me dit:

— Te souviens-tu de ta grand'mère, mon petit?

— Si je me souviens d'elle! J'étais bien jeune; mais je la vois encore avec sa mince figure blanche, sa taille courbée, sa menotte retenant un bâton qui lui servait à assurer sa marche. Elle demeurait chez mon oncle l'abbé, qui, à cette époque, n'était pas curé de Camplong, mais de Pézènes, derrière le Col-du-Buis.

— Eh bien! que dirais-tu si, toi-même étant un jour curé de Pézènes ou de Camplong, ton père, ta tante et moi nous nous retirions dans ton presbytère?

— Oh!...

— Quelle douce vie serait la nôtre!

— Ce serait une bien douce vie...

— Songe à la joie qu'aurait ta tante à s'occuper des ornements, du linge de *ton* église.

— De *mon* église...

— Ainsi nous serait épargnée, à ton père et à moi, une démarche humiliante, une démarche qui me met la mort dans l'âme...

— Quelle démarche?

— A la liquidation des affaires de cette route d'Agde à Castres, dans deux ou trois ans, peut-être plus tôt, nous serons obligés de demander une pension à ton frère, à tes sœurs, à tes beaux-frères...

— Non, non, ma mère bien aimée! A l'époque dont vous parlez, je serai prêtre; Monseigneur m'aura donné une paroisse à desservir, et vous vivrez, avec mon père, avec ma tante, auprès de moi, dans *mon* presbytère...

Nous sortîmes du rond que dessinait sur le sol l'ombre claire de l'amandier. Comme nous abordions le porche de la Tuilerie, obscurci ce jour-là par la fumée des fours, ma mère me dit :

— J'irai à la Grange-du-Pin pour causer avec ton père. Tu resteras ici jusqu'à mon retour.

Marion attendait, flanquée d'un gavach. Celui-ci chargea la corbeille de clairettes, celle-là prit le panier de ma mère, et ils s'en allèrent vers la ville.

X

La Tuilerie, 25 septembre 1847.

Les vendanges sont chez nous une longue fête. Dès la pointe du jour, chants, cris de joie, rires s'envolent de partout, et, dans les sentiers, les sonnailles retentissantes des mulets chargés de comportes pleines appellent des bandes d'alouettes matinales qui picorent sur les tas à bec que veux-tu. Du reste, les gavachs, hommes, femmes, enfants, se conduisent tout à fait comme les oiseaux : chacun, afin de pousser la soupe mangée à la maison sous l'œil du maître, se gave de raisins jusqu'à la luette, bravement. Quelle gaieté alors ! Tandis que les montagnardes, d'un coup preste et sec, abattent les belles grappes, qui tombent en de lourds paniers d'osier imbibés de jus, ruisselants, les montagnards, dont le devoir serait d'aller vider ces paniers d'un saut, perdent plus d'une minute à caqueter avec les *payses*, à les prendre à la taille, à batifoler en cent façons. Quand les pampres sont encore épais, que de gros baisers sonores on entend claquer sur les joues rebondies des vendangeuses, trop faciles aux amusements avec les garçons ! Peut-être, en d'autres moments, dans leurs villages respectifs de l'Espinouze ou du Saumail, se montreraient-elles plus farouches ; mais la paroisse natale est si loin ! Puis nous voici à la saison des vendanges, et qui ne sait que cette saison enivrante fait aimer ?

Sirc, jugeant sa « vigne de l'Arboussas » mûre pour la serpette, y a conduit ce matin son escouade de gavachs ; puis, comme d'autres soins le réclamaient, il m'a chargé de surveiller son monde, de tenir l'œil surtout aux muletiers, engeance peu commode, toujours disposée à rendre le fouet et à vous planter là, la besogne commencée. Justement, j'ai eu maille à partir avec un de ces drôles, un gars de vingt-cinq ans environ, fort comme un hercule du Planol, plus hérissé de poils roux qu'un loup de la Montagne-Noire, le regard en dessous, l'air tout ensemble sournois et brutal. On rencontre de grands misérables dans la vie.

Mon beau-frère ne m'avait pas quitté, qu'au bas de la vigne de l'Arboussas, à l'endroit où s'arrêtent les mulets pour recevoir leur chargement, un cri aigu, un cri de douleur se fait entendre. — Qu'y a-t-il ? — Je me précipite. Une jeune vendangeuse du nom de Marthe, que ma mère a embauchée sur le Planol par charité, car elle paraît fort délicate, est là qui se lamente, qui pleure. Un filet de sang lui coule du front, dont la peau est déchirée de la naissance des cheveux au sourcil droit.

— Que t'arrive-t-il, Marthe ?

— C'est lui qui m'a fait ça avec son fouet.

Elle me montre le muletier Janros qui s'en va paisiblement vers la Tuilerie, au train coutumier de ses bêtes. Une indignation me soulève.

— Janros! Janros!

L'homme m'a entendu et s'arrête.

— Dites donc, pourquoi avez-vous blessé cette fille?

— Tiens! parce qu'elle s'est plantée sous la mèche de mon fouet.

— Vous mentez!

— Une manière de vous dire que cela ne vous regarde pas.

— Insolent!

— Si Marthon s'était laissé embrasser, elle ne geindrait pas à présent. Moi, je suis comme ça, il faut que les femmes m'obéissent, et, s'il me plaît de leur trousser un brin le jupon...

— Brute! triple brute que vous êtes!

J'ignore s'il m'a entendu, car il avait fouaillé ses mulets et était déjà bien loin.

La « vigne de l'Arboussas » tire son nom d'un bois d'arbousiers qui la borne fort agréablement et fort pittoresquement vers le bas, aux environs du ruisseau très encaissé de Paders. Ce ruisseau, complètement à sec aux jours torrides de l'été, a reçu les premières pluies de septembre, les a gardées, et un léger courant jase parmi les pierres arides qui commencent à reverdir. Par endroits, des creux retiennent l'eau en des vasques tranquilles, et, dans ces miroirs perdus, les arbousiers des deux rives jettent leurs fraises rouges, ambrées, avec une profusion de feuillage fin et de bouquets blancs épanouis. Le merveilleux arbuste ! Il est toujours vert, il a toujours des fleurs, toujours il porte des fruits à tous les degrés de maturité. Tendez la main ; une branchette flexible, dont vous feriez la plus jolie couronne au front de la jeunesse, vient à vous, et l'arbouse, qui veut être cueillie, vous met au doigt une tache de sang vermeil. J'ai ouï dire que les arbouses de nos Cévennes sont meilleures que celles des Pyrénées. J'en suis fier pour mon pays natal.

Je remonte le ruisseau de Paders, sous les arbousiers, et gagne un autre côté de la vigne de Sirc. Il me répugne d'aborder Marthe, que je n'ai pas su venger de cet atroce muletier. Il fallait avoir le cœur d'arracher son fouet à Janros et de lui en allonger sur la face toute la courroie. Je chemine lentement, assez attristé de ma lâcheté. — Que doit penser de moi la fillette embauchée par ma mère sur le Planol? — Tout à coup, je demeure fixe : à quatre pas de moi, un paquet de haillons s'agite au bord de l'eau. Je tousse pour dénoncer ma présence. Du paquet de haillons se dégage, parsemé de gouttelettes irisées, un charmant visage calme et doux.

— Toi, Marthon !

— Oui, monsieur : ça saignait toujours et je suis venue y mettre un peu d'eau.

— Et ça ne saigne plus ?

— Pas beaucoup... Si seulement j'avais un mouchoir pour me bander le front !

— Veux-tu le mien ?

— Non, monsieur ; je n'oserais jamais...

Sans avoir claire conscience de mes pas, j'avais franchi la courte distance qui nous séparait. Véritablement, je ne reconnaissais plus la vendangeuse de ma mère, et, soit curiosité, soit plaisir, je la regardais. Quand elle avait paru à la Tuilerie, dans la bande des gavachs, une seule chose m'avait frappé en elle : son air de misère extrême. Maintenant, encore que son pauvre corps souffreteux fût recouvert des mêmes nippes sordides, s'en allant en charpie, je ne sais quel rayonnement s'en échappait. Ce rayonnement était si fort que, de temps à autre, il me contraignait à baisser les yeux. En face de cette inconnue dont je ne savais pas tout le nom, dont j'ignorais le pays, j'éprouvais cette sorte d'embarras, de malaise que me procurait la vue d'Éléonore Trescas. Et pourtant, quelle différence entre Norette, blonde comme un épi sur l'aire, et Marthe, brune comme une grappe sur le pressoir ! — A la fin, est-ce que toutes les filles de la création allaient me troubler ainsi ? — Encore une fois, il y avait là une marque de la vocation qui m'appelait à vivre d'une vie exceptionnelle, d'une vie de choix, d'une vie d'où la femme serait exclue. Oui, mes timidités, mes tremblements étaient signe d'élection.

Cependant, en dépit de tant de pensées, à travers lesquelles passe et repasse l'image extasiée de ma tante Angèle, je retire mon mouchoir de ma poche, le plonge à vingt reprises dans le ruisseau, le tords, le déploie, le plie d'angle à angle, et le noue autour du front de la jeune fille.

— Eh bien? lui dis-je.

— Oh! monsieur!... oh! monsieur!...

Ses yeux étaient secs; mais voilà que, de nouveau, ils laissent pleuvoir des larmes. Ma surprise est grande; je ne puis m'empêcher de songer à Éléonore Trescas qui, en pareille situation, aurait ri certainement au lieu de pleurer. Chez ces fillettes, le caractère ne se ressemble pas plus que le visage. Laquelle des deux préférerais-je, si je n'étais pas à la veille de partir pour le grand séminaire de Montpellier? Ma foi, il me semble que j'inclinerais vers Marthe, malgré les éclats de rire si frais, si jolis de Norette : Marthe souffre, et la douleur m'attire invinciblement.

— Quel âge as-tu?

— Je parais seize ans, monsieur; mais j'en ai dix-huit tout de même. Sans ça, je n'aurais pas pu me louer, même pour ramasser les grains de raisin qui tombent des comportes où des paniers. Vous savez qu'on m'a prise chez M. Sirc pour « lever la *grunado*. »

— D'où es-tu ?

— Des Verreries, proche Saint-Pons.

— Avec qui es-tu venue à Bédarieux ?

— J'y suis venue seule.

— Et tes parents t'ont permis de t'en aller comme ça à travers les routes ?

— Je n'ai plus de parents. J'ai perdu ma mère au berceau et je ne me souviens pas beaucoup de mon père. Quand ma grand'mère, qui m'avait avec elle, est morte ce dernier hiver, la voisine Balaguier m'a recueillie... Des fois, j'allais tourner la meule chez un remouleur pour gagner deux sous ; puis, d'autres fois, j'allais *faire du bois* dans les châtaigneraies. Mais nous ne pouvions pas vivre de notre travail et nous nous couchions souvent sans souper. Alors M. le curé des Verreries a parlé de me mettre chez les Sœurs, à Saint-Pons. Moi, j'ai pris peur et je me suis sauvée de la paroisse, dans la nuit.

— Tu es arrivée d'une traite jusqu'ici ?

— Un charretier m'a dit de monter sur l'arrière de sa charrette. Il y avait là une botte de foin pour ses bêtes. De quel appétit j'ai dormi, encore que je ne pusse m'empêcher de pleurer !

— Pourquoi pleurais-tu tant ?

— Et mon pays ? et la voisine Balaguier ? et le cimetière où sont tous les miens que j'abandonnais ? Croyez-vous que ce ne soit rien, ça, monsieur ?

— Tu as raison, Marthe...
A propos, quel est ton nom de famille?

— Nous autres, aux Verreries, nous sommes les Vanneau, et je m'appelle Marthe Vanneau.

— Après les vendanges, que feras-tu?

— Votre mère, qui est bonne comme la sainte Vierge, m'a dit que, si on était content de moi à la Tuilerie, elle me placerait... Êtes-vous content de moi, vous, monsieur?

— Très content de toi...

Elle incline sa tête charmante et n'ajoute pas un mot. Moi, également interdit, je tiens mes deux yeux attachés à la surface d'une de ces conques profondes de rochers où le Paders, après avoir couru, cabriolé parmi les mille accidents de sa route tortueuse, semble se reposer avec délices. Dans ce miroir immobile, les traits mignons de Marthe Vanneau me frappent singulièrement. — Mon Dieu! quel passe-temps céleste que de regarder, de regarder jusqu'à la fin de son regard le visage d'une jeune fille au fond de l'eau claire de nos montagnes! — Il faut dire que ce visage-ci est ravissant, qu'il s'allonge par une ligne d'une finesse, d'une distinction peu habituelles chez les paysannes de nos contrées. Et la peau, quel éclat elle conserve dans sa pâleur bistrée! Les joues de Marthe Vanneau sont creusées et tristes; mais je ne sais pourquoi je les préfère aux joues rebondies et rieuses d'Éléonore Trescas. Puis il faut voir comme le bandeau blanc assujetti par mes mains autour de son front lui sied! Des feuilles, chassées par le vent, se sont arrêtées parmi ses cheveux, dont les mèches folles, plus noires que des plumules de merle, débordent mon mouchoir, et tout cela, au fond du ruisseau, forme un ensemble parfait de grâce touchante et d'idéale beauté. J'omets les arbouses rouges et les ramilles vertes des arbustes qui surplombent le Paders, chargés de frondaisons et de fruits. Il n'est pas jusqu'aux loques de la petite vendangeuse qui, s'embellissant de je ne sais quels reflets obscurs, n'ajoutent à l'effet de cet incomparable tableau.

— On n'est pas plus mal vêtue que moi, n'est-il pas vrai, monsieur? me dit-elle.

— Au contraire, Marthe...

— Allez, monsieur, ne soyez jamais pauvre. Si vous saviez ce que c'est!

— Tu le sais, toi?

— Jusqu'au fond, car j'ai pâti, telle que vous me voyez... Mais, avec vous, j'oublie d'aller ramasser ma *grunado*...

Je m'empare de ses mains.

— Marthe...

— Monsieur, si je vous demandais quelque chose, me l'accorderiez-vous?

— Je t'accorderais tout...

— Du reste, vous voyez, je me suis bien lavée et je suis propre à présent... Si vous m'embrassiez, je crois que cela me porterait bonheur.

Je la prends dans mes bras et mes lèvres la

baisent sur les deux joues. Je la retiens encore, tremblant de la tête aux pieds, quand, des hauteurs de la vigne de l'Arboussas, descendent des chants sauvages, hurlés à pleine voix. La journée faite, les vendangeurs regagnent la Tuilerie. Marthe Vanneau court rejoindre la bande à travers les arbousiers. En me quittant, elle a dénoué mon mouchoir de son front.

— Je n'en ai plus besoin, merci ! m'a-t-elle dit.

Je ne sais combien de temps je suis demeuré planté au bord du Paders, regardant ce chiffon taché de sang.

XI

La Tuilerie, 2 octobre 1847.

Le vin commence à bouillir dans les cuves. Les vendanges sont finies. En payant ses gavachs, Sire avait un air satisfait qui ne laisse aucun doute sur l'excellence de la récolte.

— A l'année prochaine, mes amis ! à l'année prochaine ! leur répétait-il joyeusement.

Sur ce, il leur a montré le chemin, au long du bief des Douze, puis a refermé le portail de la Tuilerie.

C'est bizarre comme je suis fait ! Encore que je ne connaisse aucun de ces hommes de la montagne, que, depuis leur arrivée ici, je ne leur aie pas adressé vingt paroles en tout, leur départ m'a ému. La chose se comprendrait peut-être si Marthe Vanneau avait été parmi eux ; mais ma mère a emmené hier sa petite protégée, et ce n'est pas elle qui m'occupait assurément. — Pourquoi ce trouble étrange ? Je ne sais. — Le fait est qu'en voyant du haut de la terrasse ces gavachs déguenillés, loqueteux, s'en aller en désordre, comme un troupeau chassé hors des bergeries, je me suis senti étreint à la gorge par une profonde pitié. Mille questions se pressaient dans mon esprit effaré : Où couraient-ils de ce pas ? Qui les recevrait ce soir ? Où trouveraient-ils de la soupe ? En quelle métairie leur ouvrirait-on la porte d'une étable pour dormir ? Un troupeau de chèvres ou de moutons découvre de l'herbe à brouter dans la campagne ; mais eux ?... — Allez, monsieur, ne soyez jamais pauvre ! — Avec ces paroles de Marthe Vanneau, qui m'ont encombré la mémoire, j'ai éprouvé un déchirement intime cruel et j'ai quitté la terrasse au galop.

XII

La Tuilerie, 5 octobre 1847.

J'ai honte de me l'avouer à moi-même : tout bien examiné, bien pesé, bien analysé, bien déduit, je suis plus dénué et plus misérable que le plus dénué et le plus misérable montagnard de l'Espinouze ou du Saumail, qui, pour ramasser quelques sous, vient aux vendanges dans le bas pays. Lui du moins a des bras capables de le nourrir; moi, je n'ai rien... Dieu connaît mon adoration pour mes parents, et parfois j'ai une envie furieuse de leur reprocher leurs bienfaits. Je retiens ces mouvements farouches, mais je souffre. Pourquoi, au lieu de m'envoyer casser des pierres sur la route d'Agde à Castres, ce qui eût été d'un résultat positif, m'enfermer au petit séminaire de Saint-Pons, où tout ce qu'on m'a enseigné ne saurait me procurer un morceau de pain ? Les miens ne pouvant désormais achever l'œuvre entreprise, l'œuvre trop coûteuse de mon instruction, cette alternative me serre au cou avec l'âpre rigidité d'une paire de tenailles : ou je serai prêtre, ou je serai je ne sais quoi, — un pauvre quémandant sa vie.

Cette dernière solution de ma destinée n'est pas possible : je ne veux pas être un pauvre, j'ai horreur de la pauvreté.

Un souvenir me revient.

Au petit séminaire de Saint-Pons, de rares élèves recevaient une pension des mains de M. l'abbé Castan. Le jeudi, avant le départ pour la promenade, on faisait queue dans le corridor de l'économat et l'on touchait sa solde. Qui empochait cinq sous, qui dix sous, qui un

franc, le chiffre le plus élevé de la pension. J'étais inscrit sur le registre pour cinquante centimes. — Dieu ! quelles fraîches, quelles délicieuses bouteilles de limonade gazeuse, sous les ombrages de Pont-de-Rach, en été ! et quelles appétissantes, quelles savoureuses tranches de jambon, au Cabaretou, dans la neige, en hiver !
— Ceux à qui leurs parents n'avaient pu faire de largesses étaient plantés autour de nous, nous regardant boire et nous regardant manger. Je n'ai pas oublié, je n'oublierai jamais les attitudes de ces condisciples malheureux : tandis que ceux-ci tenaient rivés sur nous de bons gros yeux pleins d'une envie peu dissimulée de mangeaille ou de beuverie, que ceux-là allongeaient furtivement la main pour vider des fonds de verre, recueillir des fragments perdus de victuailles, d'autres, les mâchoires serrées, les traits contractés par une crispation de colère sourde, haussaient les épaules à nos moindres paroles, à nos moindres éclats de rire, puis nous dévisageaient haineusement. Que de méchants propos, que de querelles, que de coups de poing, après ces orgies à cinq, dix, vingt sous par tête !...

J'y ai réfléchi depuis : le pauvre ne saurait se comporter autrement que ne se comportait, à Pont-de-Rach ou au Cabaretou, tel ou tel de mes condisciples. Ou bien le pauvre envie, ou bien il grappille, ou bien il s'insurge. De ces trois états, un seul implique quelque noblesse.

car enfin on joue sa vie dans la révolte ; pour les deux autres, ils sont la honte même, l'abjection même, la fin de Dieu chez l'homme, car Dieu manifestement se retire de sa créature quand elle a laissé faire naufrage à sa dignité. — Allez, monsieur, ne soyez jamais pauvre. Si vous saviez ce que c'est !...

Marthe Vanneau, je sais ce que c'est.

XIII

La Tuilerie, 7 octobre 1847.

Quelques paroles de ma tante ont suffi à dissiper l'orage qui grondait en moi, car, depuis le départ des vendangeurs, j'étais en proie à l'orage... Je suis faible, oh ! bien faible... Il faut le reconnaître aussi, il est des êtres doués d'une fascination singulière : ils n'ont pas ouvert la bouche, que déjà vous vous rangez à leur avis. Ces êtres-là, quand ils marchent, ont le privilège de se faire précéder de leur âme, qui vole bien avant d'eux ailes déployées, et vous êtes touché au cœur avant d'avoir entendu un mot. Ma tante Angèle est une « prédestinée, » comme l'a dit ma mère, et je ne dois pas être surpris si Dieu lui a accordé aujourd'hui la faveur de m'apaiser, de me pacifier. En sortant de la messe, à laquelle elle assiste tous les matins à mon intention, elle a tenu à venir causer avec moi. — D'abord mon père a écrit, et, comme novembre approche, que le grand séminaire va rouvrir ses portes, il nous attend à la Grange-du-Pin pour prendre un parti. Puis on a reçu une réponse favorable de ma cousine Clotilde Sicard, religieuse de la Visitation...

— Une réponse de ma cousine ?...

— Elle t'aime beaucoup, s'intéresse beaucoup à toi. Je raconterai à ton père la démarche que j'ai faite auprès d'elle par écrit... Du reste, j'irai voir prochainement ta cousine à Montpellier... Il sera question entre nous de toi, uniquement de toi... A présent, peux-tu m'apprendre quelque chose de tes dispositions intérieures ?

— Je ne puis rien vous apprendre de mes dispositions intérieures, pour la bonne raison que je ne les connais pas.

— Tu ne t'es donc pas occupé de toi dans ces derniers temps ? Tu ne t'es donc pas sondé « devant le Seigneur ? »

— Je m'y suis efforcé, ma chère tante, et je n'ai discerné qu'ombres et ténèbres en moi, autour de moi, partout.

— Pas une fois tu n'as entrevu Dieu au fond de tes pensées ?

— Souvent, perdu dans mes pensées à croire que je ne pensais plus, j'ai éprouvé des secousses terribles et délicieuses. Alors je croyais entendre une voix me parlant, me redressant, me grondant dans la nuit où j'étais égaré, et je me laissais aller à écouter cette voix jusqu'au réveil, car j'étais certainement endormi...

— C'est de ce sommeil plein de grâces que le Seigneur se servit pour montrer ses anges à Jacob...

— Une fois, en effet, j'ai aperçu une échelle indéfinie au long de laquelle montaient et descendaient des fillettes ayant toutes même visage, même tournure...

— Les anges se ressemblent tous...

— Tantôt ces fillettes, vêtues de lumière, avaient les traits mutins, rieurs, d'Éléonore Trescas ; tantôt elles prenaient la figure attristée, douloureuse, de Marthe Vanneau...

— Éléonore Trescas?... Marthe Vanneau?...

— Vous savez bien, la petite tuilière d'ici?... Vous savez bien, la petite vendangeuse de ma mère?...

— Le Tentateur essaie ses forces contre toi. Il devine que tu as pu voir les pauvres filles dont tu me parles et il veut t'en tourmenter. Si déjà tu te trouves en butte aux attaques du Démon, c'est qu'il te redoute, car, plus clairvoyant que tu ne l'es, il a découvert en ton âme les marques de la vocation. Tu seras prêtre. Dieu le veut.

— Mais, ma bonne tante...

— Vois quel sera ton bonheur après ton ordination, quel sera le nôtre ! Et je ne fais, pour mon compte, aucune allusion à la paix, à la sécurité dont nous vivrons enveloppés dans ta paroisse. Ces motifs trop humains n'ont pas à mes yeux l'importance qu'y attache ta mère. Ce sont des raisons hautes comme Dieu qui m'enchantent et m'enlèvent. Si la faveur — la gloire, devrais-je dire — de voir mon neveu célébrer le saint sacrifice de la messe m'est accordée, je croirai notre famille élue, et je ne sais, quand tu descendras de l'autel, si je résisterai à l'envie de baiser la trace de tes pas. Le fils de ma sœur élevé à la dignité sublime du sacerdoce ! Quand mes yeux t'auront admiré dans la pompe des ornements sacrés, je pourrai m'écrier avec le patriarche Siméon : « Seigneur, maintenant vous pouvez rappeler votre servante. »

Ma tante était tombée à genoux.

Nous avons prié longtemps, elle, ravie en extase, moi, inondé de je ne sais quelle quiétude heureuse, quelle aise divine qui m'arrachait aux préoccupations où s'épuise ma vie. J'étais à la Tuilerie, certes, puisque, à travers les vitres de ma chambre, j'apercevais les piles de *marchandise* et la fumée noire des fours allumés, et pourtant il me semblait que ma tante Angèle venait de m'ouvrir les portes du paradis et que c'était en un coin du ciel que nous nous tenions prosternés.

DEUXIÈME CAHIER

I

La Grange-du-Pin, 10 octobre 1847.

Nous avons loué *Jacquet*, l'âne du ménétrier Salvant, et, ce matin, vers dix heures, ma mère, ma tante et moi nous sommes partis pour la Grange-du-Pin. Le fils de Salvant, un garçonnet d'une quinzaine d'années, pâlot, un peu boiteux, auquel un défaut de langue a fait donner dans la ville, qu'il a scandalisée par mainte fredaine, le surnom de *Baragouin*, nous accompagne. Comme nous resterons quelque temps chez mon père, le Baragouin ramènera ce soir Jacquet à Bédarieux. En attendant, le long de la rude montée du Col-du-Buis, il le fouaille à tour de bras avec un brin d'olivier.

— Vas-tu finir, polisson! crie ma mère, lui arrachant sa badine.

Le Baragouin ne proteste pas; il nous laisse

aller en avant et s'acharne après un roncier, qu'il dévalise de ses mûres gloutonnement.

Au ruisseau de Soumâltre, ma tante, installée sur la barde de Jacquet depuis la ville, arrête la bête et descend en découvrant un peu ses mollets. La pauvre vieille fille pousse un gloussement d'oiseau pris au piège. Il y a soixante-dix ans que Dieu l'a envoyée en ce bas monde pour y faire son salut, et, depuis soixante-dix ans, elle n'en a jamais tant montré ! Ma mère sourit.

— Allons, Rose, lui dit ma tante, c'est ton tour : monte !

— Et toi, tu n'es pas fatigué ? me demande ma mère.

— Non ! non !

De crainte qu'on ne m'oblige à chevaucher Jacquet, je me rabats vers le Baragouin.

Quel singulier garçon, ce fils de Salvant ! Assurément le sentier où nous cheminons à travers le plateau de l'*Yeuse* est étroit ; mais enfin nous y cheminons bien, nous autres, avec l'âne, et à notre aise, et sans nous détourner. Pourquoi, lui, ne peut-il suivre la ligne que nous suivons ? Tantôt il saute à droite, tantôt il saute à gauche ; puis on le voit, malgré sa boiterie, malgré ses pieds nus, s'élancer par bonds à travers champs. On dirait d'un chien de chasse courant happer le gibier après le coup de fusil. Du reste, avec ses yeux jaunes, sa tignasse fauve emmêlée, ses haillons effiloqués et tombant long, pareils à des poils, le Baragouin a bien plutôt l'air d'un chien-loup en maraude que de l'enfant du ménétrier bédaricien, lequel est un brave homme, malgré son métier de hasard.

— Qu'as-tu donc à galoper ainsi? lui dis-je.
— Je vais ramasser mes oiseaux.
— Quels oiseaux?
— Ceux que je tue, pardi!
— Tu tues des oiseaux?

Il glisse une main dans la veste qui lui pendille aux reins et la retire hérissée de plumes.

— Voilà! ricane-t-il.
— Comment fais-tu?
— Je prends un caillou, et v'lan!... Des fois, ça y est.
— Alors, ça n'y est pas toujours?
— Oh! non!... Jutot, le berger de M. Vernazobres, au Pouget, touche à tout coup. Autant de pierres lancées, autant de bêtes par terre; mais moi!... Voyez-vous, je ne sais pas m'approcher assez près. C'est plus fort que moi : de tant loin que j'aperçois un chardonneret, une linotte, il faut que mon caillou parte. Je suis comme ça... Sans compter, au fait, qu'il y a des oiseaux très difficiles.
— Ah! il y a des oiseaux plus difficiles que d'autres?
— Allez donc dire aux alouettes d'attendre mon plomb de rencontre! Ah bien, oui!...

Jutot, qui marche plus léger qu'un rat, en a tué plusieurs ; moi, pas une... Oh ! pour les rouges-gorges, les becfigues, les bouvreuils, tout ce peuple-là me connaît...

— Mais les alouettes ?

— Chut !...

Il roule au bout de ses doigts un morceau de silex luisant, coupant comme verre, et sur la pointe des orteils s'éloigne furtivement. Tout un vol d'alouettes-coquillades vient de s'abattre à deux pas ; la bande picore dans la poussière du chemin. Je demeure fixe, les yeux au Baragouin se dissimulant dans l'ombre des haies, les oreilles aux alouettes relevant leur houppette pointue et grisolant. Tout à l'heure, le jeu barbare de ce drôle m'avait indigné ; maintenant, dans le fond, je fais des vœux pour que ce sauvage — le fils de ce Salvant est un sauvage de Fenimore Cooper — ne manque pas son coup. Mais le voilà planté ; il vise... V'lan !... Les alouettes s'enlèvent, montent droit aux nuages.

— Eh bien ? eh bien ?

Le Baragouin ne m'écoute pas ; son silex a fait long feu ; il est humilié et ne veut plus bavarder avec moi. Il fuit.

Le plateau de l'Yeuse se développe à perte de vue, rocailleux, peu fertile, plan et nu comme la main. Par intervalles, du milieu d'un chaume où la récolte du seigle a été maigre, surgit un bouquet de chênes verts rabougris, blancs de poussière, mangés aux pieds par l'euphorbe empoisonné, et c'est tout. A gauche, on distingue de lourdes ombres noires s'allongeant, s'étirant à l'infini. Ce sont les masses forestières de Pézènes et de Fos. Tandis que le plein soleil nous rôtit les côtes au long d'un sentier sans abri, qu'il ferait bon marcher dans la fraîcheur des grands bois !

Nous avons dépassé le village de Faugères et abordé la route d'Agde à Castres, la fameuse route de mon père, *notre* malheureuse route. Bien entendu, je ne connais rien aux travaux exécutés par nos équipes de terrassiers, de pétardiers, de remblayeurs ; pourtant il me semble que ces travaux, au milieu des difficultés qu'offrait un sous-sol de pierre dure, — nous cheminons dans un banc de marbre depuis Faugères, — ont été réalisés à nous mériter les éloges du gouvernement. Comme ces fossés creusés à vif dans le roc, ces fossés par où s'épanche librement l'eau des orages, sont larges, profonds ! Et l'empierrement, est-il assez solide, assez épais ! Et les banquettes gazonnées tout du long sont-elles assez vertes, assez gaies avec leurs girandoles de pâquerettes blanches !

Je voudrais que M. Duponchel, ingénieur des Ponts et Chaussées, que M. Simonneau, conducteur des Ponts et Chaussées, vinssent par ici : ils jugeraient combien ils avaient tort, sous un prétexte ou sous un autre, de garder sur leurs bureaux les mandats de payement de mon père, de laisser mon pauvre père en proie à la meute hurlante de ses journaliers. Que de larmes ces messieurs ont fait répandre à ma mère! Un matin, — il y a deux ans, — par un froid dur de décembre, cette femme admirable, d'un caractère viril, voyant son mari découragé, désespéré, prêt à jeter le manche après la cognée, car la quinzaine de paye approchait et une somme de quatre mille francs légitimement due, réclamée, n'arrivait pas, quitta le lit où l'avait retenue de longs jours une fluxion de poitrine, et, se soutenant à peine, encore brûlée par les vésicatoires, partit pour Montpellier. Je ne me souviens plus guère si c'est à la porte de M. Duponchel ou à celle de M. Simonneau qu'on la laissa se morfondre toute une après-midi; ce que je n'ai pas oublié, c'est que ni l'un ni l'autre de ces fonctionnaires ne la reçut, qu'elle revint les poches vides à Bédarieux... Ce souvenir m'épouvante. Si tous les hommes étaient méchants, impitoyables comme l'ingénieur et le conducteur de la route d'Agde à Castres, tel que je me connais j'aurais beaucoup de peine à vivre parmi eux, et je ne devrais pas hésiter à m'engager dans la voie de paix, de lumière, que les mains amies de ma mère et de ma tante essayent d'ouvrir toujours plus large devant moi.

Le Baragouin, disparu depuis une heure, dégringole sur nous du haut d'une vigne par un talus escarpé. Il tient un raisin qu'il dévore de rage. Il est aspergé de jus.

— On n'a donc pas vendangé par là? lui demande ma mère.

— J'ai trouvé ça et je l'ai coupé. Ce n'est pas la première fois que je vais à la picorée.

— Il fallait avouer que tu avais faim, et je t'aurais donné à manger. J'ai des provisions.

— Vous avez des provisions, madame? interroge-t-il, relevant sa frimousse luisante et se pourléchant les babines.

— Angèle, dit ma mère, si nous prenions quelque chose? Il y a ici un endroit ombragé où nous serons très bien.

Elle montre, sur notre droite, à cinquante pas de la route, une de ces plantations de cyprès comme on en rencontre si fréquemment à la porte de nos métairies méridionales. Ces grands arbres, rigides, touffus, sans le plus mince ajourement, allongent parmi les éboulements d'une carrière de marbre une ombre épaisse qui nous tente.

La dînette sous les cyprès aurait été délicieuse sans cet atroce, ce cynique Baragouin. Dans le panier ballant à l'encolure de Jacquet, ma mère avait plié des œufs durs, de la saucisse, un canard de la Tuilerie rôti la veille et flambé par Marion. Je renonce à peindre l'air à la fois ahuri et goulu du fils du ménétrier à ce déballage appétissant. Il regardait les victuailles de si près que c'était à croire qu'il voulait les manger avec ses yeux.

— Tiens! lui cria ma mère, lui mettant un œuf dans la patte.

— Tout ça? murmura-t-il, déçu. Vous me flanquerez un morceau de pain sans doute avec cette pitance?

— Tu auras de tout, lui répondit ma tante.

Et, le considérant d'un air apitoyé, elle ajouta avec douceur :

— Ce n'est pas nous qui ferons jamais tort aux pauvres.

— Pardi! il ne manquerait plus que ça! mâchonna-t-il, la bouche pleine de son œuf dont le jaune lui débordait les lèvres.

Puis, l'œuf englouti, il lâcha cette phrase insolemment :

— Eh bien! parlons-en, des pauvres : vous êtes si riches, vous autres!

L'effet fut terrible : ma mère, qui découpait le canard, demeura le couteau suspendu ; ma tante laissa tomber parmi les pierres la poire dont elle se rafraîchissait frugalement ; moi, qui mordais au rôti, j'eus les dents arrêtées du coup. Tous trois nous dévisagions le hideux gamin de Salvant, bouleversés par des pensées sinistres :

— Alors tout le monde, à Bédarieux, connaissait notre situation? Alors notre ruine était déjà divulguée? Alors nous étions déjà perdus, irrémédiablement perdus?

— Dis-moi, mon petit *Salvandou*, comment sais-tu que nous ne sommes pas riches, nous autres ?

Ma mère, dont les yeux luisaient de larmes contenues, avait mis une caresse sous chacun de ces mots.

— Est-ce que cela me regarde, moi, si vous êtes riches ou pauvres ! riposta le Baragouin, insensible à des égards qui le dépassaient. Je sais seulement que, lorsqu'on voyage, si l'on est riche on va en voiture comme M. Vernazobres, du Pouget, et non pas à âne comme Salvant, de Bédarieux. Allez-vous *musiquer* à une noce, voyons ? Vous n'en avez pas l'air, toujours, avec vos mines d'enterrement.

Nos mines s'éclaircirent aussitôt. — Le Baragouin ne savait rien de nos affaires. Peut-être, sauf le notaire Chavardez, n'en savait-on rien à Bédarieux. — Chacun de nous se reprit à manger et avec un redoublement d'appétit. Ma pauvre mère fut magnifique envers le conducteur de Jacquet : ayant détaché les deux cuisses et les deux ailes du canard de la Tuilerie, elle lui tendit la carcasse chargée des filets et du croupion très charnu.

Comme un chien qui a reçu un trop gros morceau et craint de se le voir arracher des dents, le Baragouin n'eut qu'un bond jusqu'à son âne broutant l'herbe rare parmi les blocs accumulés. Ce fut un nouveau soulagement de ne plus nous trouver sous le regard effronté de cet enfant abominable, sorte de monstre qui nous faisait peur.

Dès le village de Roquesels, que nous aperçûmes à gauche, véritable amas de décombres parmi les ruines de son château, la contrée change d'aspect. Nous entrons dans le *pays bas*, cette immense plaine ondulée, riche des plus beaux vignobles du monde, qui, de l'âpre chaîne cévenole, coule en pente douce jusqu'à la mer. Ici point de beaux arbres, point de châtaigniers aux troncs populeux comme aux pentes du Saumail, aux flancs de l'Espinouze; partout des vignes, des vignes, des vignes jusque dans les flots...

Tiens! que me veut cet ignoble Baragouin? Il ne cesse de tourner autour de moi et de me sourire d'un sourire qui me déplaît.

— Que me veux-tu?

— Monsieur, me souffle-t-il bien bas, je connais une fille qui vous connaît.

— Une fille?

— Elle est en service à la Place-aux-Fruits, chez M. Lucien Vergély, le confiseur...

— Je ne sais de qui tu parles.

— Comment, vous avez oublié Marthe Vanneau, des Verreries?

— Marthe Vanneau!

— Elle a de l'amitié pour vous, c'est moi qui vous le dis...

— Va t'en!

— Par exemple, si j'étais à votre place...

— Misérable !

Me précipitant, je l'abats à mes pieds d'une poussée si rude que, blessé sans doute, il ne se relève pas.

— Madame ! madame ! hurle-t-il, terrifié.

Ma mère, tenant son chapelet à la main — elle le récitait avec ma tante, — accourt. Les paroles sortent de ma bouche toutes seules, pressées les unes contre les autres, abondantes, passionnées, pour la défense de Marthe, des Verreries, cette agnelle menacée par ce louveteau. Quand j'ai dégoisé ma haine sur le mauvais sujet qui halète devant moi, ma mère lui dit :

— Baragouin, nous sommes arrivés ; ton père est payé ; monte sur l'âne et retourne à Bédarieux.

Morne, ses yeux sournois au sol, il secoue ses hardes pouilleuses, enfourche Jacquet et s'éloigne avec un juron.

Un grand pin s'élève à cinquante pas au-dessus de nous, ombrageant de son parasol très développé des toitures et des murailles. Nous allons là.

II

La Grange-du-Pin, 26 octobre 1847.

L'air est singulièrement parfumé dans ce pays-ci. J'ai demandé à M. Aristide Vidal, le propriétaire de la Grange-du-Pin, la raison de ces odeurs balsamiques dont on vit enveloppé, enivré, qu'on n'est pas maître de ne pas respirer jusqu'à l'étourdissement ; il n'a su que me montrer le sol couvert à perte de vue de bruyères, de lavandes, de romarins et d'un ciste résineux particulier à la contrée qu'on appelle *mougère*.

— C'est surtout la faute de la mougère, la faute de la mougère, m'a-t-il répété.

Et il s'est sauvé.

Ce pauvre M. Aristide ! Il passe ses journées à vagabonder par la campagne. Avant-hier, n'osant interroger mes parents sur l'absence de ma tante Angèle, partie depuis huit jours pour Montpellier, j'ai arraché quelques brassées d'euphorbes, — ils pullulent aux alentours de la maison, — me suis fabriqué de la glu avec leur lait, ainsi que j'étais coutumier de le faire dans mon enfance, et j'ai remonté le ruisseau de Vignemâle pour y engluer des chardonnerets à la première flaque d'eau venue. L'endroit est âpre, rocailleux. Des mougères, puis des mougères, encore des mougères. Par-ci, par-là, un pin dressant sa colonne immobile, jetant son ombre claire sur les cistes verts qui suent au soleil.

J'escalade les bords du Vignemâle du pas filé de ma douzième année. Ah ! que mes préoccupations du grand séminaire sont loin ! Un pot de glu dans la poche, à la main une cage bâtie vaille que vaille avec des brins de genêt, je suis redevenu enfant, tout à fait enfant. Sans compter que des pépiements, des chants, des bruits d'ailes, m'emplissant les oreilles, ne contribuent pas peu à me ramener aux jours délicieux d'autrefois, quand, en compagnie de Léon Boucquier, j'allais tendre des gluaux au long du Vernoubrel, près le Mas-Blanc.

Enfin, je découvre un coin propice à ma chasse. A n'en pas douter, chardonnerets, linottes, verdiers, alouettes, avant d'aller se rouler en boule sur une branche ou dans un sillon pour y passer la nuit, viendront boire ici leur coup du soir. L'eau n'abonde pas en ces parages arides où le soleil d'octobre a des ardeurs de soleil d'août, et celle-ci, retenue parmi des roches sur lesquelles les panaches entrecroisés des pins projettent une ombre épaisse, est bien tentante dans sa fraîcheur.

Je m'accroupis et me mets en devoir de remparer de grosses pierres cette mare perdue, cette mare idéale, où vont accourir se désaltérer des bandes d'oiseaux, quand ces paroles partent d'un bouquet de mougères, un peu à droite du bassin, à la pente d'un talus :

— C'est toi, petit?

M. Aristide Vidal. Je reste interdit.

— Je m'étais assis là et je me suis endormi, reprend-il... Et Abeille? As-tu vu Abeille?

— Non, je n'ai pas vu Mlle Vidal.

Arrivé ici depuis quinze jours, je sais par le berger, Alonzo Vargas, un Espagnol de

Cabrera, que Mlle Vidal, laquelle en réalité s'appelle Marie, est plus connue sous le surnom d'*Abeille*; mais moi qui n'ai pas encore rencontré la demoiselle de la Grange, je me garderais bien de la désigner par son sobriquet.

— Depuis quelque temps, je m'endors à tout propos, dit M. Aristide.

Puis, me regardant d'un œil fixe qui m'effraye, il ajoute :

— Ah! si on pouvait dormir toujours!

— On ne vivrait pas, alors, monsieur Vidal.

— Tu as raison, petit, on ne vivrait pas... Que j'étais à mon aise!

Il s'allonge de nouveau. Je le trouve défaillant et me précipite vers lui.

— Si vous étiez malade, monsieur Vidal, j'irais vite appeler votre mère à la Grange-du-Pin.

— Non! non! La Vidale me ferait des reproches... Elle m'en fait du matin au soir, des reproches.

— Pourquoi vous en fait-elle?

— La Vidale ne cesse de me répéter qu'elle n'entend rien à ma conduite, qu'au lieu de rôder par les champs, mon devoir m'oblige à surveiller nos ouvriers de labour, qui commencent, après les vendanges, à préparer nos terres pour les semailles... « Un homme de quarante ans! un homme de quarante ans que j'ai connu si vaillant! » s'écrie-t-elle à travers la Grange en frappant le sol de son bâton... C'est vrai qu'on m'a vu vaillant par ici et que je savais avoir la main aux terres, au bétail, à tout. Maintenant...

Il promène des yeux hagards à la ronde.

— Et Abeille? me demande-t-il.

— Voulez-vous que je la cherche par là?

— ... Maintenant, c'est un fait, je n'ai plus de force, mais plus, continue-t-il. Cette faiblesse m'est venue peu à peu. En premier, le mal prit la tête, puis les bras, puis les jambes, puis l'homme tout entier, de l'orteil aux cheveux... C'est comme ça... Si la Vidale savait!... Elle m'accuse, elle qui tomberait du ciel avec un grain de mil menu dans le creux de la main, elle m'accuse de ne plus aimer nos champs, nos bêtes, notre maison. Je ne demanderais pas mieux que de les aimer comme autrefois, quand j'étais le premier levé et le dernier couché à la Grange-du-Pin!... Je ne peux pas... Tout m'est égal... Mon chagrin m'a dégoûté de nos biens... Pourtant, si le bon Dieu voulait!...

— S'il voulait quoi?

— S'il voulait me rendre Lucie, Lucie Reboul, ma femme, qu'il m'a prise, voici bientôt cinq ans. C'est elle qui me guérirait de mes maladies! c'est elle qui me remettrait en courage et en santé!...

De grosses larmes coulent sur son visage de cire.

— Dans les commencements, je crus que ça se passerait, poursuit-il. Il me semblait d'ailleurs que ma Lucie allait me revenir. Il n'était pas

possible qu'elle m'eût quitté pour jamais, quand
elle était en pleine fleur de jeunesse, que la
Grange, embellie pour elle, demeurait toujours
là avec son pin si beau pour l'abriter du soleil.
Souvent, persuadé qu'elle était allée voir ses
parents à Gabian, dans la soirée je m'avançais
à sa rencontre sur le grand chemin... Chacun
défilait, regagnant son endroit, et je l'attendais
encore. Vingt fois, la Vidale est venue me
ramasser, la nuit, dans le fossé de la route, où
j'avais fini par rouler, par m'endormir... Mais
Abeille grandissait de jour en jour, et je crus un
moment que ses gentillesses m'enlèveraient le
poids qui m'écrase, comme au moulin la meule
écrase un grain de blé. Malheureusement, la
Vidale, habituée à la gouverne de la Grange, un
matin la plaça au couvent de Tournemire, en
Aveyron, du côté de Roquefort. Pauvre Abeille,
elle ne s'est guère amusée chez les Sœurs! Enfin,
elle est à la maison à présent, et elle ne la quittera
plus. La Vidale aura beau se plaindre, gémir,
menacer : Abeille est ici, Abeille y restera. Parbleu! l'éducation qu'on m'a donnée dans le
pensionnat payant des Frères de la doctrine
chrétienne, à Béziers, m'a rapporté gros pour
mon bonheur! Parce qu'elle montre pour plus
de trois cent mille francs de biens au soleil, que
sa petite-fille sera un excellent parti, la Vidale,
qui ne sait pas lire, voudrait qu'Abeille fût
instruite comme un livre. C'est de l'orgueil,
ça...

— Pourtant..., hasardai-je.

— Oh! je comprends que toi, qui veux être prêtre...

— Moi, je veux être prêtre!

— M{^lle} Angèle Sicard nous l'a appris, l'autre jour... Mais Abeille ne veut pas être sœur, elle, il s'en faut!

— Et que veut-elle être?

— Elle ne s'occupe aucunement de cela. Elle court avec moi de côté et d'autre; des fois elle lit, des fois elle chante; des fois, quand une ruche essaime, elle suit les abeilles au vol et récolte l'essaim pour nous. Son nom d'*Abeille*, trouvé par Alonzo Vargas, lui vient de ce que toutes les abeilles du pays la connaissent. Elle a beau aller s'asseoir en plein rucher pour y faire des lectures, elle n'est jamais piquée... Mais tu devrais bien me la dénicher par là.

Je laisse ma glu, ma cage aux rives du Vignemâle, et m'encours à la découverte de M{^lle} Marie. D'une haleine, je monte jusqu'aux bergeries des Vidal, lourd bâtiment noirâtre situé à la crête du coteau, dans une levée broussailleuse de genêts épineux... Ah! ces genêts, comme ils m'entrent leurs pointes dans les mollets!... Je suis surpris que la Vidale, réputée très avare, n'ait pas mis le feu à ces arbustes inutiles qui lui volent plus d'un flocon de laine, car j'aperçois des fils blancs et bruns flottant, de-ci, de-là, aux buissons...

Dieu! la Vidale. Elle est à la porte des étables, comptant des fagots de frêne que deux hommes vont entasser, là-haut, dans les pailliers. Le ruisseau de Roquesels, au bas de la vallée, coule à travers une véritable forêt de frênes, et à l'automne on élague ces arbres magnifiques dont la dent des bêtes croquera, durant l'hiver, les rameaux feuillus, l'écorce des branches avec. Il faut voir avec quelle ardeur, quelle méfiance, quelle autorité cette vieille de soixante-quinze ans regarde, surveille, commande! Tandis que ses journaliers grimpent aux échelles, elle empile les fagots d'une main nerveuse, dont les doigts noirs sur les branchettes vertes ressemblent aux serres de ces grands aigles cévenols abattus d'aventure dans l'Espinouze ou au Saumail... Mais il me semble l'entendre marmotter. Que peut-elle bien dire? Je décris un détour assez long et, sans être vu, je réussis à m'insinuer sous les retombées épaisses d'une enfilade de grenadiers qui tapissent de rouge la façade des bergeries.

Je dresse l'oreille.

— ... Si encore j'avais mon garçon pour tenir l'œil à tout, comme au temps jadis! Mais il n'est plus bon à rien... Pourvu qu'il ne devienne pas *innocent* à force de penser à sa pauvre défunte! Pour dire vérité, elle était gentille, cette Lucie Reboul, de Gabian, encore qu'elle nous fût arrivée sans un liard dans le tablier... Enfin, quand bien même mon garçon perdrait les esprits à cause de sa femme, cela ne la lui rendrait pas... Le bon Dieu a eu envie de Lucie et il l'a prise. Il fait toujours ainsi, le bon Dieu, et pas moyen de l'en empêcher... Ah! si mon fillot pouvait revenir à sauveté!... Moi qui l'avais si bien fait enseigner, aux Frères ! Leur en ai-je porté des écus ronds à ces Frères de Béziers ! J'étais si glorieuse de mon Aristide qui lisait aux livres, où je n'entends goutte!... C'est comme Abeille, m'en a-t-elle coûté de l'argent blanc ! Par exemple, pour celle-là, je ne veux pas qu'elle touche à nos besognes de la Grange ; elle est trop fine, trop jolie. On dirait une merlette. Puis nous sommes bien assez riches, voyons, les Vidal de la Grange-du-Pin, pour qu'Abeille ne se salisse pas les doigts...

Elle s'interrompt, se hisse sur la pointe des sabots, s'abrite les yeux de la main et lance un regard au loin.

— Je la vois, reprend-elle ; elle est encore au rucher; un livre sur les genoux...

Mlle Vidal lit dans le rucher ! Je détale plus vite qu'un levraut surpris par le premier aboi des chiens.

Elle est là, en effet, blottie en un buisson. Toute espèce de feuilles, et de cent couleurs, l'enveloppent, pleuvent sur elle, parsèment ses épaules, ses cheveux. Quel est le nom de ces arbustes, dont quelques-uns sont chargés de grappes de baies rouges? Je l'ignore, n'en ayant jamais rencontré de pareils dans nos campagnes de la vallée d'Orb. Pourtant, ces petites fleurettes blanches, qui me cachent à demi son visage, ressemblent à des fleurettes de myrte... Je tourne un rocher embaumé de verveines, de menthes sauvages, et me rapproche. Je voudrais être l'oisillon qui passe, pour faire moins de bruit. — C'est du myrte! c'est du myrte! — Que cette branchette gentiment allongée par l'arbrisseau lui met au front une jolie couronne! Je regarde Mlle Vidal. Malheureusement, le fouillis où elle se trouve noyée me la dérobe presque de la tête aux pieds, et c'est tout au monde si, dans l'attitude penchée qu'elle garde, je démêle le fin bout de son nez. Il me faudrait pouvoir hasarder quatre pas encore, et je n'ose. Que de fois, au temps des nids, au Roc-Rouge, à Tantajo, à Philip, il m'est arrivé, d'un coup de main rapide, de prendre la mère couchée sur ses petits! Avec quelle légèreté j'avais cheminé sur l'herbe rêche, parmi les éboulements! Je ne sais donc plus à présent? Si je prenais par le rucher, un peu plus haut?

Je me risque doucement et touche les premières ruches. Mais voilà les abeilles qui défendent leur domaine; elles forment devant moi une muraille bourdonnante qui m'empêche d'avancer. Le soleil, près de disparaître dans les masses boisées d'un pays où je ne suis jamais allé, donne à mes terribles ennemies un éclat qui me les fait trouver belles en dépit de leur aiguillon tiré du fourreau. Je recule, je recule toujours davantage devant les légions, toute l'armée qui me menace, me poursuit. Si les abeilles connaissent Mlle Marie Vidal, c'est moi qu'elles ne connaissaient pas, par exemple !

Mais où suis-je ? A force de rétrograder, je suis tombé en un paquet de broussailles inextricables. Comment me tirer de là ? Je cherche, je m'oriente, et j'ai fait brèche, pour me sauver, dans un énorme amas de ronces, quand une voix faible, enrouée, crie de l'autre côté des églantiers qui me retiennent captif :

— Abeille ! Abeille !

— Je viens ! reprend une voix plus forte et plus claire.

En un sentier que je touche de la main, surgit M. Aristide Vidal.

— Abeille ! Abeille ! appelle-t-il.

J'entends le bruit sec de brindilles qui se cassent dans un fourré, et Mlle Marie se dresse à dix pas, couronnée de fleurettes blanches. — Est-ce que le myrte l'aurait suivie ? — Non ! non ! elle en tient un rameau de la main droite et s'en évente pour s'amuser. Ce jeu me contrarie, car il me prive du spectacle de notre demoiselle de la Grange... Comme elle ne se presse guère d'arriver à lui, son père la rejoint.

— Tu liras donc ça jusqu'à l'année prochaine ? lui dit-il.

Il lui prend, dans la main qui retient le myrte, un petit livre à couverture bleue.

— C'est si joli ! si joli ! répond-elle sans se fâcher.

— M. le curé de Gabian ne veut pas que tu passes tes journées à des histoires inutiles...

— Est-ce qu'il est mon maître, M. le curé de Gabian ?

— Il a tant d'amitié pour toi, ce bon M. Boubals, qui t'a baptisée, qui t'a fait faire ta première communion, qui te mariera un jour !

— Mon maître, c'est toi, toi, mon père chéri que j'aime !

Elle abandonne son myrte et se suspend au cou du pauvre homme, qui tremble de toutes ses jambes, de tous ses bras, et laisse aller le livre au sol.

— Abeille !... mon Abeille !... balbutie-t-il.

Puis, avec un sanglot :

— Si ta mère pouvait nous voir !...

Mlle Vidal ramasse son livre, son rameau, et demeure plantée devant son père qui pleure. Elle est d'une pâleur extrême, mais elle ne pleure pas. Malgré les ramilles qui s'interposent entre nous, je la vois bien. Oh ! je la vois comme si elle était seule dans la création et que je n'eusse qu'elle à regarder. D'abord, elle est grande, plus grande qu'Éléonore Trescas et plus grande que Marthe Vanneau. Pour ses traits, ils ne rappellent en aucune façon les traits de l'une ou de l'autre de ces fillettes.

de Bédarieux. Ils ne sont ni rieurs comme ceux d'Éléonore, ni tristes comme ceux de Marthe. Le visage de Mlle Marie Vidal, calme, tranquille, me touche assurément; mais, je ne sais pourquoi, je me sens moins atteint par elle que je ne le fus par la petite ouvrière de la Tuilerie ou par la petite vendangeuse de la vigne de l'Arboussas. Peut-être les conditions particulièrement douloureuses où je rencontre Mlle Marie influent-elles sur mes impressions intimes...

Ce n'est pas cela. Abeille, sans être richement habillée, est vêtue d'une robe bleue semée de menus pois blancs qui lui sied à ravir; un chapeau de paille ombrage ses cheveux très noirs au soleil couchant, et cela me gêne, m'intimide, me trouble. Moi, enfant vagabond de la montagne cévenole, qui, plus jeune, chez mon oncle le curé, vivant parmi les pâtres du Jougla et de Bataillo, avais connu les vestes percées aux coudes, les pantalons troués aux genoux des paysans, je m'étais senti tout de suite de plain-pied avec les haillons d'Éléonore et de Marthe; le luxe bourgeois de Mlle Marie Vidal, son air distingué de pensionnaire du couvent de Tournemire, me tiennent à distance et coupent les ailes à mon enthousiasme, brutalement. Mon cœur se décourage; l'objet qui le tente, qu'il convoite, est trop haut... Comment faire croire que, parmi les broussailles où je n'ai pu me faufiler qu'au prix de vingt piqûres, je commence à m'ennuyer?...

— Oui ; mais si ta grand'mère le découvre, ton livre ? demande M. Vidal.

— J'ai ma cachette.

Elle se penche, glisse sa main dans un trou.

— Allons ! dit-elle.

Son père lui prend le bras. Ils s'éloignent. Le rameau de myrte, dont les fleurettes se ternissent dans le crépuscule, raye le sentier, aux tournants duquel ils disparaissent tout à fait.

J'ai fait un bond de cabri : je veux voir le livre, je veux connaître le livre, je veux palper le livre de Mlle Vidal. — Où est-il ? — Je fouille, je farfouille...

Bon ! une vieille ruche abandonnée, couchée parmi les mougères odorantes. Le tronc de châtaignier où cette ruche fut taillée jadis est vermoulu, crevassé. C'est par ces fentes de l'écorce que les abeilles ont déserté leur maisonnette sans doute. Ont-elles laissé du miel aux parois des murailles ? Je redresse la ruche ; mais je ne l'ai pas remise sur pied, que le livre de Mlle Marie s'en échappe, s'étale sur le gazon. Je le happe. Ce titre me saute aux yeux : *Paul et Virginie*.

Paul et Virginie ! Est-ce possible ? Quoi ! Mlle Vidal de la Grange-du-Pin lit *Paul et Virginie*, cet ouvrage abominable qui, l'an dernier, a fait renvoyer du petit séminaire mon condisciple Joseph Cros, de Marthomis-sous-le-Saumail ! Joseph Cros avait eu beau cacher *Paul et Virginie* sous un pavé de la salle d'études, M. l'abbé Lézat, flairant par là de son nez de fouine, le dépista à sa vilaine odeur d'immoralité, et le receleur de mauvais livres quitta Saint-Pons sans désemparer. Une indignation religieuse qui, s'il lui eût été permis d'en être témoin, aurait comblé de joie ma tante Angèle, me pénètre, m'exalte, me soulève, et mes doigts crispés par la force du sentiment qui m'anime déchirent *Paul et Virginie*, en jettent les feuilles au vent.

L'ombre augmente. Je me préoccupe de regagner la maison. Je vais le long du sentier où tout à l'heure s'en allait M. Aristide Vidal avec sa fille. Après l'extraordinaire surexcitation de mes nerfs, j'éprouve l'impression d'un bien-être très doux. Je viens de me conduire religieusement. Mes yeux, où je ressentais des picotements fort désagréables en regardant Abeille, — je puis bien lui donner son surnom désormais, — se reposent sur les nuages roulés dans la pourpre et l'or aux extrêmes limites de l'horizon. En ce coin du ciel où le soleil a l'air de ramener un à un ses rayons pour y dormir après les accablantes fatigues de sa journée, mon regard cherche Dieu qui m'a vu, qui m'approuve. Voilà, je suppose, une préparation à mon entrée au grand séminaire...

— Bonsoir, monsieur l'abbé ! murmure quelqu'un à côté de moi.

— Monsieur l'abbé !... Mais, Alonzo Vargas, je ne suis pas abbé encore, dis-je au pâtre des Vidal, qui égrène un rosaire en surveillant son troupeau à l'abreuvoir.

— Vous le serez bientôt, au dire de Mlle Sicard, riposte-t-il solennellement.

Puis il ajoute :

— Que le bon Dieu vous assiste !

— Vous récitez le chapelet, vous, Vargas ?

— Je réciterais le bréviaire si la guerre ne m'avait fait sortir, voici dix ans, du grand séminaire de Bilbao, où j'avais reçu « les ordres mineurs. » Il a fallu passer la frontière après la trahison de Maroto, et maintenant je suis berger à la Grange-du-Pin. Mais nous ramènerons le roi en Espagne, et alors...

— Alors, vous rentrerez au grand séminaire de Bilbao ?

— Dieu est grand.

Il siffle son troupeau. Les capitaines béliers prennent la tête de la colonne, les chiens en maintiennent les flancs, et le bétail, repu, pesant, tête baissée, défile vers les bergeries.

Je dégringole à la mare où je devais engluer tant d'alouettes, de linottes, de chardonnerets. Les bêtes ont troublé l'eau, et leur piétinement a soulevé une poussière qui m'étouffe. Je mets la main un peu à tâtons sur ma cage, sur mon pot de glu. Je suis satisfait et m'aventure à travers le lit desséché du Vignemâle. Obligé de chercher mes pas à travers les rochers sur lesquels « la nuit a épaissi ses voiles, » un nouveau souvenir de mes études à Saint-Pons — Saint-Pons où m'a rappelé le méfait de Joseph Cros — me revient en mémoire, et je déclame à haute, à très haute voix ce vers de Virgile :

« *Nox ruit et fuscis tellurem amplectitur alis.* »

III

La Grange-du-Pin, 29 octobre 1847.

Cette après-midi, vers quatre heures, ma mère, mon père et moi nous sommes descendus jusqu'à l'ancienne route pour y attendre le passage de la diligence qui fait le service entre Montpellier et Bédarieux. — Ma tante Angèle revient. — Nous cheminions au pas, silencieux, dans un sentier que l'accumulation des aiguilles de pin rend fort glissant, quand un bruit de grelots a retenti. Sans prendre conseil de mes parents, soucieux, presque tristes, je me suis élancé. Je suis arrivé juste à temps pour ouvrir la portière de la patache et soutenir ma vieille tante sur les échelons branlants du marchepied.

Tandis que la voiture s'éloigne, quel embrassement dans la poussière soulevée sur la route ! Le cœur de ma tante bat si fort contre le mien qu'elle ne peut parler ; quant à moi, dont ce retour va peut-être clore la destinée à peine ouverte, je regarde dans le vide, impuissant à décoller mes lèvres serrées.

Après ce trouble qui a eu le caractère d'une suspension brusque de la vie, j'ai été bien surpris de me découvrir dans l'allée tortueuse de tantôt, suivant à quelque distance mon père, ma mère, ma tante, qui s'en allaient lentement, très lentement. — Que s'était-il passé? Je l'ignorais. — Comme au sortir d'un rêve, quand on n'a qu'une notion vague des êtres et des objets, j'ai porté loin mes yeux à travers ce pays nouveau, m'interrogeant, me demandant où j'étais. Je ne reconnaissais ni les arbres, ni le terrain, ni le ruisseau de là-bas. Ah! j'ai vu la Grange-du-Pin, tout en haut, sous son parasol gigantesque, et mes idées jusqu'à la dernière, à la plus mince, me sont revenues. Cette irruption de tout moi-même en moi-même m'a ébranlé profondément. Les miens s'étant assis à l'ombre d'un grand néflier, je me suis abattu sur une pierre et j'ai pleuré...

Tout d'un coup, le troupeau de la Grange, se ruant vers le Roquesels, dont les rives ont encore de l'herbe, passe à une portée de fusil, parmi les pins. Les chiens ont des jappements courts. J'aperçois Alonzo Vargas droit comme un tronc sous sa limousine velue; il tient un petit livre, et, tandis que ses bêtes se précipitent à la pâture fraîche, lui, l'œil dans les pages de son bouquin, ne bouge pas. Que peut-il lire ? Ce n'est pas *Paul et Virginie* assurément. — « Mais, Vargas, les moutons vont franchir la haie, faire des dégâts chez les voisins, » ai-je envie de lui crier. — Il demeure planté. Ma foi, encore que je le blâme de laisser ainsi son troupeau galoper à la débandade, je trouve cet Espagnol de l'armée de Cabrera superbe dans son indifférence, dans son dédain. Est-ce qu'il est fait pour prendre soin des animaux, cet homme qui, sans la guerre survenue dans son pays, serait prêtre, monterait à l'autel ? Je me sens touché par la situation plus que misérable, honteuse, de l'abbé de Bilbao, et, l'admirant dans le vêtement grossier qui l'enveloppe de ses plis trop amples, sous le chapeau de feutre dont les bords trop larges ombragent ses traits amaigris, ses traits d'ascète, je ne puis m'empêcher de songer aux solitaires de l'Égypte, à Paul, à Macaire, à Pacôme, dont, à Saint-Pons, j'ai tant de fois lu la vie avec transport.

Vargas fait un signe de croix, ferme son livre, gagne le fond de la vallée.

Je ne saurais dire l'impression que ce singulier pâtre des Vidal, se signant après sa lecture ainsi qu'un prêtre après son office, produit sur moi. Mes yeux fascinés le suivent jusqu'aux prairies du Roquesels, un long moment l'y contemplent avec admiration au milieu du troupeau épars.

Ce que c'est que d'avoir eu, dès l'enfance, le cerveau manié, pétri, façonné par les prêtres ! Mille souvenirs de mes lectures me reviennent, et, ayant pensé à Paul, à Macaire, à Pacôme, je pense aux anachorètes Martinien, Sérapion, Arsène. Coup sur coup, par la puissance de mon imagination que le désir du divin allume, la contrée change d'aspect : Gabian, dont je démêle le clocher pointu, les maisonnettes serrées autour des hautes murailles de l'église, devient une de ces vastes cités de la Thébaïde toute fourmillante de moines, comme saint Jérôme a pris plaisir à nous en décrire; et les campagnes de Gabian, rougeâtres, dépeuplées d'arbres, se transforment en véritables déserts vibrants d'hymnes et de cantiques. Dans l'hallucination où je m'égare, où ma raison s'abîme, le pays se transforme, prend le caractère qu'il plaît à mes préoccupations de lui donner. Ces préoccupations religieuses, absorbantes, tyranniques, poignantes et délicieuses tout ensemble, me grisent à ce point que je vais touchant à peine le sol, soutenu par l'essor de mon âme qui cingle en droiture vers le ciel. Croirait-on que, planant dans un azur clair, sans nuages, l'azur limpide qui mène à Dieu, il m'arrive parfois de percevoir le bruit de mes ailes? Alors, des hauteurs où il m'a été permis de m'élever d'une envergure hardie, je considère avec orgueil au fond de la vallée le cours du Roquesels, puis aux pentes du coteau la Grange-du-Pin. O folie! folie à faire trembler! en bas, c'est le Nil, le vaste Nil qui déploie ses ondes comme une mer; en haut, c'est le monastère où Ammonius, abbé de Nitrie, accueille les fugitifs du siècle et de la vie, le monastère où je suis attendu...

— Mon cher enfant...

Une pierre aiguë me frappe en plein vol, au zénith, et m'abat.

Je balbutie piteusement:

— Eh bien?...

— Ton père demande à réfléchir encore. Il lui en coûte d'accepter les propositions de ta cousine Clotilde, de la Visitation. C'est une fierté mal placée, dont, avec l'aide de ta mère, je me charge de venir à bout. Pour toi, il ne te reste qu'à remercier Dieu et à te préparer à partir...

Le petit bras sec, despotique de ma tante s'est appuyé sur le mien, m'a tiré de force vers la maison.

IV

La Grange-du-Pin, 2 novembre 1847.

Voici plusieurs jours que ma tante a reparu parmi nous, et mon père ne m'a pas encore ouvert la bouche des décisions prises en famille. Ce matin, au petit déjeuner, j'ai cru, à certains regards qu'il me lançait, le moment venu d'une explication ; puis il s'est levé bravement, m'a regardé encore une fois et, malgré ma tante dont la main de chatte, blanche et griffue, l'a saisi à la manche pour le retenir, est reparti pour le chantier.

Mon père se débat avec lui-même, et, dans le trouble, l'agitation morale où il vit, dire un mot pour m'inviter à entrer au grand séminaire lui devient chose impossible. Il faut entendre les incitations de ma tante depuis son arrivée ; il faut voir les pièges qu'elle lui tend du matin au soir pour l'obliger à aborder la question terrible de ma carrière ! Lui, demeure muet ou s'en va.

Je le sais par mon beau-frère Sirc, mon père nourrissait une ambition : mes études achevées, il voulait me retirer du petit séminaire de Saint-Pons, où il ne m'avait placé que par une extrême condescendance pour les avis de son frère l'abbé, et m'envoyer « faire ma médecine » à Montpellier. Être médecin, tâter le pouls aux fabricants riches de la ville, avoir un cabriolet pour courir la campagne, puis, qui sait ? un jour, être nommé peut-être maire de Bédarieux, peut-être membre du conseil général de l'Hérault, tels étaient les rêves d'avenir que le modeste entrepreneur de travaux publics caressait pour son fils. Mais, hélas ! la ruine est venue, et, devant la perspective d'une catastrophe prochaine, ses espérances ont croulé sur lui, l'ont écrasé.

Maintenant, le brave homme, débuché par le malheur de toutes ses illusions comme un gibier par les chiens de tous ses refuges, va, vient, repart, revient et ne sait répondre un mot à ma mère, qui lui parle avec une douceur noyée de larmes, ni à ma tante, qui le traque sans merci.

Hier, j'étais assis sous le pin parasol de la Grange, où un banc se trouve installé. Le temps, au lieu d'être embrumé comme aujourd'hui par les premières vapeurs de l'automne, était d'une limpidité admirable. Il avait plu dans la matinée, et tout apparaissait clair, essuyé dans la nature et dans le ciel. L'espace se développait devant moi, transparent, léger, rayé seulement de fils de la Vierge magnifiques : on aurait cru des gouttelettes d'argent vif, longues, étirées, que l'averse avait laissées suspendues dans les airs. Je voyais Alonzo Vargas qui là-bas traversait un gué du Roquesels, et dans la pureté de l'atmosphère je comptais ses bêtes, que je touchais presque du doigt. Tout à coup, à un bruit que je devine plus que je ne le perçois, — dans l'état d'excitation où me mettent des inquiétudes harcelantes j'entendrais marcher une souris, — à un bruit plus sourd que celui d'une feuille tombant d'une branche, je me retourne. Miracle ! Mlle Marie Vidal. Elle est vêtue de blanc et je suis ébloui.

— Vous n'apercevez pas votre père dans le sentier? me demande-t-elle.

— Mon père? ai-je balbutié.

— Il était là il y a une heure, quand notre malade a manqué passer dans une syncope, et il s'est offert à aller chercher lui-même M. le docteur Tisserand... Mais les voilà!

En effet, mon père et le médecin se sont dégagés des broussailles qui font une ceinture touffue à l'esplanade de la Grange-du-Pin; sur les traces d'Abeille, volant en avant d'eux, ils se sont précipités vers la maison.

Et moi qui, uniquement préoccupé d'un départ inévitable, car ma tante me guette et je finirai par être déraciné d'ici, ne songeais pas à la situation de plus en plus grave de M. Aristide Vidal! Cette nuit, des cris perçants, des cris désespérés ont réveillé tout le monde à la Grange. Ma mère, la charité même, s'est levée; puis, ne l'entendant pas revenir, et par intervalles des gémissements étouffés arrivant jusqu'à ma chambre, la remplissant, je me suis levé à mon tour. Je me suis habillé à tâtons, couvert de sueur, grelottant. Sur la pointe des pieds, je me suis glissé dans le corridor qui aboutit à l'appartement des Vidal. La porte du fond était entre-bâillée. J'ai passé la tête. Quel spectacle! Autour d'un grand lit où gisait, blanc, creusé, rigide comme un cadavre, M. Aristide, se tenaient debout ma mère, Mlle Marie, Alonzo Vargas. Ils étaient là pétrifiés, regardant le malade dont la respiration sifflait douloureusement. De temps à autre, quand la poitrine de son père se soulevait trop haut pour accaparer plus d'air, Mlle Marie lui humectait les lèvres de je ne sais quel liquide qu'elle puisait dans un verre avec une petite cuiller. J'ai osé m'approcher ; mais, j'en conviendrai tout de suite, ç'a été de ma part plutôt curiosité qu'émotion ou pitié. M. Vidal allait peut-être mourir, et, encore qu'une sotte peur me serrât à la gorge, je voulais voir, voir irrésistiblement de mes yeux comment on meurt.

A ce moment, j'ai aperçu la Vidale accroupie, pliée en deux sur une chaise basse, au chevet du lit de son fils. L'écrasement de cette vieille femme, rude, âpre, acharnée chez elle après toutes gens et toutes choses, hurlant dans la nuit comme hurlerait quelque chienne de ferme pour dénoncer un malheur prochain, m'a épouvanté, et je me suis retrouvé dans ma chambre sans pouvoir me rendre compte ni des pas que j'avais faits ni du chemin que j'avais suivi...

Mais voilà le médecin et mon père qui sortent de la Grange. M. Tisserand sourit d'un air satisfait : M. Aristide va mieux sans doute. Ils viennent à moi. — Si j'osais fuir ! Si je trouvais un trou où disparaître ! — Mon père m'appelle.

— Et qu'allez-vous faire de ce grand garçon ? demande le docteur, me serrant la main à m'arracher des cris.

— Je ne sais trop, a bredouillé mon père, embarrassé par la question.

— Pourquoi n'en feriez-vous pas un médecin ? J'ai fait un médecin de mon fils Ludovic, et je m'en félicite. Parbleu ! ce ne sont pas les malades qui manquent dans nos pays.

Mon père a pâli, et, d'une voix qui hésitait sur chaque syllabe :

— Je crois qu'il veut être prêtre, a-t-il murmuré.

— Ah ! par exemple !... ah ! par exemple !... s'est récrié M. Tisserand, riant aux éclats.

Mon père était rentré dans la Grange, que j'entendais encore les gros rires du docteur parmi les hautes mougères où se perd le chemin de Gabian.

V

La Grange-du-Pin, 5 novembre 1847.

Le docteur Tisserand est revenu, et cette fois accompagné de son fils, qu'il a laissé à la Grange-du-Pin pour prendre soin de M. Aristide, toujours au plus mal. Cette attention délicate a touché tout le monde ici : la Vidale s'est redressée de la chaise basse où elle demeure abattue, sans boire ni manger, et a embrassé M. Ludovic; puis Mlle Marie, très émue, a saisi la main du jeune homme et lui a dit : « Ah! monsieur, comme je vous remercie de nous venir en aide en un pareil moment! » Il n'est pas jusqu'à ma famille qui n'ait admiré M. Tisserand père,—si bon, si dévoué à ses malades. Toutefois, ma tante ne prenait aucune part à notre enthousiasme, car je m'étais mis de la partie. Elle nous regardait d'un petit air provocant et restait bec cousu. Cette réserve a irrité mon père, dont on ne ménage pas assez les nerfs, et il s'est écrié, faisant explosion :

— Vous trouvez sans doute, vous, Angèle, que M. Tisserand ne mérite pas nos éloges?

— Vous voulez avoir ma pensée sur M. Tisserand? a-t-elle riposté d'un ton sec.

— Je ne serais pas fâché de la connaître.

— M. Tisserand est un homme fort habile. Vous avez ma pensée, François, toute ma pensée.

— Comment l'entendez-vous, s'il vous plaît?

— M. Tisserand a-t-il un fils de vingt-cinq ou vingt-six ans?...

— Eh bien?

— Eh bien, ce médecin, qui est un homme habile, je maintiens mon dire, cherche une bonne occasion d'établir son fils. Mlle Marie Vidal aura une jolie fortune, si je ne me trompe?...

— Angèle a peut-être raison, s'est empressée d'ajouter ma mère

— Je gage, a poursuivi ma terrible tante, que, si vous veniez à tomber malade, ce qu'à Dieu ne plaise ! M. Tisserand n'installerait pas son fils à votre chevet.

— Voilà comment vous êtes, les femmes : au fond des actions les plus nobles, vous démêlez toujours quelque motif intéressé.

Mon père a murmuré plutôt qu'il n'a articulé nettement ces paroles ; puis, un peu déconfit, il s'est tu. Mais ma tante ne devait pas le laisser en repos. Après une minute de silence, elle a repris de sa voix flûtée, un peu chevrotante :

— Remarquez, mon ami, que, si je ne m'associe guère aux louanges dont vous me semblez trop prodigue envers M. Tisserand, je ne le blâme pas le moins du monde d'essayer de préparer un bel avenir à son fils. Et, à ce propos, je voudrais bien vous voir suivre son exemple.

— Bon ! voilà mon paquet, à présent.

— Enfin, que dois-je répondre à notre nièce Clotilde, de la Visitation ? Vers la première quinzaine de novembre a lieu la rentrée du grand séminaire, et il serait temps de prendre un parti.

— Vous me la baillez belle, vous, avec votre parti ! s'est écrié mon père, traqué à fond. Ma situation est des plus pénibles, Angèle, et je suis surpris que vous le compreniez si peu. Eh quoi ! parce que sa cousine veut bien acquitter les frais de pension de Ferdinand jusqu'à la prêtrise, il me faudrait contraindre Ferdinand à se faire prêtre! N'attendez pas cela de moi. Si l'état ecclésiastique est du goût de mon fils, qu'il parte pour le grand séminaire, je ne m'y oppose aucunement; mais si, au contraire, il éprouve la moindre répugnance à revêtir la soutane, qu'il soit un homme et me suive au chantier.

— Il vous a si bien réussi, le chantier!

Le trait sifflant a atteint mon père en pleine poitrine, en plein cœur.

— Angèle, a-t-il dit avec une dignité triste, c'est la première fois que vous me faites regretter de vous avoir mêlée à mes affaires. Veuillez attendre pour me juger. Que sait-on? l'entreprise tournera peut-être moins mal que je ne l'avais craint, et peut-être, à la liquidation, serai-je en mesure de vous rembourser votre capital.

Ma tante a ouvert la bouche, mais il n'en est sorti nul son. Son visage est devenu plus blanc que son clair béguin de batiste; sa tête, après un balancement très léger, a eu un affaissement brusque. Ma tante se trouvait mal.

— Mon Dieu! nous sommes-nous écriés.

Nous étions tous autour d'elle, mon père lui faisant respirer du vinaigre, ma mère lui tamponnant le front avec une serviette imbibée d'eau, moi lui tenant les deux mains que, d'un mouvement passionné, je portais à mes lèvres à chaque instant. Enfin, ma bonne, ma sainte tante Angèle a rouvert les yeux... Mon père s'efforçait visiblement de retenir de grosses larmes ; quant à ma mère et à moi, nous pleurions abondamment.

Cependant ma tante, à peu près remise, me regardait, ne regardait que moi.

— Eh bien, mon cher petit, a-t-elle murmuré très bas, à quoi penses-tu?

— Je pense au grand séminaire, où je voudrais être déjà! ai-je répondu.

Elle a trouvé la force de se lever. Elle m'a serré dans ses bras ; puis, me montrant avec orgueil à mon père bouleversé par cette scène cruelle :

— Quand je vous disais, François, que Dieu l'avait fait pour lui, que Dieu se le réservait!

Notre porte s'est ouverte avec fracas.

— Pardon..., oh! pardon! a balbutié quelqu'un.

C'était Vargas.

— Qu'y a-t-il? a demandé ma mère.

— M. Aristide touche à son dernier moment, a répondu l'Espagnol. Si vous pouviez venir auprès d'Abeille et de la Vidale, ce serait grande œuvre de charité. La Mort frappe à la porte de la maison.

VI

La Grange-du-Pin, 10 novembre 1847.

Après deux jours d'agonie, M. Aristide Vidal est mort. Le coup a été terrible pour Mlle Marie, qui, malgré les avis du docteur Ludovic Tisserand, toujours là et toujours empressé, a voulu assister son père jusqu'à la fin. Tout le monde était dans sa chambre quand M. Vidal a rendu le dernier soupir, et si Vargas, perpétuellement occupé d'Abeille, qui couve perpétuellement Abeille de ses regards inquiets, ne s'était précipité pour la recevoir dans ses bras, la pauvre jeune fille tombait sur le plancher. Moi-même, je dois l'avouer, encore que nul lien de parenté ne m'attache au propriétaire de la Grange-du-Pin, lorsque M. Ludovic a murmuré : « C'est fini, » je me suis senti ébranlé par une secousse indicible. La Mort, que Vargas avait vue frapper à la porte de la maison, sa besogne accomplie, m'avait frôlé sans doute en se retirant. Je me suis évadé à pas de loup.

Mes jambes me portant à peine, je n'ai pas marché longtemps. Après dix pas, je me suis affaissé sur le banc, près du grand pin, et là j'ai attendu des forces pour m'aventurer plus avant. Mon dessein était d'aller jusqu'au chantier de mon père, à cinq minutes parmi les vignes, en tirant vers les hauteurs du coteau. La Grange, d'ordinaire très bruyante par les éclats de voix de la Vidale, les allées et venues des valets de ferme, des hommes de charrue, par les chansons des aides-bergers, — Vargas garde les moutons seulement, et deux garçonnets de quinze ans, rossignoleurs enragés, ont les chèvres, — la Grange, morne, silencieuse, m'effrayait à la fin. Maintenant, les caquets des femmes employées au déblai sur la route d'Agde à Castres m'arrivent très distincts, et j'entends aussi les fouets des charretiers, puis le roulement des tombereaux déchargés. Quelle vie parmi ce monde de travailleurs! Moi qui veux vivre, vivre à tout prix, pourquoi n'étais-je pas là-haut, une pelle ou un pic à la main?...

Tandis que je me noie à ces réflexions disparates, Alonzo Vargas sort de la maison, soutenant Mlle Marie. M. Ludovic, qui est avec eux, enfourche un cheval. Une fois en selle, il dit ces mots :

— Vargas, prenez soin de Mademoiselle. Mon père et moi, nous nous occuperons de tout.

Il part au galop.

C'est une chose singulière : mes yeux, après avoir suivi une minute M. Ludovic Tisserand à travers les détours du sentier, ont éprouvé une fatigue, une douleur aiguë qui m'a contraint à les fermer. Le grand jour de midi déterminait-il cet aveuglement, car je n'y voyais plus? Je l'ignore. Quoi qu'il en soit, quand Vargas, me rejoignant avec Mlle Marie, a fait asseoir Mlle Marie sur le banc à côté de moi, je n'ai pas été fâché de m'isoler en de profondes ténèbres. — Que répondrais-je, si on me parlait? — Après le mauvais sommeil de toute la Grange durant les dernières nuits, on me croirait endormi et on ne me questionnerait pas.

Cela est certain, depuis mes promesses, mes engagements à ma tante Angèle, à tous les miens, je n'ai envie que d'une chose : la paix. Oui, je me sens la vocation; oui, M. Aristide Vidal une fois au cimetière, je partirai pour le grand séminaire de Montpellier; mais, mon Dieu! si on pouvait ne plus me parler ni de ma vocation ni du grand séminaire, s'il m'était permis de connaître la paix, la paix dont j'ai tant besoin, dont je suis plus altéré que le cerf de l'Écriture n'est altéré de « l'eau des fontaines !... »

Dans la nuit qui m'enveloppe, où je goûte un premier repos, je perçois très nettement la respiration de Mlle Marie. Une respiration de jeune fille ! J'écoute. Tantôt c'est le susurrement voilé d'une source cheminant en automne sous des feuilles mortes accumulées, tantôt le sifflement très doux d'un oisillon s'élançant du nid. Mon oreille, dressée aux longues espères dans les rudes campagnes de Camplong, mon oreille a de merveilleuses finesses pour discerner, différencier les bruits dans la nature. Elle sait comment trotte un levraut, comment détale un lapin, comment grisolle une alouette dans les ornières d'une route où sont tombés des grains d'avoine, comment prélude et finit l'ariette d'un linot ou d'un chardonneret à la cime d'un amandier. Cependant, ni durant mes chasses sauvages avec Léon Boucquier, du Mas-Blanc, ni durant mes chasses moins féroces avec Galibert, le pâtre des Bassac, je n'ouïs rien de comparable à ce qui me frappe tout à coup :

— Abeille, dit Vargas, ayez confiance. Dieu, qui veille sur vous, voudra vous soulager : il vous accordera le don des larmes... Ah! si vous pouviez pleurer!... Voyez votre grand'mère : ses yeux ruissellent, et elle en supporte son malheur avec plus de courage... Abeille, vous n'avez pas un mot, vous n'avez pas un geste... Abeille, m'entendez-vous ?

Mlle Marie ne répond pas.

— Pauvre enfant! murmure le berger d'une voix assourdie.

Ici, deux minutes de silence... Un soupir douloureux s'échappe de la poitrine oppressée de la jeune fille, et Vargas reprend aussitôt d'un accent plus clair :

— Abeille, vous souvenez-vous de mon arrivée à la Grange-du-Pin? Vous étiez menue comme un grain de blé noir de mon cher pays basque... Vous aviez huit ans à peine... Votre mère vivait... Vous souvenez-vous de votre mère, Abeille?

Impossible de lui arracher une parole.

— Ah! quelle femme charitable aux abandonnés, aux perdus! Puis elle était belle et noble comme une sainte. Moi, je passais par la Grange-du-Pin que Dieu plaçait sur ma route, mais sans nulle intention de m'y arrêter; elle devina mon dénuement, vit le fond de ma misère et, pour me donner un abri, comme j'avais dit que je m'entendais au soin et à la garde des bêtes, proposa à votre père de me confier le troupeau. Vous n'avez donc pas gardé le moindre souvenir de tout cela, mon Abeille?

— Si.

— Deux ou trois ans plus tard, comme un essaim parti de vos ruches s'était suspendu à la branche d'un sorbier, je vous mis un caillou dans chaque main, vous appris à les heurter l'un contre l'autre, et l'essaim, obéissant, fut capturé. C'est ce jour-là que je vous donnai le nom d'*Abeille*... Avez-vous oublié cette rentrée d'essaim?

— Non.

— Votre mère, votre père, le visage et les mains enveloppés, étaient là, vous regardant, émerveillés de voir les abeilles bruire dans vos cheveux sans vous piquer. La musique de vos cailloux, celle de votre voix, car vous chantiez ce simple mot : « Belle! Belle! Belle! » charmait l'essaim qui, déroulant sa masse bruissante, s'abattait par menues légions sur le drap blanc tendu à l'ombre du sorbier. Et quels embrassements quand tout fut fini! Comme les vôtres vous aimaient!

— Je les ai perdus.

— Vous vous trompez.

— Je les ai perdus.

— Et le ciel?... Dieu vous les garde là-haut. La mort de votre père, dont le cœur ne put se déprendre de la femme à laquelle il s'était une fois lié, cette mort qui vous accable a été pour lui plus qu'une délivrance, elle a été le retour au bonheur, aux joies les plus enivrantes de sa vie terrestre. Le dernier mot qu'ait exhalé sa bouche déjà glacée, c'est ce nom mille et mille fois répété durant sa maladie : « Lucie! Lucie! Lucie! » Maintenant, dans les splendeurs du royaume du ciel, il la voit, sa Lucie bien aimée, il la retrouve parée de gloire, jeune de la jeunesse éternelle des élus, et ils ne seront plus séparés, car « le royaume du ciel ne doit pas finir, *non erit finis.* »

— O mon père!... O ma mère!... sanglota Mlle Marie.

J'ouvris involontairement les yeux : Mlle Vidal, assise, tenait ses deux mains collées à son visage et de grosses larmes rondes filtraient à travers ses doigts. Vargas était à genoux, dans l'attitude rigide d'un saint de pierre sur un tombeau. Ses lèvres murmuraient une prière : sans doute il remerciait Dieu, qui lui avait permis de toucher Abeille, de découvrir et de faire couler la source de ses pleurs. Son oraison terminée, l'Espagnol se remit debout; puis, se tournant vers moi, qui le considérais ébahi :

— Monsieur l'abbé, me dit-il, d'un ton tout ensemble recueilli et solennel, M. le curé de Gabian espère pouvoir m'ouvrir dans quelque temps le grand séminaire de Montpellier pour m'y faire poursuivre mes études et recevoir la prêtrise. Mais la guerre qui peut éclater de nouveau entre christinos et carlistes, rend mon avenir bien incertain. Sera-t-il accordé jamais au minoré de Bilbao de célébrer le saint sacrifice? J'en doute souvent au fond de l'abîme où j'ai été précipité. Vous, dont rien ne troublera la vie, vous gravirez les degrés de l'autel et immolerez la victime sans tache. Souvenez-vous, le jour où vous aurez été comblé de la grâce divine, souvenez-vous de la Grange-du-Pin, de Mlle Vidal, de sa grand'mère, de moi, et priez pour nous.

J'ai regardé Vargas avec fureur et, sans répondre, me suis sauvé d'un élan. En rentrant dans ma chambre, j'avais une envie folle de crier. Je venais de recevoir un coup, et par quelque blessure secrète, goutte à goutte, me semblait-il, mon sang, tout mon sang allait s'épancher.

VII

La Grange-du-Pin, 12 novembre 1847.

Encore que je sois très résigné, car par mon entrée au grand séminaire je réjouis ma mère, je comble ma tante, je ne suis pas désagréable à mon père fort embarrassé de moi, je n'ai pu retenir un mouvement de révolte quand, ce matin, dans ma chambre, mon pied s'est heurté à ma malle cadenassée, cordée, prête à partir. Les doigts de fée de ma tante avaient accompli cette besogne délicate, sans bruit, durant mon sommeil... Oui, mon caractère, doux en apparence, mais rude dans le fond, parfois capable de transports sauvages, a manqué de m'emporter aux dernières violences, et j'ai eu envie, d'un coup de talon, de crever le couvercle de cette malle et d'en éparpiller le contenu à tous les buissons de la Grange-du-Pin.

Je suis plus calme maintenant... A quelle sérénité supérieure, à quel détachement superbe de soi nous élève la pensée de la mort! J'ai vu M. Aristide Vidal au cercueil, j'étais là quand Vargas, avant de clouer lui-même les planches de sapin, lui a couché sur la poitrine un petit crucifix retiré de dessous sa cape de berger, et tout aussitôt mes idées ont pris une direction pacifique, la direction pacifique du ciel. La messe des Morts célébrée par le curé de Gabian, l'abbé Boubals, cette messe si triste, avec son *Dies iræ* effroyable, m'a été, dans mon état tiraillé, fiévreux, une manière de rafraîchissement. On pleurait beaucoup dans l'église, car M. Vidal, de la Grange-du-Pin, simple, la main ouverte aux malheureux, était universellement aimé. Eh bien, les larmes des assistants tombaient sur moi comme une rosée bienfaisante, et elles détendaient mes nerfs crispés, et elles éteignaient mes irritations intimes, et elles me faisaient meilleur ami de moi-même en me montrant le but marqué de ma vie au pied des autels.

— *Sursum corda!* m'a soufflé Vargas, à la *Préface*.

— *Habemus ad Dominum!* lui ai-je répondu, l'âme au ciel.

Un éclair de ma vocation, désormais certaine, m'a ébloui au cimetière : c'est lorsque M. le curé de Gabian, engagé jusque par-dessus les chevilles dans la terre fraîchement remuée qui allait recouvrir la dépouille du défunt, a levé son aspersoir sur la fosse. Dans la lumière crue de midi, j'ai vu tomber l'eau bénite, dont chaque goutte étincelait pareille à une perle et disparaissait avec un mot latin de l'officiant qui l'accompagnait pour la rendre de plus en plus pure jusqu'au cercueil. La scène avait un caractère sublime, et j'aurais voulu être prêtre en ce moment pour remplir le rôle si haut de M. Boubals.

L'officiant était parti avec les chantres, et la Vidale, courbée sur son bâton, ses yeux rouges pleurant du sang, et Mlle Marie, livide, mais sans larmes, gardaient leurs attitudes immobiles, terrifiées. Les MM. Tisserand se sont empressés autour d'elles et les ont emmenées à Gabian, où elles passeront la fin de la semaine. Vargas rentrera seul... Ah! ces MM. Tisserand!... Il se pourrait bien, en effet, que M. Ludovic épousât plus tard Mlle Marie. Je ne me rends pas un compte bien clair de cette impression; mais j'aime autant ne pas me trouver à la Grange-du-Pin, le jour où ce mariage y sera célébré.

Je partirai demain. J'appartiens à Dieu qui saura me suffire, me tenir lieu de tout. — *Habemus ad Dominum!*

TROISIÈME CAHIER

I

Auberge Bouffardin, 13 novembre 1847.

Ce matin, vers huit heures, comme ma mère et moi nous venions de monter dans la diligence de Bédarieux à Montpellier, ma tante Angèle, en nous passant un sac de lustrine bourré de victuailles pour la journée, nous a lancé ces paroles d'une voix claire, je pourrais dire heureuse :

— Ne logez pas au moins chez Bouffardin ! Mlle de Fouzilhon vous attend.

Le fouet du voiturin a claqué et les chevaux se sont enlevés d'un bel élan.

Tandis que ma mère, pour me donner le change sur son émotion, car elle était fort pâle, époussetait de son mouchoir les coussins de la « rotonde, » où nous étions seuls, moi, la tête à l'une des portières du véhicule, je regardais la vieille route de tous mes yeux. Il tombait des gouttes d'eau, et la poussière blanche se piquait de petites taches brunes. Au premier détour du chemin, à dix pas du Roquesels légèrement embrumé, dans le brouillard de plus en plus épais à mesure que nous serrions de plus près le ruisseau, un homme a surgi qui m'a envoyé un adieu de son bras levé. Mais j'étais stupide, et l'idée ne m'est pas venue de répondre à ce geste amical, d'ailleurs peu distinct.

Ma mère m'a touché au coude :

— Tu ne reconnais donc pas ton père ?

— Mon père ?

— Il a pris par le raccourci... Il a voulu te voir encore une fois...

Je me suis retiré de la portière. Le cœur me battait d'une terrible force. Je ne me pardonnais pas d'avoir, en moi-même, accusé mon père de froideur, au moment du départ. A ce moment, ma tante, tout en me pressant, essuyait de temps à autre une larme ; lui, n'articulait pas un mot, et ses yeux, que par intervalles il attachait avec obstination sur moi, demeuraient secs... Pauvre père ! il n'y avait pas tenu quand je n'avais plus été là et, hors d'haleine, il s'était précipité pour me jeter de la main les encouragements, les caresses qu'il n'avait pu ou n'avait pas osé me donner.

Nous avons dépassé Gabian et gravissons,

sous une pluie fine, transparente comme une gaze, une montée rude, sinueuse. L'équipage, — trois haridelles étiques, — empêtré dans les ornières de la route détrempée, va au pas, assourdissant le tintamarre de ses cordons de grelots plus retentissants que des sonnailles de vendange.

— Cette grande maison, à droite, c'est l'ancienne abbaye de Cassan, me dit ma mère.

Une grande maison, en effet, se dresse là-bas, percée de fenêtres innombrables. Des oliviers superbes, des oliviers bibliques, plus feuillus que nos oliviers des monts d'Orb, projetant des branches noires de fruits, prêtes pour la cueillette, enveloppent cet amas de bâtiments aux toitures en maints endroits ruinées. Par-dessus les frondaisons grises de ces arbres antiques, s'élance un clocher dont les entablements, à la naissance de la flèche, servent, pour l'instant, d'abri à des milliers d'oisillons, mouillés, frileux, entassés par paquets les uns sur les autres, ne bougeant guère, buvant de rares coups de soleil, car le soleil sourit à travers l'ondée. Hélas! les hirondelles sont parties depuis septembre, et les linottes, les bouvreuils, les rouges-gorges, les mésanges-charbonnières, moins déliés des ailes, mais plus rustiques, les remplacent à présent. Le ravissant spectacle! Notre attelage, rendu, respire au bout de la côte, et j'ai le loisir d'entendre le ramage très bruyant de ces bestioles rassemblées, de jouir de leurs ébats au rebord des corniches, au long de la façade de l'abbaye où s'impriment de menus becs très fins, puis des enfilades de queues étalées...

Mais notre patache s'ébranle, et je plante là les oiseaux de Cassan.

A partir de Roujan, un gros bourg que nos chevaux criblés de coups traversent d'un trot fort honorable, il cesse de pleuvoir. Toujours des vignes, des vignes jusque dans les fossés de la route. Sous les pampres mordorés, plus d'une grappe oubliée par la serpette montre le luisant de ses grains flétris, souillés de boue. La plaine, à tout propos interrompue jusqu'ici par les ondulations rocailleuses du sol, se déploie désormais large, immense, à perte de vue; on devine que rien ne l'arrêtera plus jusqu'à la mer, vers laquelle elle semble se hâter. Dans la liberté de ce vaste horizon matinal, pur, humidifié, tranquille, je sens l'angoisse qui m'oppresse depuis la Grange-du-Pin se dissiper, s'enlever au-dessus de moi avec les vapeurs, et sans trop avoir conscience de mon audace énorme, je m'incline vers ma mère et l'embrasse d'une tendresse qui met sur mes lèvres toute ma vie.

— Voilà la chartreuse de *Mougères*, murmure-t-elle, voulant dire quelque chose.

— Où donc?

— A notre gauche.

— Cette église blanche?

— Le couvent tire son nom d'un arbuste du pays. C'est là que ta tante Angèle vient se confesser au moins une fois l'an au R. P. Sutter, prieur des chartreux.

Au nom de ma tante, je me suis emparé des mains de ma mère, les ai réunies, les ai serrées dans les miennes. Des démonstrations si peu habituelles de ma part paraissent la surprendre, et, me fouillant d'un regard aigu :

— Tu as quelque chose, me dit-elle.
— Je crois bien !
— Qu'as-tu ?
— Je suis content..., oh ! mais, content !...
— Pourquoi es-tu si content ?
— Parce que c'est vous qui m'accompagnez à Montpellier et qui m'accompagnerez au grand séminaire... J'avais une peur horrible d'être confié à ma tante.
— Ta tante, pourtant...
— Elle ne vous ressemble pas.

Enhardi par un silence qu'en dépit d'un effort visible ma mère ne réussit pas à rompre, j'ose me révéler à elle tel que je suis, tel assurément qu'elle ne me connaît pas, qu'elle ne m'a jamais soupçonné.

Je poursuis :

— Non, elle ne vous ressemble pas. Avec elle, ce voyage m'aurait été des plus pénibles. Pourquoi vous cacher que, dès qu'il s'agit de ma tante, le respect chez moi va jusqu'à la crainte ? A force d'entendre parler de la sainteté de ma tante, j'ai fini, en effet, par la prendre pour une sainte, et elle m'intimide, et elle me paralyse, et elle me domine à ce point que, devant elle, je suis tout à fait comme si je n'étais pas. Avec quelle docilité, dans ces derniers temps, ne m'a-t-on pas vu plier sous son opinion, sous son avis! Souvent, ni son opinion ni son avis n'étaient les miens ; je sentais cela à des mouvements de révolte que je réprimais non sans peine. Néanmoins, je me rendais, j'abdiquais, je me mettais à sa merci, vaincu par une obsession plus forte que tout moi-même, que toute ma volonté prise à deux mains. Sous cette oppression dont mon âme n'a jamais eu la hardiesse de secouer le joug, que de rêves d'indépendance n'ai-je pas faits! Je n'en soufflais mot à personne, je ne confiais même pas à mon journal, cet ami que je dois à mon oncle Fulcran, mes soupirs, mes aspirations vers la liberté; mais que de fois, à Bédarieux, à la Tuilerie, à la Grange-du-Pin, mes yeux se sont remplis de larmes au seul vol des oiseaux qui s'en allaient par les airs où ils voulaient!... Et, tenez! tout à l'heure, à Cassan, si je vous avouais que j'ai envié ces chardonnerets voletant autour du clocher de l'abbaye sans avoir à rendre compte du jeu de leurs ailes...

— Mon cher petit!

— Il m'arrive, quand je descends en moi-même, comme mon oncle l'abbé m'y habitua dès l'enfance, d'avoir honte des incertitudes, des hésitations où vous m'avez vu, tant à la Tuilerie qu'à la Grange-du-Pin. Quelle pauvre idée vous avez dû concevoir de mon caractère ! Ne vous y trompez pas cependant, ma mère : je ne suis pas incapable de prendre une résolution, de former un grand dessein et de le pousser à bout. Je n'ai pas toute votre nature énergique ; mais, Dieu soit béni ! vous m'en avez donné un peu, de cette nature vaillante, la force de mon père au milieu de chagrins accablants; et depuis longtemps vous auriez reconnu en moi le fils de vos entrailles, si ma tante Angèle l'eût permis. Malheureusement, je n'étais pas rentré à la maison qu'elle fondait sur moi. Désormais, plus une heure, plus une minute de repos moral. Croiriez-vous qu'un jour, à la Tuilerie, en présence de mon beau-frère, déchiré par les insistances de ma tante comme par les ongles d'une furie, l'idée plus vive qu'une flamme me traversa l'esprit de m'en aller, de fuir, de marcher devant moi tant que je trouverais terre sous mes pas ! Sire eut quelques bonnes paroles, et le transport sauvage qui m'enlevait se calma. Mais je pleurai bien, le soir, dans ma chambre, je pleurai bien...

Ma mère m'a pris dans ses bras, m'a enveloppé ainsi que les mères seulement savent le faire ; puis ces mots, un à un, sont tombés de sa bouche :

— Si tu t'étais expliqué hier avec cette franchise, nous ne serions pas sur cette route aujourd'hui.

— Pourquoi ?

— Parce que je ne veux pas que tu sois prêtre malgré Dieu. Un mauvais prêtre dans notre famille! Nous préserve le ciel de ce malheur!

J'étais atterré... Qu'avais-je dit?... Je balbutie au hasard :

— Mais, ma mère..., mais, ma mère...

Elle est tremblante, ses grands yeux noirs limpides fixés sur moi. Soudain elle se déplace, baisse le vasistas d'une des portières, se penche. Va-t-elle appeler notre conducteur, faire arrêter la voiture, me commander de descendre, me ramener à la Grange-du-Pin? Un désespoir farouche m'enlève; je me précipite, la saisis avec une familiarité dont je ne puis me rendre compte, dont rien ne saurait excuser l'audace, et je la contrains à se rasseoir. A mon tour, je la tiens sous mon regard qui, si j'en juge par le feu qui m'embrase, doit la brûler.

— Tu ne veux donc pas me laisser respirer un peu? me dit-elle, accompagnant ces mots d'un sourire ineffable.

Mon être éprouve une détente qui me jette à ses pieds.

— O ma mère!...

Ma tête sur ses genoux, je sanglote comme un enfant.

La diligence s'arrête. A droite, à gauche, ce sont non plus des vignes, mais des maisons. La portière de notre compartiment s'ouvre.

— Vous avez une demi-heure pour déjeuner! crie un gros homme, nous tirant sa barrette d'une main et nous montrant de l'autre l'enseigne du *Soleil d'Or*.

Je suis à ce point troublé que c'est à peine si je vois ma mère descendre. Une fois au sol, elle me tend la main, m'attire. Je la suis. Justement, à trois pas de l'auberge, se développe une allée de platanes, avec des bancs de pierre de taille disposés entre les troncs écaillés... Nous allons, nous venons sous les grands arbres, dont la toison, arrachée à chaque haleine de la brise, assez âpre ce jour-là, tourbillonne mélancoliquement devant nous, et nos langues demeurent muettes, nos cœurs fermés.

— Si tu avais faim, mon enfant, nous entamerions notre sac, me dit-elle avec effort.

— Je n'ai aucune faim... Où sommes-nous?

— A Pézenas.

Nous nous asseyons.

Je vivrais cent ans que je n'oublierais pas cette trop rapide station sur un banc de pierre où le soleil semblait étendre exprès pour nous un grand tapis de rayons douillet et chaud. C'est là, sur ce bloc isolé au coin d'une promenade publique, que Dieu, pour me fortifier dans mes résolutions, s'est rendu visible à moi. Je l'ai vu.

— Mon enfant, me dit ma mère, je veux commencer par te déclarer que tes aveux ne me causent nul chagrin. J'ai été touchée, au contraire, de t'entendre me parler avec cet abandon. Une seule chose m'est sensible : l'impression fâcheuse que tu emportes de ta tante. Comment as-tu pu te méprendre sur son attitude, avoir l'idée, quand elle te manifestait son désir ardent, trop ardent peut-être, de te voir embrasser la carrière ecclésiastique, qu'elle cherchait à t'imposer sa volonté? Par ton long séjour chez ton oncle Fulcran, par tes longues années chez M. l'abbé Dubreuil, ta tante a pensé naturellement que tu étais disposé à entrer au grand séminaire, et comme, pour elle, nulle grandeur en ce monde n'est comparable à la grandeur de la prêtrise, elle a convoité la prêtrise pour toi. Mais tu aurais articulé un mot, un mot ferme, qu'elle eût cessé de te poursuivre, puisque tu crois à une poursuite de sa part. Sais-tu qui, de nous tous, serait le plus profondément atteint, s'il t'arrivait de te faire prêtre sans vocation? Ta tante.

— C'est vrai...

— Mais ce malheur, qui serait pour elle cent fois pire que la mort, ne nous menace en aucune façon.

— Non, non, il ne nous menace pas!

— Écoute-moi, Ferdinand. Les choses, par notre faute à tous, ont été poussées si loin, qu'il t'est bien difficile à présent de reculer...

— Pourquoi reculerais-je? Mes plaintes contre ma tante, à laquelle je reproche de ne m'avoir pas laissé assez avec moi-même en un moment où je n'avais besoin que de moi, ces plaintes n'impliquent nullement un manque de vocation.

— Admettons que cette vocation, que, pour être sincère, ta tante n'est pas seule à appeler de ses vœux, soit chancelante, qu'elle ne doive pas aboutir, quel mal y aurait-il pour toi à passer un an au grand séminaire ? Existe-t-il un endroit plus propice au recueillement dont tu as manqué et que tu réclames ? Là, tu seras libre de réfléchir, de t'étudier, de te connaître, et, cet examen sur toi-même achevé, de rester ou de sortir.

— Sortir !... Pour aller où ?

— J'ai confiance en Dieu qui, ne te voulant pas prêtre, ne t'abandonnera pas.

Elle tourne sa face vers moi. Je ne sais quel air douloureux, navré, je lui trouve, à cette face adorable, dont les joues pâlies, creusées, affichent les angoisses de chaque jour. Comme je considère ces traits chéris avec l'audace sans pudeur des enfants, qui savent bien que leur mère est leur chose, que leur mère leur appartient sans voiles, toujours, éternellement, ses yeux se brouillent et de petites larmes étoilent ses cils. Elle retire vivement son mouchoir. Ciel ! son chapelet qui fuit de sa poche et tombe à terre. Je le saisis. C'est Dieu qui vient à notre secours. Je baise la croisette de laiton et, ouvert par ce coup de la grâce asséné en plein cœur, je m'écrie :

— Ma mère, si nous récitions le chapelet?

Nous n'avions pas murmuré trois *Ave*, que notre voiturin, planté au seuil du *Soleil d'Or*, hurlait à tue-tête :

— Les voyageurs pour Montpellier, en voiture! en voiture!

II

Auberge Bouffardin, 14 novembre 1847.

La délicieuse journée! Dès l'aube, nous sommes sortis de chez Bouffardin, avons traversé la place Saint-Côme un peu à tâtons et sommes entrés à Saint-Roch, où nous avons assisté à la messe. Ma mère, devinant mes répugnances à entendre trop parler de ma tante pour le quart d'heure, avait eu la veille le courage de ne pas « descendre chez Mlle de Fouzilhon, » l'intime amie de sa sœur; mais elle n'a pu résister au désir d'aller faire ses dévotions à Saint-Roch, « l'ancienne paroisse d'Angèle. » Rasséréné dès la lecture de l'Épître, j'ai partagé moi-même son sentiment, et, à la Consécration, j'ai prié pour celle que mes doutes, ma lâcheté religieuse m'ont fait maudire avec amertume et à la sollicitude pieuse de laquelle je devrai de connaître ma vraie voie et d'y marcher courageusement jusqu'à la fin.

L'office terminé, nous quittons l'église, allons au hasard devant nous. Le jour se lève, un jour léger, clair, tout bleu. L'air, si rude chez nous, est ici d'une douceur extrême; il ne me fouette pas le visage comme à Saint-Pons sous le Saumail, comme à Bédarieux sous Caroux; il me le caresse, je dirais volontiers : il me le baise. Ma mère, reposée, rajeunie, m'enveloppe d'un regard presque joyeux et me prend une seconde fois le bras, ainsi qu'elle le fit une première fois dans la vigne du Roc-Rouge, à la Tuilerie.

Dieu! que les rues de Montpellier, encombrées de charrettes, regorgeant de gens affairés, bruissantes de cris aigus : « Femmes, voulez-vous des sarments! Femmes, voulez-vous du vinaigre! » que ces rues larges, lumineuses, me paraissent belles avec leurs grandes maisons en pierres de taille, leurs fenêtres à jalousies vertes, leurs balcons à balustrades dorées! J'éprouve dans les jambes, jusqu'à travers les cheveux, des frémissements très agréables, et j'ouvre des yeux énormes, étonnés, ébahis, des yeux de jeune loup de la Montagne-Noire mené en laisse loin du bois natal. — Oui, vraiment, il y a beaucoup du louveteau chez moi.

— Voilà où je viendrai demain, quand nous aurons vu ta cousine Clotilde et rendu visite à M{^{lle}} de Fouzilhon, me dit ma mère, me montrant, sur une place, une vaste porte cochère flanquée de deux colonnes engagées.

En véritable fils d'architecte qui, dès l'enfance, a joué avec « le Vignole, » j'admire les chapiteaux des colonnes et cherche à déterminer auquel des cinq ordres elles peuvent bien appartenir. Elles appartiennent à l'ordre toscan.

— Les bureaux de l'ingénieur du département sont là, au premier étage, reprend-elle.

Nous poursuivons notre promenade vagabonde, pleine de découvertes.

Non loin des bureaux de M. Duponchel, nous nous arrêtons à l'entrée d'une rue tortueuse. Je lève le nez : *Rue de l'Aiguillerie.*

— C'est ici, chez Mme veuve Vigouroux, que l'on boit le meilleur café au lait de Montpellier.

M'ayant glissé ces mots d'un air de mystère, ma mère soulève une tente à rayures bleues. Nous pénétrons en un rez-de-chaussée obscur où j'ai beaucoup de peine à démêler une, deux, trois tables accotées à la muraille du fond. Des napperons éclatants de blancheur recouvrent ces meubles légers, ce qui ne contribue pas peu à me les faire sauter aux yeux. Du reste, tandis que ma mère cause avec la maîtresse de céans, une vieille femme courte, replète, très brune, à moustaches, avec un tablier de toile haut noué sous les aisselles, les divers objets qui embellissent le réduit où nous venons de nous insinuer d'un pas furtif, se détachent de l'ombre, m'apparaissent un à un, lentement. Ce sont des rangées interminables de magnifiques cafetières ventrues; puis des rangées interminables de cafetières de forme plus élancée, plus élégante; puis des rangées interminables de cafetières basses, mignonnes, jolies. Toutes ces porcelaines — les grandes, les moyennes, les petites — sont décorées d'un couvercle à bouton rouge; on dirait de grosses cerises, des bigarreaux de notre vallée d'Orb, éparpillées sur les étagères pour me tenter. Les bols abondent aussi; mais eux, au lieu d'être étalés avec orgueil, se dressent modestement en pyramides sur une planchette, près du fourneau. Oh! le fourneau avec ses ferrures soigneusement astiquées, je le vois tout entier; là, le café et le lait chauffent en des casseroles de cuivre fourbies au son et au vinaigre, étincelantes comme les vases sacrés.

Ma mère finit par me rejoindre à une table près de laquelle je suis demeuré debout, entrepris, observant, plongeant de l'œil autour de moi avec curiosité. Mme veuve Vigouroux, la langue au fourreau, se met en devoir de nous servir.

Quel déjeuner! Je ne me souviens pas d'en avoir fait de pareil, pas même dans mon enfance, quand, avec Léon Boucquier ou avec Galibert, ayant inspecté nos pièges de Philip ou de Bataillo, il nous arrivait de rôtir une grive, une alouette, un merle en rase campagne et de le dépêcher à la croque au sel... Et pourtant ce ne sont ni des grives, ni des alouettes, ni des merles que Mme Vigouroux dépose devant nous sur la table, mais tout simplement du café, du lait, des rondelles de beurre, de la cassonade rousse, en des ustensiles reluisants de propreté, puis, dans une corbeille d'osier, quantité de *pistolets*, petits pains longs, à croûte vive, fraîchement défournés, — une gourmandise du pays. — N'importe, tout cela est exquis, et j'en jouis avec plénitude. Je ne sais quelle saveur de noisette je découvre à ce lait crémeux de Montpellier mêlé au café de Mme veuve Vigouroux, de la rue de l'Aiguillerie. et je vais au festin de toutes mes dents, de tout mon cœur. Je puis dire « de tout mon cœur, » car je sens bien que, si ma mère n'était pas là, je ne mangerais pas de cet appétit. Elle est assise en face de moi, elle me couve, elle me sourit, elle m'allonge une parole par-ci par-là, et tout mon être épanoui fait qu'un morceau n'attend pas l'autre... Qui sait si, au fond de cette joie dont je suis inondé, il n'entre pas un peu de tristesse? Oui, qui sait? Il est certain que ma mère va me quitter, que demain peut-être elle rentrera à la Grange-du-Pin, que demain peut-être le grand séminaire m'aura reçu...

Mme Vigouroux se penche vers ma mère et, du ton assourdi d'une dévote de Camplong déplorant ses péchés à la grille du confessionnal de mon oncle Fulcran :

— Alors, Mlle Angèle ne s'est pas décidée à vous accompagner?

— Ma sœur est venue à Montpellier dernièrement...

— Je l'ai vue. Elle a pris son café au lait ici, un dimanche qu'elle allait entendre les offices à Notre-Dame-des-Tables. Mais, tout de même, c'est dommage qu'elle ne soit pas à Montpellier en ce moment pour être témoin de ce qui s'y passe.

— Que s'y passe-t-il?

— Comment! vous ignorez que le P. Hermann prêche, aux Pénitents-Bleus? Il était grand temps que Dieu prît pitié de nous et laissât pleuvoir sa manne sur Montpellier! M. le chanoine Pommerol m'a conté que le P. Hermann fait des miracles. Les plus endurcis sont touchés et tombent dans les bras du missionnaire carme à la file, comme des capucins de carte. S'il était permis à Mlle Angèle d'assister à ces prodiges!...

La tente de la rue s'entr'ouvre discrètement. Un homme, grand, fluet, plutôt enveloppé que vêtu d'une redingote trop ample pour sa longue taille de roseau, se faufile sur la pointe des pieds. Ce consommateur salue Mme Vigouroux et nous salue d'un air fort digne.

— C'est M. Bringuier, premier sacristain de la cathédrale, souffle notre hôtesse... Mais, j'y songe, vous devez le connaître, madame Fabre : il fait les affaires de Mlle de Fouzilhon...

— Chut! interrompt ma mère.

Elle met une pièce de vingt sous dans la main de Mme veuve Vigouroux, et nous nous hâtons de déguerpir.

III

Hôtel Fouzilhon, 15 novembre 1847.

Malgré nos précautions, il était écrit que nous n'échapperions pas à M{{lle}} de Fouzilhon.

Hier, vers trois heures, nous nous disposions à aller voir ma cousine Clotilde, rue de la Blanquerie, où est le couvent des Visitandines, quand un coup sec a retenti à notre porte, chez Bouffardin. J'ouvre, et je me trouve nez à nez avec une grande vieille femme au long visage ridé, d'une pâleur jaune de buis, entouré jusqu'au bas des joues de mille rayons de mousseline plissés droit et fin comme un surplis.

— Bonjour, Ferdinand, bonjour! me dit familièrement cette inconnue.

Elle entre en me bousculant, suivie d'une naine lourde, grasse, entre deux âges, coiffée, elle aussi, d'un béguin blanc en soleil. J'écarte un rideau et j'appelle ma mère, en train dans la pièce voisine de choisir des papiers que nous devons déposer à la préfecture, en nous rendant à la Visitation.

— Vous, mademoiselle! vous! s'écrie ma mère.

Elle embrasse tour à tour et la religieuse géante et la religieuse nabote, car nous avons affaire à des religieuses immanquablement.

— Oh ! mesdemoiselles, quelle bonté ! reprend-elle.

Et, se tournant vers moi :

— Ferdinand, remercie Mlle de Fouzilhon et Mlle de l'Hospitalet.

Je balbutie en m'inclinant :

— Merci, mesdemoiselles, merci...

Mlle de Fouzilhon montre un siège à Mlle de l'Hospitalet, puis en prend un autre délibérément. Elles s'installent. Mlle de Fouzilhon ouvre la bouche et les questions pleuvent sur ma pauvre mère dru comme grêle :

— Et Angèle ?... Que fait Angèle ?... Dieu lui est-il habituel à Bédarieux, ainsi qu'il lui était habituel à Montpellier ? Depuis son départ, la Confrérie du Saint-Rosaire est bien malade... Ah ! si Angèle était ici, en ce moment unique où Montpellier est comblé de grâces !... Vous savez ce qui se passe, sans doute ?

— Je sais que la parole du P. Hermann, aux Pénitents-Bleus...

— Vous arrivez trop tard pour l'entendre, le P. Hermann. Il prêche une retraite aux Dames de la Visitation et part, malheureusement...

— Malheureusement, soupire Mlle de l'Hospitalet d'une voix timide de fauvette, qui contraste avec la voix pleine, hardie, sonore, de Mlle de Fouzilhon.

— Il prêche une retraite à la Visitation ? demande ma mère, l'air inquiet. Alors, le couvent est fermé ?

— Certes !... dit Mlle de Fouzilhon.

— Quel ennui ! Je vais être retenue à Montpellier plus longtemps que je ne le voudrais.

— Quelques jours vont et viennent, chère madame...

Et, avec un sourire très engageant, très aimable :

— Vous savez, du reste, que je suis venue chez Bouffardin pour vous enlever, que ma voiture vous attend en bas, et qu'Ursule et moi, nous allons vous aider à faire vos paquets.

— Mais, mademoiselle, je n'oserai jamais...

— Vivement !... Il a été convenu avec Angèle, à son dernier voyage, que, lorsque vous accompagneriez Ferdinand au séminaire, vous me donneriez la préférence sur Bouffardin ; et je n'en démordrai pas... Quand je songe tout de même que, sans Bringuier, qui vous a aperçue chez la bonne Mme Vigouroux, j'aurais peut-être ignoré votre venue ! Ce n'est pas bien, ça, ce n'est pas bien...

En articulant ces mots, la vieille demoiselle, dont le visage rude, presque noir, s'est fait tout à coup charmant, lumineux, caresse du bout de ses longs doigts osseux, par de gentils petits soufflets, les joues tristes de ma mère.

— Vivement ! vivement ! répète-t-elle.....
Allons, Ursule, pliez-moi ça.

Elle saisit sur le dossier d'une chaise ma redingote, toute luisante aux coutures du carreau de Félix Caumette, qui a dû me la rafraîchir pour ma présentation à ma cousine, à M. le Supérieur du grand séminaire, et la passe à Mlle de l'Hospitalet.

Vaincue par d'aussi affectueuses instances, ma mère ne résiste plus et, les couvercles de nos deux malles ayant été soulevés, elle y range une à une nos menues affaires, non sans l'aide de ces dames, que cette besogne peu habituelle amuse follement.

Une fois, comme je glisse parmi mes chemises les *Confessions de saint Augustin*, un exemplaire superbe qui m'a coûté bel et bien six francs chez J.-P. Audibert, libraire à Bédarieux, on me l'arrache des mains, on le place où l'on veut. Je ne touche plus rien, je recule, je regarde. Vraiment, je suis confondu des égards que Mlles de Fouzilhon et de l'Hospitalet témoignent à ma chère mère, qui s'excuse, mais rayonne, et je les remercie du fond du cœur, du fond du cœur je les admire, je les aime. Ces pensées me traversent le cerveau : « Combien sont délicates les amitiés que purifie la religion ! Un jour peut-être, moi aussi, j'aurai des amis en Dieu. »

Les langues vont leur train, tour à tour vibrantes et voilées, pareilles au tic tac du moulin de Gaillard qui chante plus ou moins haut selon que la maîtresse-roue reçoit toute l'eau des Douze ou n'en reçoit qu'une partie. Ce caquet me charme, me remplit d'une aise pour laquelle il n'existe pas d'expression.

— Je vous assure, mademoiselle, insiste ma mère, que je me fais scrupule de vous occasionner du dérangement, quand je sais par ma sœur que vous attendez votre nièce, Mme la comtesse de Sauviac, et que votre hôtel est en réparation...

— La belle affaire, mes réparations ! Cela regarde Bringuier... Pour Zoé, elle n'arrivera pas ici avant Noël. Vous voyez, nous avons de la marge.

— Les nouvelles de Mme de Sauviac sont bonnes, sans doute?

— Zoé se porte à merveille, ainsi que le petit Maurice. C'est M. de Sauviac qui ne va guère : le climat de Lille, très humide, paraît-il, n'a pas arrangé sa poitrine un peu faible. Il tousse toujours, ce pauvre Emmanuel, il tousse...

— Si seulement Zoé avait voulu avoir confiance en saint Roch, qui honore Montpellier. où il naquit, d'une protection particulière ! murmure Mlle de l'Hospitalet.

— Mais Zoé est une tête de linotte, et son esprit d'oiseau qui vole n'a jamais pu se fixer une minute aux choses consolantes de la religion... Enfin, M. de Sauviac vient en semestre, et j'espère le décider à donner sa démission de capitaine du génie. Peut-être, lorsqu'il ne courra plus les garnisons, qu'il n'aura plus qu'à s'occuper de sa femme, à la catéchiser, à la prêcher.

Emmanuel, qui est pieux, obtiendra-t-il du ciel ce que nos prières, à Ursule et à moi, n'ont pu encore obtenir... La clef! la clef!

Ma mère veut fermer ma malle elle-même; mais Mlle de Fouzilhon demeure sourde à ses doléances : elle courbe sa haute taille, rabat le couvercle, et le cadenas est passé d'un coup brusque dans la lunette de fer.

— Ursule, appelez Florien.

Mlle de l'Hospitalet ouvre notre fenêtre, lance dans la rue un « psitt! » discret et prolongé. Presque au même instant, un petit homme d'une cinquantaine d'années, maigre, léger comme un chat, rasé comme un prêtre, en livrée noire à boutons d'argent, se présente chapeau bas.

— Florien, lui dit Mlle de Fouzilhon, vous prendrez un fiacre et ferez porter ces bagages à l'hôtel.

Nous descendons.

Le cocher de Mlle de Fouzilhon est un vieillard. Ramassé sur le siège haut situé d'une calèche antique, plié en deux, le menton aux genoux, il dégage d'une houppelande de drap sombre devenue trop grande deux menottes ridées qui retiennent les rênes en tremblant. Arriverons-nous sans encombre? Bien que l'attelage ne me paraisse pas des plus fougueux, j'éprouve quelque inquiétude.

Tandis que ma mère, après avoir réglé sa note avec Bouffardin, gravit le marchepied, large, solennel, que vient d'abaisser devant elle le valet de pied Florien, Mlle de l'Hospitalet, d'une voix toute de lait et de miel, me glisse ces mots à l'oreille :

— Je vous ai confectionné moi-même le surplis. Il est à ailes plissées menu. Dieu, je l'espère, permettra qu'il vous aille bien.

— Allons, Ursule ! crie Mlle de Fouzilhon.

— Ma chère Nobilie, je contais à notre jeune abbé que le surplis...

Mlle de Fouzilhon monte. Nous nous empressons derrière elle, et les chevaux s'en vont paisiblement, d'un trot sans secousse, à travers la place Saint-Côme et vingt rues où je ne suis jamais passé.

IV

Hôtel Fouzilhon, 19 novembre 1847.

Depuis trois jours que je vis rue des Carmes, dans le vieil hôtel Fouzilhon, j'éprouve un calme tel qu'à aucune époque de ma vie je n'en éprouvai de semblable, pas même chez Sirc, à la Tuilerie. La paix que j'implorais, la paix dont j'étais avide, je l'ai, je la possède, je la tiens. Dans le milieu favorable où la tendresse céleste de ma tante m'a précipité tout à coup, les plaies saignantes de mon âme se cicatrisent.

Ici, je deviens doucement valide, fort et nouveau. Le premier lépreux qui se plongeait dans la piscine de Bethsaïda après que l'ange du Seigneur en avait effleuré les eaux du bout des ailes, était guéri. Ma tante Angèle m'a ouvert cette maison privilégiée, et déjà je ne sens plus la lèpre de mes maux. Une preuve que Dieu, « la charité toujours vivante et agissante, » comme s'exprime saint Augustin en ses *Confessions*, « vit et agit » en l'intimité de mon être, qu'il y est entré pour mettre tout en bon ordre, pour y apporter cet apaisement que je goûte et qui ne peut émaner que de lui; une preuve que la face de Dieu s'est enfin tournée vers moi, « visage à visage, *faciem ad faciem*, » c'est mon impression divine de tout à l'heure, lorsque nous étions réunis, au deuxième étage de l'hôtel, dans l'oratoire de la Confrérie du Saint-Rosaire, Mlle de Fouzilhon, Mlle de l'Hospitalet, ma mère et moi.

Julette, la plus jeune bonne de la maison, presque une enfant, avec une petite tête brune, deux yeux noirs baissés, recueillis, modestes, était venue demander ma mère de la part de « Mademoiselle. » J'étais demeuré seul et, pénétré de reconnaissance, je chantais les louanges de Mlle de Fouzilhon, quand la même Julette a reparu pour m'appeler à mon tour.

— Mademoiselle vous attend à l'étage au-dessus, dans la chambre de Mme la comtesse de Sauviac, m'a-t-elle dit.

Je monte. Mais des éclats de rire, qui s'échappent d'une porte entr'ouverte, m'arrêtent net sur le palier.

— Entrez donc, Ferdinand, entrez! me crie Mlle de Fouzilhon.

Comme j'hésite, elle me prend par la main et m'introduit. Mlle de l'Hospitalet rit aux larmes; toutefois, en m'apercevant, elle juge cette hilarité peu séante et la comprime à ne laisser plus échapper que de maigres gloussements étouffés. Ma mère rit, elle aussi; mais, je ne sais, elle me semble ne pas y aller avec la même abondance des lèvres, la même joie du cœur. Je ne comprends pas, et je cherche à assembler trois paroles : « Qu'y a-t-il? que me veut-on? » quand « Mademoiselle, » me devinant :

— C'est une surprise, mon cher enfant, me dit-elle avec un effort pour ne pas éclater de nouveau.

Puis, se tournant vers le coin le plus obscur de la pièce :

— Monsieur Prunières, nous vous livrons M. l'abbé. Vous nous rappellerez au beau moment. Usez de la psyché de Mme de Sauviac...

Elle a fait un signe d'intelligence à ma mère, a jeté un regard à Mlle de l'Hospitalet, et toutes trois ont disparu.

La porte de la chambre se refermait à peine, qu'une forme humaine se dégageait des ténèbres et hasardait un pas vers moi.

— M. Prunières, sans doute? ai-je bredouillé.

— Oui, monsieur l'abbé, pour vous servir... Mais nous n'y verrons guère ici, monsieur l'abbé. Permettez...

Incontinent, les volets d'une des fenêtres ont battu contre la muraille. Un flot de lumière a inondé la pièce.

— Maintenant, monsieur l'abbé, si vous le voulez bien, vous vous déshabillerez, m'a dit M. Prunières, obséquieux, la bouche en cœur.

— Pourquoi me déshabiller?

— Oh! quittez la redingote seulement.

— Je désirerais savoir...

— On ne vous a donc pas prévenu? J'aurais dû le deviner aux rires de ces dames... Je suis le tailleur du grand séminaire, et je viens vous essayer votre soutane.

— Ma soutane!...

D'un geste insinuant, onctueux, M. Prunières m'a retiré ma redingote, et, en moins de temps qu'il n'en faut pour le dire, je me suis trouvé enveloppé d'un long fourreau noir tombant aux pieds. Un prestidigitateur n'a pas de coup plus rapide, car ç'a été un coup de prestidigitateur. Tandis que je me vois tout entier réfléchi en une haute glace mobile supportée par deux colonnettes à cannelures incrustées de cuivre, — tout est élégant, joli, d'un goût charmant, chez Mme la comtesse de Sauviac, — M. Prunières, sautillant autour de moi, tantôt se recule et admire, tantôt se rapproche et d'un coin de savon trace, de-ci, de-là, des lignes blanches sur le drap noir. Je laisse faire le tailleur du grand séminaire, me livre sans résistance à son œuvre de correction très compliquée, tourne à droite, tourne à gauche sous la pression de son doigt qui me commande par des attouchements discrets. Mon âme emprunte à l'habit qui revêt mon corps je ne sais quelle résignation profonde, voisine de l'anéantissement. C'est par la voie douloureuse que j'ai été mené à l'instant solennel d'aujourd'hui; mais le sacrifice est consommé, et la pensée que désormais j'appartiens à ma vocation, que cette soutane suffira à me protéger, à me défendre contre moi-même, me remplit d'une sécurité où il me plaît de découvrir le commencement des grâces attachées à mon nouvel état.

Cependant, M. Prunières n'en finit pas; il va, vient, glisse son savon dans la pochette de son gilet, pique toute une pelote d'épingles parmi le vêtement. Il ne me semble pas ravi de son œuvre.

— Oh! oh! chantonne-t-il, oh! oh!

Et il s'applique, et il mouille un mouchoir qu'il se passe et repasse sur le front.

— Voilà ce que c'est de ne pas prendre mesure à la personne elle-même, murmure-t-il en sourdine, rageant un brin. La soutane vous irait comme un gant si j'avais pu seulement vous appliquer mon centimètre autour de la taille. Mais, que voulez-vous? j'ai dû m'en rapporter aux chiffres envoyés à Mme de Fouzilhon par Mlle Angèle Sicard...

— Comment! c'est ma tante...

M. Prunières, dès le début de ses opérations, avait à peine boutonné le vêtement; en constatant sa trop grande ampleur malgré les épingles destinées à le rétrécir, il saisit à poignée l'interminable rangée des petits boutons de crin et la fixe rapidement.

— Et à présent? me demande-t-il, arrêtant sur moi deux gros yeux à fleur de tête, inquiets, éplorés.

— A présent, tout est pour le mieux.

— Eh bien! non! non! s'écrie-t-il au désespoir. C'est la première fois qu'il m'arrive d'avoir si peu de chance... Levez les bras.

Je les lève.

— L'emmanchure est bonne, dit-il, un peu remis. Je vais détacher la queue de cérémonie et vous ferez quelques pas.

Je marche, je balaye le tapis pompeusement.

Le tailleur du grand séminaire, qui me suit fort agité, se rassure.

— Allons, je ne suis pas trop mécontent. La soutane, moyennant des retouches habiles, ira assez bien. Mais, avant que je m'en rapporte aux mesures de Mlle Sicard!...

— Est-ce fait? demande par le trou de la serrure une voix joyeuse d'enfant.

Julette joue peut-être à cache-cache dans

l'escalier avec la repasseuse de la lingerie, aussi folâtre, aussi jeune qu'elle.

— Est-ce fait? redemande la même voix enfantine.

— Non, non!

C'est moi qui viens de pousser ce cri, me souciant fort peu de me montrer à Julette et à son amie dans ma soutane manquée.

— Eh bien! vous y mettez le temps, monsieur Prunières.

Par exemple, cette fois, ce n'est pas Julette, mais M{ⁱˡᵉ} de Fouzilhon qui a parlé. La porte s'entre-bâille. Le tailleur pâlit. M. Prunières perd la tête, c'est évident : il veut piquer une dernière épingle dans l'étoffe et me l'enfonce dans la chair.

— Aïe!

— C'est fait! glapit le malheureux tailleur affolé.

M{ⁱˡᵉˢ} de Fouzilhon et de l'Hospitalet se précipitent; puis ma mère entre tranquillement. Elle ne m'a pas aperçu, la pauvre femme, qu'elle joint les mains par un mouvement d'adoration et ne bouge plus. Ses yeux agrandis fixés sur moi, elle me considère en une sorte d'extase. Pareille immobilité m'effraye et, peu attentif à M{ⁱˡᵉ} de Fouzilhon, à M{ⁱˡᵉ} de l'Hospitalet, à M. Prunières, qui me parlent, me questionnent, m'interpellent tous à la fois, je regarde ma mère plantée comme une statue et lui souris pour la rassurer. Ses traits nobles et beaux, ses traits calmes et purs de sainte dans une niche d'église, n'ont rien de douloureux ; néanmoins, il me semble que, si je l'embrassais, mon embrassement lui serait un bien, un grand bien. Cette idée s'empare de moi avec une telle force que, repoussant et Mlle de Fouzilhon, et Mlle de l'Hospitalet, et M. Prunières, occupés, après m'avoir glissé un rabat au col, une ceinture aux reins, à me passer le fameux surplis « à ailes plissées menu, » je m'élance et tombe dans les bras de ma mère tendus vers moi. Quelle allégresse tout ensemble et quel déchirement ! Nous mêlons nos larmes et nos sanglots.

— Mon enfant ! mon enfant !... répète-t-elle sans se lasser.

— Ma mère ! ma mère ! ne puis-je m'empêcher de redire sans fin.

Mais Mlle de Fouzilhon, prompte à nous divertir d'émotions dangereuses pour ma vocation, nous prend les mains au plus fort de notre attendrissement et nous entraîne hors de la chambre de Mme de Sauviac. Nous traversons le palier du deuxième étage où des éclats de rire m'ont arrêté tantôt, et, Mlle de l'Hospitalet ayant poussé une porte, nous pénétrons en une étroite chapelle, avec statuette de la Vierge, lustre, candélabres, autel. Nous sommes dans le sanctuaire de la Confrérie du Saint-Rosaire. Mlle Nobilie, qui n'a cessé de nous retenir, ma mère et moi, nous laisse libres ; puis, tombant à genoux à côté de Mlle Ursule déjà prosternée, elle articule ce simple mot :

— Prions.

Dans mon enfance, chez mon oncle Fulcran, et, plus tard, chez M. l'abbé Dubreuil, il m'arriva de connaître des effusions religieuses qui duraient des journées entières. Combien ma prière d'aujourd'hui a été plus courte que mes prières de ces temps de premier élan vers Dieu ! C'est avec une peine infinie que j'ai arraché à mes lèvres lourdes, pétrifiées, ces rares paroles :

« Seigneur, je n'ai pas recherché la gloire de votre sacerdoce. Mais des femmes pieuses, des femmes qui reçoivent de vous plus de lumière que je n'en reçois, me croient marqué pour l'exercice d'une mission divine ici-bas. Une terreur effroyable me courbe au sol comme un roseau. J'ose néanmoins m'offrir à vous, Seigneur, dans toute la sincérité de mon âme. Si vous me jugez digne de votre service, prenez-moi, enlevez-moi, ravissez-moi, et que la vertu de votre Droite me soutienne et me fortifie! Si, au contraire, votre souffle, dès le principe de ma vie, ne m'a pas pénétré des grâces indispensables à votre ministère auguste, repoussez-moi, comblez mon cœur de tous les découragements, de tous les dégoûts, de toutes les amertumes de la terre, emplissez ma bouche de cendres, et faites, si, par quelque impiété, je marchais un jour vers vous malgré vous, que je succombe sur les marches de l'autel avant qu'il me soit permis de le violer. Ainsi soit-il ! »

V

Hôtel Fouzilhon, 23 novembre 1847.

Tandis que le P. Hermann prêche les Visitandines et retarde bien innocemment mon entrée au grand séminaire, ma mère fait des courses à la préfecture, chez M. Duponchel, chez M. Simonneau. Je l'accompagne le plus souvent. Enfin, le mandat de six mille francs qu'elle attend lui sera remis cette après-midi, du moins on le lui a affirmé hier. Le montant de ce mandat rendra à ma mère son retour léger vers la Grange-du-Pin : en pensant à son mari, capable de faire face au payement de trois quinzaines, le souvenir de son fils lui laissera quelque répit. Que Dieu retire les miens de l'abîme de maux où d'eux-mêmes ils se sont précipités !

Après le déjeuner, Mlles de Fouzilhon et de l'Hospitalet étant sorties pour leurs visites quotidiennes aux pauvres du quartier de Lattes, ma mère et moi nous nous sommes sauvés à travers la ville. Une heure sonnait à Saint-Pierre. Nous passons devant l'École de médecine. L'été de la Saint-Martin est aussi chaud, aussi clair, aussi joyeux à Montpellier, que pourrait l'être à Bédarieux le véritable été, l'été de la Saint-Jean. Si des vapeurs sans nulle consistance, percées à jour, délicates et rosées, ne s'élevaient à la cime des arbres du Jardin des Plantes, que nous longeons, novembre, ici, aurait les splendeurs de juin.

— M. de Sauviac a bien raison de fuir Lille pour venir passer l'hiver à Montpellier, dis-je tout à coup.

Ma mère, alors, me parle avec quelques détails de Mlle de Fouzilhon, de Mlle de l'Hospitalet, de Mme de Sauviac...

— Tu entends sans cesse Mlle Nobilie se plaindre de sa nièce. Eh bien! cette nièce, fille unique d'un frère mort depuis peu et tendrement aimé, elle l'adore. « Zoé n'a pas de religion, Zoé est folle, Zoé finira mal, comme une impie qu'ell' est; mais Zoé est ravissante, mais Zoé est faite au tour, mais Zoé a les plus beaux cheveux du monde, mais il n'est pas d'alouette qui puisse montrer des pieds aussi mignons que les pieds de Zoé, et pour de l'esprit, Zoé en a jusqu'au bout des ongles. » Il faut voir, quand Mlle Ursule, qui, du reste, convient de tous les travers de Mme de Sauviac, ose contester une seule des qualités dont il plaît à la tante de gratifier la nièce, il faut voir de quel air on accueille ses observations! Et Dieu sait si Mlle de Fouzilhon aime Mlle de l'Hospitalet, une parente pauvre, devenue sa compagne depuis plus de vingt ans ! Un jour, Mlle Nobilie m'entretenait de Mme de Sauviac, sujet toujours présent à sa pensée. « Cette Zoé, que Dieu m'a infligée comme un châtiment de mes péchés, me disait-elle, a une âme de papillon tourbillonnant dans le pré on ne sait après quelle fleur... » Ah ! si Mlle de Fouzilhon la connaissait, la fleur que désire Zoé, comme elle irait vite la lui cueillir !

— Vous l'avez vue, vous, ma mère, Mme de Sauviac?

— Si je l'ai vue ! Il ne se passait pas de jour qu'elle ne vînt caqueter chez ta tante Angèle, quand ta tante Angèle habitait Montpellier.

— Comment est-elle?

— Charmante, fine, élancée. Sauf des cheveux blonds qu'elle tient de sa mère, morte en la mettant au monde, elle est tout le portrait de son père, le général marquis de Fouzilhon. Et quelle langue bien pendue !...

Nous étions devant la grille du Peyrou, le plus bel endroit de Montpellier. J'entre sans trop savoir où je vais, la tête étourdie par ce que je viens d'entendre.

— Alors, tu ne me suis pas à la préfecture? me demande ma mère.

Je ne m'explique aucunement mon état ; mais je voudrais être seul, vaguer seul à travers la promenade du Peyrou.

— Au fait, reprend-elle, j'ignore combien de

temps je puis être retenue dans les bureaux, et tu pourrais m'attendre ici. Dans le cas où je ne t'aurais pas rejoint vers les quatre heures, tu rentrerais rue des Carmes.

Je bredouille trois syllabes, et ma mère s'éloigne rapidement.

La partie haute du Peyrou, balayée par un vent frais d'automne, qui souffle ici avec une certaine force, est déserte. Les habitués se sont réfugiés dans les allées inférieures de la promenade, exposées au soleil. Enfin, je marche librement. A plusieurs reprises je regarde là-bas, vers le faubourg Boutonnet, un cube de pierre énorme qui encombre l'horizon. Ma mère, la première fois que nous avons visité le Peyrou, m'a dit que c'était le grand séminaire... Le grand séminaire!... Je ne suis pas encore encagé, et déjà la cage me pèse. Si, comme certains oiseaux sauvages de nos montagnes, j'allais être trop difficile à apprivoiser, et, ne pouvant briser mes barreaux, je préférais mourir que de recevoir une becquée malsaine pour moi?...

Je hâte le pas pour échapper aux suggestions de l'esprit malin. Je gravis les marches du Château-d'Eau; j'admire les sculptures du fronton, où s'enroulent des filets chargés de poissons tout frétillants, tout vifs; je considère ébahi les arcades superposées de l'interminable aqueduc; j'écoute le bruit de l'eau tombant dans le bassin qui la distribuera à travers la ville. Hélas! rien n'y fait: le Démon, acharné à ma perte, continue à m'insinuer de mauvaises pensées... Aussi pourquoi, tout à l'heure, courir au-devant de la tentation? Quel besoin avais-je d'interroger ma mère? Est-ce que Mme de Sauviac a le droit de m'occuper, moi qui suis à la veille de quitter le monde, qui ne connais pas la nièce de Mlle de Fouzilhon, qui probablement ne la connaîtrai jamais? Le serpent m'a soufflé son premier mot empoisonné devant la psyché de la comtesse, quand ce Prunières m'essayait sa malencontreuse soutane, et depuis il n'a cessé de m'empester de son haleine. A la fin!...

Je me suis assis sur un banc de pierre et, dans ma détresse, mes lèvres ont murmuré le *Pater*.

Avec quelle foi j'ai appelé à mon aide « notre Père qui est aux cieux! » Ah! si j'avais osé tomber à genoux et, par ma prosternation, hâter le vol de ma prière! N'importe, on m'a entendu, car il s'est fait en moi un apaisement subit. Toute vision dangereuse s'est évanouie, et mes yeux, coup sur coup, se détournant des fantômes qui les avaient séduits, se sont arrêtés ravis aux réalités de la création, qui sont « l'ouvrage de Dieu. » La mer développant là-bas, à ma droite, du côté de Cette, sa ligne bleue indécise et voilée, me touche médiocrement; je m'attache de préférence au paysage abrupt des montagnes, étageant, là-haut, à ma gauche, du côté de Saint-Martin-de-Londres, leurs masses de granit jusqu'aux nuages. Florien, que Mlle de Fouzilhon a attaché à ma personne, au retour d'une visite à l'église Sainte-Eulalie, sous le Peyrou, m'a désigné par leurs noms les villages enfouis aux anfractuosités du pic Saint-Loup, le point le plus élevé de cette chaîne, où « Mademoiselle » possède dix métairies. C'est enfantin, cela : parmi ces noms, il en est auxquels je découvre je ne sais quelle grâce pittoresque, par exemple « les Matelles, la Roquette, Triadou. » Mon œil suit la crête onduleuse, crevant à tout propos le ciel de ses pointes aiguës. Cette crête rude descend toujours davantage vers la plaine, et s'arrête. Tiens! voilà un roc isolé qui m'a bien l'air du roc de Cabrières. C'est Cabrières, car je démêle non loin de là le plateau brunâtre de Caroux. Et dire qu'entre ces deux blocs se trouvent Bédarieux, la Tuilerie, la Grange-du-Pin, ou, si l'on veut, Éléonore Trescas, Marthe Vanneau, Marie Vidal!...

Une peur entre-choque mes genoux. Je me lève et regagne vivement la rue des Carmes. Il est plus de quatre heures sans doute; ma mère doit être rentrée.

Je touche à l'hôtel Fouzilhon, tout haletant. Le doux abri que cette immense maison noyée dans l'ombre de la cathédrale, faisant face au palais épiscopal! En vérité, c'est ici le « port du salut. » Je me croise dans l'escalier avec

M. Prunières, qui s'incline jusqu'à terre et s'esquive. Je ne le rappelle pas : il voudrait me ressayer la soutane et je me sens mal disposé en ce moment. Ma chambre reçoit les reflets de la rosace de Saint-Pierre touchée par le couchant ; elle s'en trouve illuminée... J'éprouve une fatigue énorme... Mes yeux se ferment... L'âme et le corps sont harassés... Que je dormirais volontiers ! Si je cédais à une envie irrésistible ? Il est trois heures à la pendule, et ma mère n'est pas près de revenir...

On chante ?... Mais oui, on chante... Les yeux mi-clos, j'écoute. Malheureusement, la voix claire et haute que je viens d'ouïr se tait à présent. Qu'elle était vive, alerte, cette voix ! Un jet des Douze, à son jaillissement du roc, n'a ni plus de limpidité ni plus de fraîcheur. Juste, la voilà qui reprend :

> « J'aime du vin
> Le jus divin ;
> Mais si Lisette,
> D'un œil malin,
> M'invite un brin,
> J'aime Lisette
> Plus que le vin. »

Le premier vers de ce couplet n'avait pas pris son essor, car les notes montaient de la cour dans ma chambre avec des bruits d'ailes, que je sautais à ma fenêtre. Le chanteur est un jeune homme d'une vingtaine d'années : perché là-bas sur une échelle double, un pinceau baveux au bout des doigts, il peint les ferrures des volets du rez-de-chaussée et s'en donne à gosier que veux-tu. J'ai rencontré maintes fois ce garçon vaguant avec les autres ouvriers employés aux réparations de l'hôtel, et j'ai entendu l'important M. Bringuier, qui commande l'escouade, l'appeler « Théodore. » Théodore, quoique trapu, est bien pris dans sa taille d'une souplesse robuste ; mais ses traits pâles, heurtés, sont déplaisants. Ce qu'il a de merveilleusement beau, par exemple, c'est sa chevelure, une toison ardente, déroulant des anneaux de feu sur ses épaules, le long de son dos. Tandis que, sans nul effort, ce ténor de nos rues méridionales, où les ténors abondent, lance jusqu'au ciel des éclats pleins et vibrants, je le vois par une caresse très douce de la main rejeter de temps à autre les ondes épaisses de ses cheveux qui l'inondent à flots. Ah ! le fat !

— Voulez-vous vous taire, monsieur Théodore ! voulez-vous vous taire !

Qui a parlé? Tiens ! c'est Julette, plantée à la porte de la lingerie. Cette porte étroite de confessionnal, à plein cintre, avec un auvent pour la protéger du soleil, encadre très gentiment le minois fin, déluré de la petite bonne, qui s'avance et se retire tour à tour par un jeu d'agaçante coquetterie. La fillette, vêtue d'une robe noire sur laquelle un tablier blanc à bavette tranche vigoureusement, avec ses yeux un peu enfouis, son nez mince, pointu, provocant, m'a tout l'air d'une hirondelle attendant sa becquée sous le rebord d'un toit. Théodore a laissé tomber son pinceau au baquet, a sauté de son échelle, et, marchant sur la pointe des pieds, se dandinant, faisant des mines, des gestes aimables, s'avance en tapinois. Mais l'hirondelle, qui a suivi tant de manèges du coin de son œil fin, se rencogne dans son nid.

— Julette! Jelette! gémit d'un ton d'affliction comique ce rutilant passereau de muraille appelé Théodore par M. Bringuier.

On ne répond pas, et la lingerie reste fermée.

— Julette! Julette! reprend-on.

Personne ne bouge.

— Julette! Julette! repart Théodore, faisant toc! toc! à la porte, comme le loup dans *le Petit Chaperon rouge*.

Une fente apparaît au bas du mur; c'est la porte de la lingerie qui s'entre-bâille discrètement. Dans le fond, tamisé par une ombre tremblotante, le minois pâle de la fillette apparaît souriant.

— Viens! viens! dit-il.

— Non! non! dit-elle.

— Tu sais bien que « Mademoiselle » est sortie...

— Ça n'est pas à cause de « Mademoiselle » que je ne viens pas.

— A cause de qui?

— A cause de vous...

— De moi?

— Vous me faites peur...

— Si tu ne viens pas, je chante.

— Chantez !

Lui, se campant sur les hanches, d'une voix qui va battre les murailles de cette vieille cour où frissonnent les pampres flétris d'une antique treille de raisins muscats, jette cette strophe au soleil couchant :

> « J'aime la vie
> A la folie !
> Mais si Lison,
> Fraîche et jolie,
> Me fait envie,
> J'aime Lison
> Plus que la vie. »

Dès le troisième vers, Julette était plantée au seuil de la lingerie large ouverte, droite, étirée sur le bout des orteils, écoutant. Elle avait un air charmé qui ravissait Théodore et communiquait à son chant une force, une grâce incomparables. Moi, tout en ne perdant pas un mot, ainsi que la petite bonne de Mlle de Fouzilhon, je pensais, j'imaginais, je rêvais. Il me semblait, comme cela m'était apparu à la Tuilerie, un jour que, de tous mes yeux, de toute mon âme envolée, je suivais Éléonore Trescas travaillant à l'aube naissante, il me semblait que le bonheur pour moi était dans une vie humble, très humble, encore plus humble. Pourquoi m'entêter à escalader le sommet si âpre du sacerdoce, quand il serait si simple de déposer des tuiles sur une aire ou de badigeonner des volets dans une cour? S'il m'était permis de me vouer à ces besognes obscures, qu'un regard de jeune fille ennoblirait, monterait si haut, si haut!...

Un cri coupe le fil à mes divagations. C'est Julette que Théodore, sa chanson filée, a enlevée dans ses bras et embrasse au nez des lingères et des repasseuses de Mme de Fouzilhon. Le moineau franc a donné l'accolade à sa mignonne sœur l'hirondelle.

VI

Hôtel Fouzilhon, 25 novembre 1847.

Cette première visite au couvent de la rue de la Blanquerie conserve pour moi le caractère d'une apparition. Je n'ai pas vu ma cousine Clotilde : elle m'est apparue. La fascination a commencé dès mon entrée dans le vestibule obscur de la Visitation. Tandis que ma mère échangeait quatre mots avec une sœur-domestique accroupie sur une chaise de paille, je me suis senti frôlé au visage — j'affirme le fait — par un battement d'ailes. Il se trouvait là un ange pour me recevoir, sans doute. Cela est si vrai que, les pas de ma mère hésitant à travers les demi-ténèbres de l'escalier, les miens allaient avec certitude dans un sillage lumineux dont je demeurais ébloui. Parvenu au premier étage et placé entre plusieurs portes fermées, j'ai couru à la porte du parloir que rien de particulier ne me signalait, et je l'ai ouverte d'une poussée, délibérément.

— On croirait que tu es venu ici cent fois, m'a murmuré ma mère.

Je n'ai pas répondu. Je ne pouvais pas répondre. Enlevé à des hauteurs incommensurables, près des nuages, je n'appartenais plus à la terre, et j'étais incapable de parler.

Nous nous asseyons dans le parloir. O joie ! nous sommes seuls... Nous attendons... Je promène des regards curieux de tous côtés. Devant nous, occupant le fond de la pièce étroite, plus longue que large, une vieille boiserie minutieusement essuyée, on dirait fourbie, a des luisants de miroir qui obligent ma mère à pencher la tête. Moi, j'affronte ces fulgurations sans en être le moins du monde incommodé. C'est dans ce cadre fait de lumière que ma cousine Clotilde, des religieuses de la Visitation de Notre-Dame, va se montrer, et la chose ne me surprend aucunement. N'est-il pas naturel qu'un monastère reçoive un reflet du ciel, auquel il doit ressembler? Il en sera ainsi du grand séminaire, j'en suis convaincu. Les murailles autour de nous, blanches, propres, nettes comme les nappes de l'autel, sont marquées d'inscriptions en petites lettres allongées, maigres, ascétiques :

« Je suis la Voie, la Vérité et la Vie. »

« Celui qui me suit ne marche pas dans les ténèbres. »

« Celui qui chérit sa cellule y trouvera la paix. »

« Je me suis éloigné, j'ai fui, et j'ai demeuré dans la solitude. »

La boiserie grince. Un volet glisse dans une rainure. Ma mère se lève. La sœur converse rencontrée à la porte nous soupire :

— On va venir.

Je plonge des yeux indiscrets. Par une fenêtre ouverte je découvre, là-bas, des branchages entremêlés. Les cimes roussies d'une allée de tilleuls s'agitent. Le parloir intérieur confinant aux cellules des Visitandines donne sur un jardin. Il monte des odeurs balsamiques... O solitude parfumée !... De cet endroit où la nature mourante d'automne donne un dernier sourire aux pauvres cloîtrées de saint François de Sales et de sainte Jeanne de Chantal, nous arrivent de vagues murmures de prière ; puis nous entendons un chant de cantique qui s'éloigne, s'éloigne, s'éloigne toujours... Je retiens ma respiration... La sœur converse introduit une petite clef brillante au trou d'une serrure, et une religieuse surgit au même instant dans le demi-jour du parloir.

— Ta cousine, me chuchote ma mère.

Je l'aurais reconnue entre mille, tant elle ressemble à son frère, Pierre Sicard, lequel, depuis la mort de mon oncle, dirige la maison Sicard et fils, de Bédarieux. Ce sont les mêmes yeux noirs, le même nez légèrement aquilin, les mêmes lèvres serrées, le même front volontaire, entêté; seulement tout cela, qui, sans être dur chez mon cousin, ne dénonce pas un naturel des plus bienveillants, des plus commodes, se trouve tempéré, adouci chez ma cousine par je ne sais quelle pâleur transparente, quelle grâce idéale qui lui imbibe tout le visage, l'enveloppe d'une sorte de resplendissement très doux. Je n'en saurais douter, dans la solitude où elle vit, le céleste Époux, qui a dû la visiter souvent, a pris ses traits un à un, les a remaniés, les a repétris, leur a insufflé cette beauté qui me frappe, cette beauté que la terre ne connaît pas, qui est le sceau imprimé par Dieu même à la perfection de la chair. — Quel âge a-t-elle? Je ne sais trop. Trente ans, peut-être. — Elle vient à nous paisiblement, très paisiblement. Elle ne se hâte pas plus qu'on ne se hâte au ciel où l'on a l'éternité devant soi. Dans mon impatience, je voudrais m'assurer si ses pieds bougent; mais sa longue robe balaye le sol et recouvre ses pieds complètement.

— Bonjour, tante Rose.

C'est elle qui a parlé, en touchant la boiserie qui nous sépare. Sa voix est des plus faibles.

— Bonjour, Clotilde, répond ma mère. Comment vas-tu, ma chère enfant?

— Comme il plaît à Dieu, tante Rose: très bien... Et tante Angèle?

— Toujours vaillante pour son âge.

— Alors, vous m'amenez Ferdinand?
— Le voici.

Ma cousine se penche vers moi. Le bandeau noir qui lui ceint le front, la barbette blanche qui lui enveloppe le cou effleurent la cloison de chêne. Son visage mince, éclairé tout exprès pour moi d'un sourire céleste, passe presque au travers des barreaux fixés dans l'ouverture du volet. Je lui souris à mon tour, et, succombant à un attrait irrésistible, les lèvres avides d'un baiser qui sera pour mon âme défaillante une manière de communion mystique où elle puisera la vaillance dont elle a besoin, je m'incline pour l'embrasser. Ma mère s'interpose et ma cousine recule.

— Excuse-le, ma chère Clotilde...

La Visitandine, les joues moins pâles, demeure interdite.

— Il connaît par Angèle, par moi, tes bonnes dispositions à son égard, reprend ma mère, et c'est dans un mouvement de reconnaissance que... D'ailleurs, tu es sa proche parente, après tout...

Elle s'arrête, à bout de souffle. Ma cousine n'a pas un mot. Un doigt appuyé sur ses lèvres comme pour les clore plus fermement, elle nous regarde, à présent ma mère, à présent moi. Sa robe a des plis droits, secs, durs ; on dirait des plis de pierre ou de bois. L'impassibilité de cette attitude me fait mesurer la profondeur de l'égarement où je suis tombé à mon insu ; mon cœur, où les remords s'accumulent, se fend, crève sous l'effort, et des torrents de larmes s'échappent de mes yeux.

Ma cousine m'appelle.

— Mon ami, me dit-elle, tout est arrangé pour que tu te trouves on ne peut mieux au grand séminaire. M. le chanoine Pommerol, aumônier de la Visitation, a vu M. le supérieur Baudrez, qui t'attend et te fera bon accueil. Que Dieu te fortifie dans tes résolutions! Je prierai pour toi... Vous savez, tante Rose, Ferdinand m'appartient, et je demande à m'occuper de lui exclusivement, ajoute-t-elle d'une voix séraphique. Je ne lui défends certes pas, quand il obtiendra des heures de sortie, d'aller rendre ses devoirs à Mlle de Fouzilhon, à laquelle tante Angèle l'a recommandé; mais je le prie de ne pas négliger la Visitation...

— Certainement, certainement.... répète ma mère, trop émue pour trouver de longues paroles.

La sœur-domestique, pelotonnée derrière la boiserie, se dresse debout.

— A bientôt donc, Ferdinand... Au revoir, ma tante...

Cela nous arrive mêlé au bruit du volet qui se referme. La vision s'est évanouie.

Il fait nuit dans le parloir. Nous avons quelque peine à gagner l'escalier.

QUATRIÈME CAHIER

I

Grand Séminaire, 27 novembre 1847.

Ma mère n'avait pas tiré la chaînette ballant à la porte du grand séminaire, que cette porte s'étalait à plein battant, et nous nous trouvions en face d'un jeune abbé empressé, nous faisant des salutations sans fin. Je ne rencontrai de la vie figure plus avenante.

— Vous, monsieur Martinage! s'est écriée ma mère très agréablement surprise.

— Mlle de Fouzilhon, qui m'honore de sa bienveillance, m'a fait prévenir par Florien que vous viendriez cette après-midi avec M. Ferdinand, et je me suis posté chez le concierge pour me mettre à votre disposition. Un usage ancien ne permettant guère aux dames de pénétrer en l'intérieur du grand séminaire, Mlle de Fouzilhon croit que je pourrais accompagner M. Ferdinand jusque chez M. le supérieur...

Et, me prenant une main :

— Justement, M. le supérieur est dans son cabinet et, s'il vous plaît de vous confier à moi, mon ami...

— Je me confie à vous avec joie, monsieur l'abbé, ai-je répondu, ravi de rencontrer dès mon premier pas tant de bonne grâce et ne pouvant m'empêcher de songer à l'ange invisible qui, dans le vestibule de la Visitation, avait éclairé mon chemin. Cette fois, l'ange était là ; je le voyais.

M. l'abbé Martinage a ouvert une première porte, puis une deuxième. Nous nous sommes engagés à travers un vaste corridor, sonore comme un cloître, éclairé par de hautes fenêtres donnant sur une cour intérieure, meublé de bancs en bois de chêne scellés aux murs.

— C'est ici notre salle de récréation quand le temps est mauvais, et c'est ici que nous recevons nos parents le dimanche, nous dit notre guide.

Au moment de soulever le loquet d'une troisième porte, il a, par un geste aimable, invité ma mère à s'asseoir.

— M. le supérieur n'aime pas les longs discours et nous ne tarderons pas, madame, à vous rejoindre.

Un escalier de pierre déroule devant moi ses belles travées spacieuses. Je n'avais pas gravi dix marches, que je me suis arrêté. J'étais rendu.

— Notre petit cœur bat donc trop fort? m'a demandé M. Martinage... C'est toujours ainsi quand on entre. Parbleu! on préfère vivre en plein air que renfermé dans une maison, cette maison serait-elle une maison de grâces et de prières. C'est peu religieux, ça, mais c'est humain... Tenez, moi qui vous parle, je suis sous-diacre; j'ai des raisons de croire que je prendrai le diaconat à la Noël de cette année et la prêtrise à la Trinité de l'an prochain : eh bien! les vacances finies, je ne suis pas content et je voudrais les recommencer.

— Vous êtes né peut-être dans la montagne cévenole, et vous regrettez les courses libres?

— Pas le moins du monde! Je suis né rue des Carmes, en plein quartier de la Cathédrale, à Montpellier; de plus, mon père, qui tient un débit de vins au Cours des Casernes, occupe la maison la plus bruyante de la ville, farcie de soldats de tous les régiments. Que voulez-vous? je me suis fait à ce vacarme de notre buvette, lequel n'est pas toujours des plus édifiants, et il m'arrive parfois de trouver le grand séminaire bien muet, bien silencieux...

— Moi, j'aime le silence.

— Tant mieux! Vous allez être servi à souhait.

Nous nous étions remis en marche et avions atteint le premier étage de l'immense bâtiment. L'abbé Martinage a frappé un coup à une porte.

Le P. Baudrez, religieux lazariste, supérieur du grand séminaire, m'a accueilli avec bienveillance. La longue figure osseuse de ce vieillard robuste ne respire pas précisément la bonté; mais, comme chez M. l'abbé Laroche, l'ancien directeur de mon oncle Fulcran, une abondance de cheveux blancs et gris lui retombant de chaque côté de la tête tempère ce qu'aurait de trop dur sa physionomie d'ascète, qu'on croirait taillée, évidée au couteau. Après quatre paroles que mon effroi m'empêchait d'entendre, me voyant devant lui tremblant, terrifié, il m'a embrassé, puis m'a invité à m'asseoir. Mais il a fallu que M. Martinage me tendît un siège, car, si une sorte de saisissement avait paralysé mes oreilles, il avait aussi paralysé mes yeux. Alors, rendu à moi-même par une indulgence qui me pénétrait, j'ai entendu, très clairement entendu le P. Baudrez me parler des notes excellentes que lui avait transmises sur mon compte M. le supérieur du petit séminaire de Saint-Pons, puis faire une allusion délicate à l'intérêt que prend à mon avancement spirituel la sœur Clotilde, de la Visitation...

— M. l'économe vous remettra la clef de votre chambre, a-t-il ajouté en manière de conclusion.

Il a levé la main et a murmuré :

— *Pax tibi!* Que la paix soit avec vous !

Ma mère, l'abbé Martinage et moi, nous avons à plusieurs reprises monté, descendu, remonté, redescendu le cloître du grand séminaire, large promenoir où dix personnes marcheraient de front. M. Martinage, la langue en train ainsi qu'une bartavelle des monts d'Orb dans les blés mûrs, babillait, babillait, ne cessait de babiller. — Que babillait-il ? Je ne sais. — Ma mère me regardait à la dérobée, et c'était aux regards de ma mère que j'étais attentif. J'aurais bien voulu que le protégé de Mlle Nobilie de Fouzilhon s'éloignât un moment : sa bouche qui ne tarissait pas, sa gaieté qui à tout propos partait en éclats de rire retentissants, m'importunaient à la fin. Mais comment trouver un mot, et quel mot trouver pour arrêter pareils débordements ? Si l'abbé Martinage prenait le parti de se retirer, que de choses consolantes je dirais à ma mère près de me quitter !

Dieu a eu pitié de ma mère et de moi. Soit que la contagion de notre silence obstiné l'eût gagné, soit qu'à la longue il fût à bout de salive, notre bavard insupportable nous donnait trêve depuis cinq secondes et peut-être méditait-il de battre en retraite, quand une circonstance toute fortuite l'y a décidé brusquement.

— Privat ! Privat ! s'est-il écrié, appelant un séminariste qui s'en allait d'un pas recueilli à travers le corridor.

M. l'abbé Privat est demeuré fixe, s'est retourné, est venu à nous. C'est un ecclésiastique d'une trentaine d'années, petit, maigre, chétif, on dirait diminué, avec des yeux noirs énormes dans un visage pâle et triste.

— Mon cher Augustin, je te présente l'abbé Ferdinand Fabre, dont je t'ai entretenu déjà, lui dit M. Martinage d'un ton de respect qui m'a frappé. Tu n'as pas oublié, je pense, que tu m'as promis d'être son ami.

M. Privat s'est incliné devant ma mère et, d'une voix hésitante, a murmuré :

— Si je puis quelque chose, madame, pour adoucir les premières épreuves de votre fils, parfois si cruelles, veuillez, je vous prie, compter sur moi.

— Des épreuves..., des épreuves..., a répété le protégé de Mlle de Fouzilhon avec un haussement d'épaules.

L'abbé Privat était loin. L'abbé Martinage nous a fait une révérence qui a plié en deux son corps solide, souple et fort, et s'est hâté de rejoindre son ami.

Quel soulagement ! Nous nous sommes assis en un coin, sur le banc le plus reculé... Qui croirait qu'une fois seuls, ma mère et moi, nous sommes demeurés un long moment aussi silencieux que tout à l'heure, quand M. Martinage nous harcelait de ses bavardages et de sa bonne humeur? Nous nous tenions les mains cependant, et c'était pour moi une jouissance indicible.

— Alors, M. le supérieur a été bon? a-t-elle fini par me demander.

— Très bon, très bon...

— Tu nous écriras souvent?

— Oui, souvent.

— Il est bien certain que, si tu t'ennuyais trop...

— Je ne m'ennuierai pas. Je ne veux pas m'ennuyer. Dieu est ici.

— Enfin, si Dieu ne te suffisait pas...

La porte du fond du corridor s'est ouverte avec fracas. L'abbé Martinage a reparu.

— Le P. Lamolinairie, notre économe, vous attend pour vous conduire lui-même dans votre chambre.

J'ai accompagné ma mère jusqu'à la porte de sortie. Aussi bien il valait mieux nous séparer tout de suite, abréger notre martyre. Elle m'a retenu un moment dans ses bras, et, tout en me serrant à m'étouffer, elle me répétait :

— Tu me diras bien la vérité dans tes lettres, tu me la diras tout entière... Ta tante Angèle ne saura rien...

J'ai franchi le seuil avec elle, et mes yeux l'ont suivie sur la route poudreuse du faubourg Boutonnet. Elle ne s'est pas retournée une fois. Je n'avais pas beaucoup de courage ; mais qui sait si elle n'en avait pas encore moins que moi? Les mères aiment tant qu'elles peuvent dissimuler tout... Oh! les mères! oh! la mienne!...

II

Grand Séminaire, 28 novembre 1847.

Une joie, une vraie : je ne couche pas dans un dortoir comme à Saint-Pons. J'ai une chambre, une chambrette très propre, très recueillie, sur une cour. Si, de ma fenêtre, j'apercevais un peu d'eau, quelque ruisselet pas plus large que le doigt me rappelant le bief des Douze, je pourrais me croire à la Tuilerie parmi les amoncellements de briques, de tuiles, de carreaux. Je considère toutes choses autour de moi, et je suis enchanté : une couchette en fer avec couvre-pied d'indienne piqué à l'aiguille de dessins bizarres, tombant au sol ; une chaise de paille de forme rustique comme on en voit dans tous les villages de la montagne, à Camplong principalement ; une bibliothèque de cinq rayons, un minuscule bénitier en faïence à fleurs bleues surmonté d'un crucifix de bois noir... Dans l'espèce de contentement où me mettent tant et tant de découvertes, je lève les deux mains vers le divin Sauveur, puis je prends de l'eau bénite, en asperge les murailles de ma nouvelle demeure. Cela fait, je me signe pieusement, et ces mots que j'ai cent fois entendu chanter par le chœur à Saint-Pons, ces mots sur lesquels l'abbé Antoine Labatut avait composé une musique charmante, me viennent aux lèvres : « *Domus mea domus orationis vocabitur...* »

Florien a fait porter ma malle par un commissionnaire. Elle est là sous une petite table de sapin qui achève mon mobilier. Je ne sais pourquoi j'hésite à l'ouvrir. Singulière nature que la mienne ! je suis heureux et j'ai peur. — Peur de quoi ? Peur de tout. — L'abbé Privat a parlé à ma mère d'épreuves qui peuvent être cruelles. Il est bien entendu que, si j'ouvre ma malle et m'installe, je suis décidé à affronter ces épreuves, cruelles ou non. Y suis-je décidé ? Mon ange gardien, qui m'a sauvé l'autre jour, au Peyrou, quand le Démon m'enveloppait si ardemment, me pousse la main, et le couvercle de ma malle est soulevé.

Oh ! ma soutane neuve, mon surplis neuf, mon bonnet carré neuf, ma ceinture neuve, mes rabats neufs ! Je retire chaque pièce de ma garde-robe ecclésiastique et la couche sur mon lit tout du long. J'use de précautions infinies pour qu'aucun objet ne soit froissé. Ces divers vêtements étant ma propriété exclusive, je pourrais ne pas y mettre tant de façons. C'est plus fort que moi : tandis que je me livre à cette besogne de déballage non sans plaisir, il me semble parfois que cette défroque d'un nouveau genre appartient à un autre, à Alonzo Vargas, par exemple, qui viendra la reprendre, auquel je serai tenu de la restituer... Ah! mes *Confessions* de saint Augustin parmi les chemises! J'enlève le livre, le baise avec amour. Que de grandes, de sublimes pages lues, relues, que je sais par cœur! Je vais trouver une phrase, un mot qui me redressera sur pieds, car je chancelle presque. Je tombe sur le feuillet 101, et ces lignes désespérées me sautent aux yeux :

« Je portais mon âme déchirée et sanglante, impatiente de se laisser porter par moi, et je ne savais où la poser, *Portabam enim conscissam et cruentam animam meam, impatientem portari a me, et ubi eam ponerem non inveniebam.* »

III

Grand Séminaire, 8 décembre 1847.

Si je suis demeuré sans parole, sans voix, anéanti de respect et de crainte devant M. le supérieur Baudrez, je me dédommage, durant les récréations, avec les PP. directeurs, qui m'ont accueilli le sourire aux lèvres. L'un d'eux s'est montré plus particulièrement empressé de m'attirer à lui, le P. Laplagne, grand, très distingué, avec une belle figure allongée, où rayonne une bonté supérieure, la bonté dont j'aurai besoin. Il est professeur de *Dogme*. Aujourd'hui il m'a arraché aux abbés Martinage et Privat, qui soutiennent mes débuts dans la carrière, m'a pris à part et m'a interrogé très affectueusement sur mes dispositions intimes, sur ce qui touche à ma vocation. Cédant à un mouvement de franche gaieté, il a poussé l'indulgence jusqu'à faire quelques pas devant moi pour m'apprendre à marcher avec ma soutane. Je me trouve, en effet, fort empêché dans ce vêtement peu commode ; je vais avec les balancements, les cahots d'un pierrot sur la neige, en janvier. Pauvre pierrot ridicule !...

Le P. Laplagne, de ses propres doigts, a mis en place mon rabat mal attaché autour de mon cou. Moi qui m'entendais si bien à nouer ma cravate ! En daignant condescendre à ces minuties puériles, le professeur de Dogme a articulé des mots qui me sont allés à l'âme de plein vol. Je compte choisir le P. Laplagne pour confesseur.

Assurément je ne chargerai pas le P. Peyrac, professeur de *Morale*, de démêler les affaires embrouillées de ma conscience. Ce P. Peyrac, avec sa physionomie mobile, très spirituelle, sa parole vive et moqueuse, n'aurait qu'à me lancer un des lardons dont ses lèvres sont coutumières, et je serais perdu, perdu sans retour. L'ironie est une arme que le P. Peyrac manie avec une dextérité dangereuse pour moi, et cette arme toujours hors du fourreau me rend le professeur de Morale redoutable entre tous nos directeurs. Je lui conseille de ne me traiter jamais comme, hier, il a osé traiter l'abbé Privat.

C'était à la méditation de six heures du matin. Nous étions tous à genoux dans la vaste salle qui s'allonge derrière le chœur de la chapelle. Le P. Peyrac, directeur de semaine, présidait. La prière dite, il se met debout sur le marchepied de sa stalle, une manière de trône élevé de plusieurs marches, et, se tournant vers la travée de gauche, où je suis prosterné entre les abbés Privat et Martinage :

— Monsieur Privat, dit-il, comme matière de méditation veuillez développer, je vous prie, ce texte du Psalmiste : « Prenez-moi, Seigneur, selon la parole que vous m'en avez donnée, et je vivrai ! *Suscipe me, Domine, secundum eloquium tuum, et vivam !* »

Obliger Privat à commenter ce verset du Psalmiste était cruel. Je suis ici depuis huit jours à peine et je sais, avec tout le monde, en quelles perplexités d'âme atroces se débat mon malheureux condisciple. D'ordinaire, six mois seulement séparent le diaconat de la prêtrise : or, il y a quatre ans qu'Augustin Privat, de Saint-Jean-de-Fos, est diacre. Pourquoi, depuis plus de trois ans, refuse-t-il d'être prêtre, recule-t-il devant la consécration suprême? Là gît le secret d'un martyre que chacun devine, et le

P. Peyrac, me semble-t-il, agirait plus religieusement si, au lieu de lui enjoindre de nous étaler ses plaies, il respectait les scrupules de l'ami de Martinage, de mon ami. Du reste, Privat s'est gardé d'obéir à l'injonction reçue. Il s'est levé, et, du ton de Jésus implorant son Père à Gethsémani :

— Veuillez me permettre, a-t-il dit, de ne pas développer un texte qui, par les rapports que je lui découvre avec ma situation intérieure, pourrait ne pas laisser toute sa liberté à mon esprit. Dieu me « prendra » quand il me jugera digne de lui.

— Je vous ordonne, monsieur l'abbé...

— Non ! a-t-il répliqué résolument.

Le directeur de semaine en était pour ses frais de malice. Privat s'est rassis.

Si je m'adressais au P. Husson pour me diriger dans ma voie nouvelle ? Le P. Husson me plaît infiniment ; avec son front vaste, largement dénudé, ses yeux gris un peu froids mais profonds, sa haute taille mince, fine, de bouleau — un bouleau noir s'il y en avait, — il me séduit, m'enchante, m'attache à lui. Puis son langage me paraît extraordinairement pur. Encore que tous ces Pères lazaristes nous arrivent de Paris, il s'en faut qu'ils parlent tous avec la même correction, la même élégance, le même accent. Par exemple, le P. Lafont, en outre de la vulgarité de ses termes, de la tournure vicieuse de ses phrases, baragouine à peu près comme nous, pauvres méridionaux sans grammaire, comme moi qui mâchonne le français de Bédarieux ou de Saint-Pons, — un français d'Iroquois. Il faut entendre le P. Husson!...

Oui, mais le P. Husson est professeur de *Philosophie*, il est mon professeur, et peut-être, le rencontrant le matin en classe, éprouverais-je quelque embarras à le rencontrer de nouveau le soir au confessionnal? Lui-même pourrait se trouver gêné à son tour, et d'autant plus que je ne suis pas un élève brillant. Je travaille, je m'applique; mais, — cela tient-il à une agitation morale dont je ne me suis pas encore rendu maître? cela tient-il à la nature de mon esprit incapable de s'élever dans les hautes régions de la pensée? — je compte parmi les plus médiocres *philosophes* du séminaire. La *Philosophie latine* de Mgr Bouvier, évêque du Mans, m'ennuie, mais m'ennuie!... Je ne veux pas qu'au tribunal de la Pénitence, mon confesseur ou moi nous puissions apporter des préoccupations étrangères à l'étude de ma vocation. J'ai le devoir de récuser le P. Husson, et je le récuse.

Et le P. Perboyre, professeur d'*Écriture sainte*? Ce religieux, court, corpulent sans être gros, avec sa figure rougeaude où de lourdes lunettes bleues jettent des reflets fantastiques, m'inspirerait confiance, n'était sa timidité. Mais comment joindre, serrer de près le P. Perboyre, le jour venu de décharger ma conscience? Le saint homme a peur d'un salut à recevoir, tremble d'une parole à entendre, et on ne saurait le rencontrer dans un couloir sans le voir détaler du côté de sa chambre, comme une souris vers son trou. Martinage, qui suit son cours, m'a conté qu'il arrive parfois au P. Perboyre de jouer en classe le rôle de professeur muet : il écoute les leçons qu'on lui récite jusqu'au moment du coup de cloche et, la cloche sonnant, se retire sans avoir dit un mot. Avec quels éclats de rire peu séants, quels gestes peu réservés, mercredi passé, en promenade, Martinage raillait la « vergogne » du professeur d'Écriture sainte! Son petit nez rond de noisette disparaissait au milieu de ses lèvres et de ses joues soulevées. Dans le fond, encore que l'abbé Martinage m'ait habitué à une hilarité débordant au moindre propos, j'étais choqué cette fois et je lui aurais marqué ma désapprobation si une voix autrement autorisée que la mienne ne l'eût rappelé à lui-même.

— Albert! s'est écrié Privat.

Notre rieur est demeuré planté au milieu du chemin de Grabels, où nous nous trouvions.

— Je te demande pardon, mon cher Augustin, a-t-il balbutié... Voyons, tu sais bien que nul parmi nous ne respecte plus que moi le P. Perboyre, et ce n'est pas parce que je m'amuserai un brin à ses dépens...

— Tu as de singulières façons de respecter tes supérieurs ; pour mon compte, je condamne ces façons d'une manière absolue.

— Avec toi, il faudrait toujours retenir le mot pour rire.

— Il faut le retenir, en effet.

— Et quand on ne peut pas?

— Est-ce pour rire que tu as pris le vêtement noir que je te vois? Il ne t'est donc jamais venu dans l'idée que le crêpe du Calvaire nous enveloppe tous?

— Ma foi, non! ce crêpe du Calvaire ne m'est jamais venu dans l'idée.

— Eh bien, moi, je porterai perpétuellement le deuil de Notre-Seigneur Jésus-Christ.

— Que veux-tu? toi, on connaît la chose : tu as la religion triste; et moi, la chose est connue également : j'ai la religion gaie... Mais saint Augustin, ton patron, n'était pas ennemi d'une douce gaieté?

— Aie la foi, la charité, le génie de saint Augustin, et je te permettrai de rire.

— La bonne plaisanterie! la bonne plaisanterie! répéta l'autre, pouffant malgré qu'il en eût.

Privat s'élança d'un tel élan contre son ami, que j'eus peur pour lui en le voyant, chétif, sans force réelle, sauter à la gorge de Martinage, de carrure athlétique, épais et rude comme un châtaignier du Jougla. Je me précipitai pour les séparer; mais alors je fus témoin d'une scène qui, en ce moment même où je la note dans mon journal, me remplit les yeux de larmes. Privat n'avait pas saisi Martinage; c'était Martinage, au contraire, qui avait saisi Privat et le tenait embrassé, lui prodiguant les paroles les plus affectueuses, les plus touchantes.

— Tu sais bien que je t'aime et que je veux t'obéir sur un signe. Ne te dois-je pas le peu que je suis? Ma vocation, que depuis des années tu entretiens, tu réchauffes de ta parole, de ton exemple, n'est-elle pas ton ouvrage? Ah! Privat, par le sang de Jésus-Christ que tu sais aimer mieux que moi et qui te comble, malgré mes imperfections, mes travers, mes vices peut-être, ne m'abandonne pas, ne te retire pas de moi. Une légèreté de nature, qui s'amendera avec les années, ne permettra pas que je sois jamais le prêtre que tu seras bientôt; mais je te jure...

Privat lui a clos la bouche de sa main.

— Jure-moi, lui a-t-il dit, de m'aimer toujours, car ta gaieté, que je blâme aujourd'hui par une disposition d'esprit inexplicable, tu n'as pas oublié combien de fois j'ai eu besoin d'y recourir. Toi aussi, tu sais que je t'aime...

La colonne de nos condisciples, noire sur la poussière blanche, s'en allait vers la ville. Le P. Perboyre, directeur de semaine, nous a frôlés en passant.

Nous sommes restés en arrière. Martinage, maté par une émotion qui l'avait inondé comme un flot, cheminait tête baissée; moi, je tenais mes deux yeux attachés sur Privat marchant avec un sourd murmure de paroles indistinctes.
— Priait-il? Se parlait-il à lui-même à la façon des grands solitaires de l'Égypte? — Nous venions de dépasser la maison de campagne de Monseigneur, dont les beaux arbres dressaient vers le ciel, à notre gauche, des branchages secs, décharnés, quand Privat levant la main :
— La nature aussi est en deuil. Et cependant Noël approche; nous célébrerons dans quelques jours « la Grande Naissance, » comme on appelle la plus belle fête de l'année à mon village de Saint-Jean-de-Fos... Pourquoi ai-je quitté mon village? Là je vivais en paix. Dieu m'appelait... Dieu m'appelait-il?
— Oui, mon ami, Dieu t'appelait.
— Oui, monsieur l'abbé, Dieu vous appelait, ai-je insisté.
Il m'a posé une main sur l'épaule, affectueusement, tendrement.
— Mon jeune ami, m'a-t-il dit, vous avez, vous aussi, votre tourment. La tache du péché originel, atténuée en nous, non effacée, crée à chacun son supplice intime. Ce supplice est peut-être en raison des dons reçus. Il vous faut un pacificateur, un consolateur, et vous souffrez de ne pas le découvrir. Je vous observe, je vous devine, et je veux essayer de secourir

votre détresse. Je connais nos directeurs : un seul est capable de prendre en main votre vocation, toute votre vie dans ce monde et dans l'autre. Si vous voulez vous en rapporter à mon jugement, vous irez trouver le P. Laplagne et le prierez de vous conseiller, de vous guider. Le P. Laplagne est une intelligence ouverte, un cœur très noble et très haut. Il vous aimera, car on ne fait rien de bon sans amour.

— Et le P. Perboyre? ai-je osé demander.

— Le P. Perboyre, malgré des timidités de caractère qu'on lui reproche à bon droit, ne serait pas incapable de vous mener au but. Malheureusement, sa nature simple, pieuse avec une pointe de naïveté, ne m'offre pas les garanties que je réclame pour vous d'un confesseur. On m'a trop caché de choses, à moi, dès le début. Vous méritez qu'on ne vous cache rien des obligations dont vous aurez à subir le poids. Donc ni le P. Perboyre, ni les autres, ni surtout le P. Baudrez, à l'imprudence duquel je dois d'avoir fait, sans y être suffisamment préparé, le pas décisif du sous-diaconat...

— Allons, toujours tes doutes, mon cher Augustin.... a soupiré Martinage.

— Je vous y engage fort, voyez le P. Laplagne, a poursuivi Privat... Maintenant, n'allez pas croire, Ferdinand, que je cherche le moins du monde à vous détourner du P. Perboyre, le plus respectable des religieux, a-t-il repris avec une ardeur inattendue. Bon nombre de nos condisciples ne craignent pas d'appeler le professeur d'Écriture sainte le « médiocre, » le « pauvre » P. Perboyre. Pour moi, commençant à pénétrer la vanité des livres et à ne faire cas que de la vertu, toutes les fois qu'il m'arrive de rencontrer le P. Perboyre, je le salue humblement jusqu'à terre. Il me semble toujours découvrir sur sa soutane des gouttes éparses du sang de son frère, martyrisé en Chine il y a quelques années, et ce sang qui est comme le sien, me le rend sacré... Si je pouvais espérer qu'il me sera permis, à moi aussi, d'aller mourir en un coin perdu du monde pour la gloire de mon Dieu! Ah! expirer ou sous la cangue, ou sous la semelle de cuir, ou sous la meule de pierre qui vous broie les os! Expirer et voir Dieu!...

— Pourquoi n'êtes-vous pas prêtre, monsieur Privat? me suis-je écrié; c'est à vous que je me confierais, c'est à vous que je me donnerais, c'est vous que je suivrais jusqu'à la mort!

Nous touchions aux premières maisons de Boutonnet. Nos condisciples venaient de doubler le pas. Nous les avons rejoints.

IV

Grand Séminaire, 10 décembre 1847.

« Mon jeune ami, vous avez, vous aussi, votre tourment. »

Depuis notre promenade sur le chemin de Grabels, je vais me répétant ces paroles de l'abbé Privat. Assurément, quelque chose de plus profond que mes habitudes changées, que les ennuis d'une claustration étroite me trouble, m'agite. Parfois ce serait à croire qu'un point très sensible, très délicat, a été touché au fond, tout au fond de ma vie, et que ce point saigne imperceptiblement. Si Augustin Privat, initié aux tortures de l'âme, sait des nouvelles de la mienne, qu'il m'avertisse, me pose le doigt sur la plaie.

Cette nuit, j'ai fait un rêve qui peut-être me serait une lumière pour découvrir ma blessure, si d'ailleurs je parvenais, dans la veille, à ressaisir les images entrevues dans le sommeil. Malheureusement, mon esprit qui, durant l'anéantissement, la mort passagère du corps, a connu la liberté sans limites, cette liberté qui enfante des merveilles comme celle dont je demeure ébloui, est retombé sous le poids de ses chaînes, et le jour emplit de ténèbres mon cerveau où rayonnait un soleil.

Pourtant, si j'essayais, la plume à la main, de fixer mon rêve : ma rencontre, puis ma promenade avec Jeanne Magimel à travers les potagers du petit séminaire de Saint-Pons?...

Essayons.

*
* *

Il y avait au petit séminaire de Saint-Pons un abbé du nom d'Antoine Labatut. Ce Labatut, venu du diocèse de Toulouse, très protégé par M. le supérieur Dubreuil, était bien l'ecclésiastique le plus bizarre que j'aie jamais vu; et j'en ai vu un certain nombre déjà. Encore qu'âgé de trente-cinq ans environ, il ne dirigeait nulle classe, ne surveillait nulle étude; on le rencontrait sans cesse vaguant à travers les couloirs, les cours, la magnifique galerie vitrée à colonnes où, par les temps de pluie, de neige, nous prenions nos récréations. Le plus souvent il avait en mains une planchette de chêne de vingt à quarante centimètres et y sculptait une figurine de sainte ou de saint qu'il creusait à même le bois, à la pointe d'un couteau menu, très acéré; d'autres fois il tenait un violon, dont il tirait des accords qui nous groupaient attentifs autour de lui. « Encore! encore! » lui répétait-on, l'air fini. Mais lui ne recommençait jamais le morceau. Fâché d'être surpris, il levait son instrument par un geste de menace et se sauvait.

Des façons aussi étranges provoquaient de toutes parts des murmures contre l'abbé Antoine Labatut, que son corps très grêle surmonté d'une tête énorme nous faisait d'ailleurs un peu ridicule. Tandis que les élèves lui reprochaient de ne pas les amuser, les professeurs lui en voulaient de vivre en relations intimes avec M. le supérieur. « On les négligeait, on les délaissait, on les blâmait, eux, prêtres diocésains, et on le choyait, on le dorlotait, on le gâtait, lui qui n'était qu'un étranger, qui avait à peine reçu les ordres mineurs ! »

Le pauvre Labatut, harcelé par une haine ingénieuse à le piquer, un jeudi de mai, pendant une promenade au Cabaretou, sur le Saumail, s'emporta jusqu'à la folie. Un nouveau coup de fouet l'ayant cinglé trop cruellement, il sauta à la gorge de l'abbé Jurien Rollet, professeur de seconde, et manqua l'étrangler.

On devine le scandale.

Que se passa-t-il entre M. le supérieur, le professeur de seconde et notre malheureux abbé toulousain? Je l'ignore. L'explication dut être orageuse, car M. Julien Rollet quitta Saint-Pons, et Antoine Labatut, lequel habitait une maisonnette en haut des jardins potagers, contre les vieux remparts de la ville, s'y confina plus étroitement de jour en jour, ne reparut guère parmi nous.

Cette retraite me consterna. Au moment juste de l'éclat si fâcheux du Cabaretou, Labatut, qui non seulement sculptait sur bois, jouait du violon, mais était à ses heures compositeur de musique, me faisait répéter un motet de sa façon sur l'antienne de la Fête-Dieu : *Ave verum...* Notre maître de chapelle improvisé avait-il renoncé à son dessein? La solennité approchait, et la salle où j'essayais ma voix durant les récréations demeurait fermée. La Fête-Dieu serait-elle célébrée sans nous?

Peut-être Labatut ne se préoccupait-il aucunement de la brusque terminaison de nos études musicales, car, devant l'accompagner, il étudiait aussi le morceau. Pour moi, j'en avais un chagrin très vif, et je sais quelles malédictions M. Jurien Rollet, coupable de tout le mal, emporta dans la paroisse où Monseigneur venait de l'exiler.

Stimulé par la blessure de mon amour-propre, un jeudi, dix minutes avant le départ pour la promenade, je pris un parti héroïque. Ayant avisé M. le supérieur qui, après les recommandations habituelles aux élèves, regagnait son appartement au premier étage de la maison, je le suivis à pas de loup. — Qu'allais-je faire? Ma foi, j'allais tout lui raconter. — M. Dubreuil n'avait pas ouvert la porte vitrée de son cabinet, que j'y frappais délibérément.

— Entrez!

Mon cœur, trop gonflé d'ennui par une ambition déçue, creva. Je dis à M. le supérieur mon amitié respectueuse pour M. l'abbé Labatut, ma fureur quand je l'avais vu traiter indignement par M. l'abbé Jurien Rollet, la joie que j'aurais à le revoir, à l'embrasser. J'étais ému, très sincèrement ému; mais, connaissant par

Labatut lui-même en quelle amitié il vivait avec M. Dubreuil, son ancien condisciple au séminaire de Toulouse, un peu son parent si je m'en souviens bien. peut-être étais-je plus habile que touché, en essayant d'atteindre M. le supérieur à quelque endroit faible, à quelque endroit très enfoui.

— Mais on part pour Pont-de-Rach, me dit-il.

— Aussi est-ce pour vous demander de vouloir bien me dispenser de la promenade, monsieur le supérieur...

— Que vous êtes venu me trouver?... Et que ferez-vous, de deux à cinq heures, chez M. Labatut?

— Ah! monsieur le supérieur, ce n'est pas la besogne qui nous manquera!

— La besogne?... Vous avez donc une besogne avec M. Labatut?

Je restai muet.

— Parlerez-vous, monsieur!

— C'est une surprise que M. l'abbé Labatut réserve à M. le supérieur...

— A moi?

— Il vous aime tant!

— Et cette surprise?...

— Un motet de sa composition pour la Fête-Dieu...

Enhardi par un trouble que je démêlai sur les traits subitement contractés de M. Dubreuil, j'entonnai *l'Ave verum*...

— Bien, bien, mon enfant. Je vous dispense

de la promenade à Pont-de-Rach. Maintenant, je suis touché de votre affection pour M. Labatut et je vous autorise à le rejoindre, non seulement aujourd'hui, mais toutes les fois que cela ne devra pas déranger vos études. M. Labatut pourra, du reste, quand il désirera vous voir, vous faire appeler par Jean-Marie... Allez !

Je franchis deux ou trois portes, et je me trouvai au milieu des jardins du petit séminaire, sous le mur d'enceinte.

Je ressens encore ce qu'eut de délicieux mon entrée dans ces parages haut situés, absolument interdits aux élèves. Nous étions au commencement de juin, et, dans ce coin de terre perdu à l'ombre des grands murs croulants, les feuilles lentes à venir, les fleurs plus lentes à éclore, étaient partout venues, étaient partout écloses. L'air ici soufflait cent fois plus fort qu'en bas, dans les cours de l'établissement. J'en fus suffoqué, et je dus m'asseoir en une échancrure du rempart. La ville, toute la ville, se déployait devant moi, depuis le chemin des Verreries jusqu'au chemin de Riols. Le beau spectacle ! Par delà la cathédrale, je crus distinguer une manière de grand trou, une caverne d'où, par intervalles, jaillissaient des flammes. C'était « la Source, » dont le soleil touchait la surface en l'enfoncement des rochers.

Après une folle course sur Saint-Pons dormant sa méridienne au creux des montagnes, mes yeux, las d'un trop vaste horizon, se rabattirent sur le potager et s'arrêtèrent à un bouquet d'arbres fruitiers, — figuiers et cerisiers entremêlés. Les cerises rougissaient à peine; mais d'énormes figues-fleurs pointaient par-ci, par-là, quelques-unes fendillées, entr'ouvertes par le bec des oiseaux. A travers le feuillage bien portant, doucement agité, apparaissaient les ardoises moussues d'un toit. Là demeurait Jean-Marie Magimel, boulanger du séminaire, et là demeurait Antoine Labatut. Le charmant réduit! et que je l'eusse habité volontiers, passant ma vie à chanter des antiennes, des hymnes, des cantiques, à répéter l'*Ave verum* de la Fête-Dieu!...

Tiens! les premières notes de l'*Ave verum* qui traversent les branches et m'arrivent! C'est lui, c'est Labatut qui prélude. Je m'élance vers la maison, quand un chant, passant dans les feuilles des figuiers, me coupe les jambes brusquement. Je demeure planté. De mes deux yeux braqués je cherche la fauvette qui, par là, picore en ramageant. Mais non, ce n'est pas la voix d'une fauvette: c'est une voix tout aussi fraîche, tout aussi souple, mais plus forte, plus nourrie. — Quelle voix? Alors, M. Labatut, désespérant de me retrouver, a découvert dans la ville un chanteur plus habile, mieux doué que moi? — Des larmes de dépit me jaillissent des yeux, et, ne pouvant me déprendre de l'*Ave verum*, ne pouvant supporter de l'abandonner à un autre, je crie à tue-tête, presque à mon insu :

— Monsieur l'abbé! monsieur l'abbé!

— Toi! toi! me répond-il, paraissant à une fenêtre.

Je dévore mon maître des yeux. Il me regarde. Il me sourit. Allons, rien n'est perdu peut-être.

— Monte, mon enfant! me dit-il.

On devine si je me fais prier. Un petit escalier, blanc de farine répandue, un véritable escalier de meunier déploie devant moi ses margelles de frêne. Je l'enfile et rencontre tout en haut l'abbé qui, les mains embarrassées et de l'archet et du violon, trouve moyen néanmoins de m'embrasser.

— Le motet marche bien, me souffle-t-il.

Je le suis dans je ne sais quel galetas plein de soleil, saupoudré de fine fleur de froment qui s'abat du plafond, des murailles, surtout d'une immense caisse de sapin disjointe qui occupe le fond de la pièce. Je demeure abasourdi, les yeux arrêtés aux grandes toiles d'araignées tombant des poutrelles, longues, flottantes, plissées comme des manches de surplis.

— Tu vas entendre, me dit-il.

La partition est installée sur un des pupitres de la chapelle, apporté ici. Labatut, dont la grosse tête rayonne, épaule son instrument, et l'archet en effleure les cordes. Au même instant, la voix de fauvette déjà entendue vibre, vibre encore, s'élance. Les figuiers, les cerisiers entrent dans le grenier par les fenêtres ouvertes; mais je ne perçois nul oisillon à travers les branchages. J'écoute des deux oreilles : je veux savoir d'où part cette voix, plus faible assurément que la mienne, mais cent fois plus déliée, plus riche dans sa ténuité, plus aiguë dans sa souplesse admirable. Le chant séraphique qui me tient immobile, comme paralysé à côté du pupitre, vient, me semble-t-il, de derrière le coffre de sapin enveloppé là-bas d'un nuage. Ma foi, je ne tiens plus à ma curiosité et, le violon laissant tomber la note, ce qui annonce la fin du morceau, je me précipite hardiment.

La délicieuse, l'extraordinaire, la terrible surprise! Une jeune fille, une fillette mince, éclatante, flexible, parfumée, pareille à un de ces rameaux de lilas blancs épanouis aux quatre coins du jardin, se tient là debout contre une haute escabelle, manœuvrant une manivelle dont le prolongement est engagé dans le grand buffet de sapin. Elle chante en tournant la meule et, par intervalles, ouvre sur moi deux yeux bleus rieurs, remplis d'un étonnement enfantin. Je lui souris à mon tour, ne sachant guère où j'en suis, ce que je fais, cédant à cette apparition qui me met de plain-pied avec elle, me comble d'un bonheur que je ne comprends pas et qui me remplit à m'étouffer...

— Jeanne! appelle quelqu'un du dehors.

Je reconnais la voix de Jean-Marie Maginnel.

cette voix dure qui, au petit déjeuner, quand je réclame un deuxième morceau de pain, me répond brutalement : « Vous en avez assez comme ça. »

La jeune fille disparaît. Nous nous trouvons nez à nez, fort penauds, Antoine Labatut et moi.

— Ah! ce Jean-Marie !... gémit l'abbé.

— Qu'est-ce qu'il veut, Jean-Marie ?

— Sa fille possède une voix ravissante, comme tu en as pu juger. Quand je lui ai demandé Jeanne pour l'exécution de mon *Ave verum*, il m'a répondu : « Prenez-la. » Je l'ai prise, en effet; mais le boulanger, qui a force besogne, ne nous laisse pas une minute de tranquillité. J'ai beau guetter les moments que la petite passerait les bras croisés : Jean-Marie ne cesse de crier après elle. Tu me vois réduit, le violon et l'archet aux doigts, à suivre Jeanne partout : dans cette farinière où elle tourne la manivelle du moulin, dans la gloriette où elle pétrit la pâte à côté de son père, au four où elle dispose les miches sur la pelle de frêne pour la cuisson. Ravaler mon art à ce point est une honte, et souvent l'idée me vient de renoncer à Jeanne et de lâcher la partie.

— Puisque je vous reviens, monsieur l'abbé, renoncez à Jeanne...

— Et qui fera la « haute-contre ? »

— La « haute-contre ?... »

— Ne songeant qu'à toi en composant tout

d'abord mon motet, je l'écrivis pour « haute » seulement ; quand j'ai connu la voix merveilleuse de Jeanne, j'ai ajouté une « haute-contre... » Au fait, Jeanne est peut-être au four, peut-être à la gloriette. Allons essayer une répétition d'ensemble.

Labatut agrippa ses pages sur le pupitre, puis portant un doigt à ses lèvres, me murmura :

— Chut ! chut !

Pourquoi ces pas de velours sur le plancher ? Pourquoi, dans l'escalier, ces allures de chats en maraude ? Allions-nous à quelque mauvais coup, voyons, mon maître et moi ? Une fois sous les figuiers et les cerisiers enveloppant la maison, nous nous asseyons sur un banc accoté à la muraille. — Bon ! une figue-fleur, luisante, mordorée, qui me frôle la bouche ! Je lui fais accueil d'un coup de dent qui la fait saigner.

— Ferdinand !... soupire l'abbé avec un regard de reproche.

— Je n'y ai pas pensé, dis-je... Oh ! puis, pour une figue !...

— Ce n'est pas pour la figue, c'est pour ta voix, que les grains très menus du fruit peuvent obstruer... Jean-Marie commence sa sieste là, derrière nous, au rez-de-chaussée. Il est deux heures. Encore cinq minutes, et il ronflera comme un ophicléide. Je découvrirai Jeanne, je la conduirai en un endroit écarté du potager où nous avons concerté plus d'une fois déjà, et nous attaquerons l'*Ave verum*...

Avec ces derniers mots, par une fenestrelle entre-bâillée, passa un bruit singulier, une sorte de renâclement de bête à l'écurie. Était-ce *Prosper*, l'âne du séminaire, logé peut-être par là? Labatut, flairant de l'oreille à la ronde, se hissa sur la pointe des pieds; je l'imitai, et nous nous éloignâmes, étirés, furtifs, palpitants.

A cinquante pas, parmi d'énormes tas de fagots empilés, une porte à claire-voie était ouverte. L'abbé entre le premier. Je m'insinue dans son ombre. Jeanne est là. Un long tablier bleu à bavette la drape de la tête aux pieds. — Que cette couleur bleu tendre lui sied bien! — Le soleil, glissant des rayons épars dans cette pièce basse, allume les ferrures de la lourde porte de granit qui clôt le four. Jeanne besogne à droite, à gauche, traverse la lumière qui se rue avec fureur aux murailles, aux corbeilles pleines de miches rondes, toutes chaudes, encore crépitantes, et en reçoit une illumination splendide. Tout brille, étincelle chez elle : d'abord ses yeux, plus bleus, plus clairs que la mer à Cette; puis ses joues, plus rosées, plus charnues que deux pêches jumelles; puis ses cheveux d'un blond vif, amorti çà et là, il est vrai, par la poussière de farine, qui paraissent très fins et dont la couronne est nouée sur sa tête un peu petite avec un abandon charmant. Labatut ne dit rien, attend; moi, je regarde, et j'éprouve à regarder une joie inconnue qui va jusqu'à l'attendrissement.

— En as-tu pour longtemps encore? lui demande Labatut.

— Non, monsieur l'abbé, pas pour longtemps... Voyez!

Elle lui montre une assiette creuse au fond de laquelle elle vient de jeter un jaune d'œuf.

— M. le supérieur n'aime que la fouace dorée et c'est moi qui lui prépare sa fournée, cuite à chaleur tiède, après le pain des élèves.

En articulant ces paroles, elle badigeonne avec un pinceau fait de trois barbes de plumes des pains ronds, des pains allongés, des pains de toute forme et de toute grosseur.

— Voilà! dit-elle.

Et nous sortons tous trois du four.

Vers le haut des potagers, le rempart, au long des siècles, s'est écroulé sur une étendue de vingt mètres au moins. La brèche a été comblée par une profusion de plantes grimpantes : lierres, clématites, campanules, ronces aux mille surgeons enchevêtrés. Par cette après-midi de juin, l'écroulement du mur d'enceinte, que le printemps a touché, s'offre à nous comme un gigantesque bouquet. Labatut va devant, le violon et l'archet haut levés ; mais il a beau prendre des précautions, une brindille effleure la caisse, une fleur effleure les cordes, et l'instrument résonne harmonieusement. Jeanne Magimel marche dans le sillage de l'abbé, et sa silhouette, plus blanche, plus lumineuse dans le foisonnement vert où nous disparaissons, où nous sommes perdus, m'attire à sa suite irrésistiblement. Si Jeanne consentait à cheminer ainsi devant moi d'un bout de l'an à l'autre, je ne saurais, me semble-t-il, résister à suivre ses pas. Je ne me sentis jamais à ce point léger. Une idée extravagante traverse ma pauvre tête totalement grisée : je vole dans les airs pareil à un cerf-volant ; mais je n'ai pas peur, car Jeanne tient le fil, le pelotonne ou le déploie.

Labatut, excédé par une course qui nous fatigue si peu, nous autres, s'est assis parmi les mousses dont le sol est gentiment feutré autour de nous. Sa tête lourde renversée contre le tronc d'un frêne luisant des montées de la sève nouvelle, il nous regarde avec des yeux très bons et très doux.

— Si vous saviez, mes enfants, nous dit-il, comme vous êtes gentils, vous tenant ainsi par la main !

J'avais pris la main de Jeanne à mon insu, et l'observation de l'abbé me troubla ; néanmoins, enhardi par je ne sais quelle force secrète, je me gardai de lâcher ma proie.

— Votre posture est adorable, reprend-il, et c'est ainsi que je vous placerai dans la tribune de la chapelle, à la Fête-Dieu. Plus près vous serez l'un de l'autre, plus vous serez unis pour l'exécution du morceau, mieux vos voix se marieront ensemble pour le grand effet à produire... Maintenant buvez une gorgée d'eau à la fontaine, et commençons.

La fontaine?... Jeanne Magimel m'entraîna dans un fouillis d'églantiers. Là, sourdait de la cassure d'un rocher, au bout d'un bec de roseau tout verdi, un mince filet de cristal. Mon guide, sans façon, posa ses lèvres au goulot rustique et se désaltéra longuement. Tandis qu'elle buvait, j'admirais Jeanne penchée en avant, son tablier bleu trempant dans la petite mare de la fontaine, toute sa mignonne figure allongée vers le jet, des roses trémières éparpillées dans ses cheveux. Elle relevait la tête de temps à autre, puis, d'un mouvement gracieux du col, retournait à la source. Parfois elle paraissait becqueter l'extrémité du roseau, s'amusant ainsi qu'eût pu le faire une folle linotte du Saumail. C'est étonnant à quel point les gouttes qu'elle avalait me rafraîchissaient tout l'être !

— A vous ! me dit-elle.

Je bus en musique, car Labatut nous avait rejoint et le violon préluda comme mon premier coup d'eau claire passait.

Cependant, notre maître s'étant interrompu pour fixer la partition sur un rebord saillant du rocher, Jeanne et moi nous attendions debout à côté l'un de l'autre, épaule contre épaule, aussi étroitement serrés que possible. La jeune fille, très divertie, riait, et moi je ne savais plus ce que je devenais, tant j'étais heureux et tant je souffrais. Tout à coup, je ne sais quelle folie égara mon cerveau, le brûla : le fait est que, sans y être provoqué le moins du monde, je saisis Jeanne à la taille — sa taille plus mince, plus ténue que le filet de cristal de la fontaine — et lui collai mes lèvres aux joues désespérément...

On criait autour de moi, on se démenait ; mais je ne savais me déprendre de l'objet qui m'avait emporté la raison. Enfin une main rude, une griffe de bête me saisit à m'enlever le morceau, et je me trouvai étalé à quatre pas sur le gazon.

— Comment, monsieur l'abbé, des élèves ici ! des élèves ici ! hurlait Jean-Marie, le visage d'une rougeur de brasier.

Je ne jugeai pas prudent d'entendre la défense d'Antoine Labatut, balbutiant, ahuri. Je ramassai mes quilles répandues, et, par la brèche du rempart, me sauvai d'une haleine vers la ville, d'où je rejoignis le séminaire à Pont-de-Rach.

Pauvre Labatut ! il manqua mourir de l'aventure. Il en fut si malade, que M. le supérieur Dubreuil, lequel, du reste, n'eut jamais le fin mot de tout ceci, l'abbé ayant acheté à beaux deniers comptants le silence de Jean-Marie, dut renvoyer son protégé à Toulouse. Est-il revenu à Saint-Pons ? Je l'ignore. Pourvu qu'il ait réussi à faire exécuter quelque part son *Ave, verum corpus natum !*...

*
* *

« Mon jeune ami, vous aussi, vous avez votre tourment. » L'abbé Privat a touché juste : j'ai mon tourment. Il s'est appelé tour à tour Jeanne Magimel, Éléonore Trescas, Marthe Vanneau, Marie Vidal ; mais il a beau changer de nom, c'est toujours le même. Cette nuit, je me suis retrouvé suspendu, avec Jeanne Magimel, au roseau de la fontaine des potagers de Saint-Pons, et c'était jouissance divine...

Je consulterai le P. Laplagne.

V

Grand Séminaire, 13 décembre 1847.

Le P. Laplagne m'a pris, m'a conquis, me retient. Privat me disait cette après-midi, à la leçon de plain-chant :

— Si le P. Laplagne vous entretient une fois au saint tribunal de la Pénitence, vous lui appartiendrez, car sa parole est semblable « au filet des chasseurs, *laqueus venatorum.* »

Le P. Laplagne m'a entretenu, et je lui appartiens en effet. Quel charme, quelle consolation j'ai goûtés, prosterné aux pieds de ce religieux ! Afin que notre première rencontre sous l'œil de Dieu eût un caractère plus amical, plus familier, si j'ose dire, il n'a pas voulu descendre à la chapelle et m'entendre à travers la grille du confessionnal ; sa ganache passée par-dessus sa soutane, il a voulu m'entendre dans sa cellule, me tenir là devant lui en toute simplicité apostolique. Je tremblais comme une feuille à la cime extrême d'un peuplier ; mais je n'avais pas récité deux phrases du *Confiteor*, que je me sentais rassuré. Dans la fièvre qui brûle ma pauvre machine, j'éprouvais l'aise délicieuse d'un rafraîchissement. Oui, une eau plus pure que l'eau des potagers de Saint-Pons, que l'eau des Douze, filtrant des sources de la grâce, tombait goutte à goutte sur moi et me restituait la pleine connaissance de moi-même, perdue depuis si longtemps, si longtemps !

Le *Confiteor* achevé, mon directeur spirituel, les deux mains dans les manches de son habit, est demeuré recueilli un moment. Durant ce repos, sa vertu agissait sur moi, car, dans ma conscience bouleversée de fond en comble dès mon entrée, un ordre magnifique s'établissait peu à peu. J'avais eu peur de ne pouvoir débrouiller l'écheveau de mes péchés, et chacun m'apparaissait clairement, nettement, avec les circonstances génératrices, la honteuse complicité des habitudes, la lâcheté de mon âme passée sous le joug. Pénétré d'un remords cuisant, il m'a semblé que je ne devais pas au

P. Laplagne, un confesseur providentiel, le compte seulement de mes fautes depuis ma sortie de Saint-Pons, mais le compte de toutes les fautes de ma vie. Puisque j'enviais de quitter le rivage terrestre pour aborder au rivage divin, il fallait laisser derrière moi toute immondice, toute souillure, toute tache, recevoir une absolution nouvelle du passé avant d'enfler ma voile et de voguer vers Dieu.

— Eh bien, mon fils, êtes-vous prêt?
— Je suis prêt.

Rappelant mes souvenirs les plus reculés, les plus enfouis, j'ai détaillé minutieusement mon enfance rustique. Je me suis arrêté non sans complaisance à mon séjour chez mon oncle Fulcran, et j'ai récité plus d'une page de mon journal, fidèle dépositaire de mes incartades, de mes fredaines d'écolier. L'écolier, après tout, pouvait contenir le grand-séminariste. Mon juge apprécierait.

Ma confession, qui allait à langue débridée à travers les peccadilles du jeune âge, est devenue plus sérieuse et je n'ai plus babillé du même entrain. C'est lorsque, sorti du presbytère de Camplong, j'ai abordé le petit séminaire de la Montagne-Noire. Ma parole vive et prompte s'est embarrassée pour raconter mon amourette d'une seconde avec Jeanne Magimel. Amourette, le mot est un peu leste; il n'en est pas moins vrai que le jour où j'osai embrasser la fille de Jean-Marie, mon innocence fit un premier naufrage. Que de nouveaux naufrages depuis, avec Éléonore Trescas, Marthe Vanneau, Marie Vidal, Julette, et peut-être Mᵐᵉ la comtesse de Sauviac que je n'ai jamais vue !

Le P. Laplagne, devinant à mes balbutiements la profondeur de cette maladie d'amour qui me tient, se met à tout propos entre ma vocation et moi, trouble mes résolutions les plus fermes, a voulu connaître mon mal dès l'origine et je lui ai narré tout, tout absolument jusqu'à hier.

Arrivé à la fin de ma confession, suant et soufflant, j'ai attendu. Quel moment redoutable! Mon visage était baigné de pleurs. Je tremblais, durant le silence de mon directeur, que son esprit, habitué à descendre dans les âmes et à s'y guider parmi les obscurités du péché, à travers ce que je lui avais dit ne devinât ce que je lui avais caché. Quel homme, encore que sincère, déterminé, n'hésite pas à l'étalage cru de ses plaies, ne réserve pas quelque coin? Pour moi, soit impuissance à exprimer, soit orgueil humain qui se révolte de livrer soi jusqu'au dernier refuge, peut-être ne m'étais-je pas montré dans mon absolue faiblesse, dans mon absolue misère, dans certains attachements impurs dont je me sentais garrotté pitoyablement et qui résisteraient à tous mes efforts?

Le P. Laplagne n'a pris au tragique ni mes aveux ni mes larmes. Comme pour me marquer la confiance que, dans la chute même, il faut placer en Dieu, « éternellement miséricordieux et réparateur, » il s'est mis debout; puis, me tendant une main, m'a redressé sur pieds d'un geste de singulière énergie.

— Allons, m'a-t-il dit, vous n'êtes pas bien malade, et il n'y a pas lieu de désespérer. Le ciel avait des desseins sur vous, et le ciel vous a protégé. Cette protection va vous être manifestée au grand séminaire dans sa force efficace. Abandonnez-vous à la règle de la maison, soyez à elle, appartenez-lui en actions, en pensées, en tout. Elle seule vous fera ce que vous devez être. Répétez matin et soir avec le Psalmiste : « J'observe la discipline parce qu'elle est ma vie. *custodi disciplinam quia ipsa est vita mea...* » Maintenant, a-t-il repris, ne vous épouvantez point si des images du passé vous poursuivent, soit dans la veille, soit dans le sommeil. Notre chair est trop intimement liée à notre nature pour qu'elle ne hurle pas, ne tire pas sur sa chaîne quand nous nous préparons à divorcer avec elle, à la déserter. Songez que vous pouviez être assailli avec plus de fureur. Sans vouloir provoquer chez vous le moindre mouvement d'amour-propre, je vous estime capable d'entendre bien des choses dont je me garderais de toucher un mot à tant d'autres, ici. Ayez donc bonne contenance au renouvellement des assauts qui vous seront encore livrés. Le Tentateur des hommes reviendra à la charge et soulèvera contre vous toute la tempête de votre être de nerfs, de sang et de boue. Pourquoi seriez-vous affranchi de combats où des saints s'épuisèrent, où saint Jérôme entre autres fut terrassé? Vous faut-il son témoignage comme réconfort? « Ah! gémit-il, ce chemin glissant de la jeunesse où je suis si souvent tombé, *Lubricum adolescentiæ iter, in quo et ego lapsus sum.* »

Je me suis retiré, redisant, pour ne pas les oublier, les paroles de saint Jérôme :

« *Lubricum adolescentiæ iter, in quo et ego lapsus sum.* »

VI

Grand Séminaire, 15 décembre 1847.

La bonne journée, ce mercredi 15 décembre! J'ai déménagé. Quand je dis « déménagé, » j'enfle l'expression, car il s'agissait simplement, durant la promenade du grand séminaire aux ruines de Maguelonne, de porter mes livres, mes cahiers, mes papiers quelconques chez l'abbé Martinage, au deuxième étage de la maison. En sa qualité de sous-diacre, Martinage occupe une cellule à cheminée, tandis que moi, pauvre « philosophe » de première année, je suis logé en un réduit où pas un trou n'a été ménagé pour faire du feu. Puis, de la fenêtre de sa chambre, mon ami peut voir « le Jardin, » le chemin poudreux tirant vers Castelnau, et, tout au fond du paysage, la ligne rude des montagnes. Pour moi, il n'existe pas d'autre perspective que les murailles grises du séminaire enserrant une étroite cour intérieure plantée de mûriers rabougris. Si seulement, pour me tenir compagnie, j'avais la vue d'un grand chemin, d'un mamelon pas plus haut que moi, d'un bouquet de châtaigniers! Albert Martinage doit peut-être son caractère franc, délibéré, au bonheur dont il jouit journellement, au bonheur de regarder loin devant lui, de demeurer en communion avec la nature, qui, toujours jeune et toujours belle, a le privilège d'arracher l'homme aux tristesses, aux lourdeurs de sa pensée.

Mon installation aurait pu être faite en un quart d'heure, car nous étions trois pour transporter mon bagage, Martinage, Privat et moi. Mais dans les maisons conventuelles — un grand séminaire est un véritable couvent, — l'affaire la plus mince devient une énorme affaire; rien ne finit. A force d'entendre parler d'éternité, on se persuade à la longue que le temps ne compte pas, et on en prend à son aise avec lui. Du reste, je n'étais pas fâché que Martinage, durant nos allées et venues à travers les couloirs, s'arrêtât ici, là, pour nous décocher quelque bonne plaisanterie de sa façon : à propos d'un livre qu'il laissait tomber, d'une page de ma rédaction sur l'*Origine des idées* qui glissait de mes paperasses et volait à tire d'aile devant nous. Les traits lancés d'abondance par notre condisciple n'étaient pas tous nouveaux, ni très acérés, ni très piquants; mais il y avait comme une entente secrète entre Privat et moi pour les trouver spirituels, et le fait est que, nous abandonnant en toute simplicité à l'humeur folâtre de Martinage, nous étions fort divertis.

— Albert! Albert!... répétait l'excellent abbé Privat, la charité même, l'amitié même.

Et l'autre, encouragé, de redoubler ses farces et ses bons mots.

Enfin, vers trois heures, la besogne était finie.

— A présent que *te* voilà tout à fait chez moi, m'a dit Martinage, tu me permettras, j'espère, de te tutoyer. Le *vous* est gênant quand on vit ensemble : on s'adresse à un camarade, et on a l'air de s'adresser à un supérieur. Cela te va, n'est-il pas vrai, cette familiarité?

— Cela me va parfaitement, et je vous remercie, monsieur l'abbé, ai-je répondu.

— Du reste, il existe un lien entre nous...

— Un lien?

— La protection de Mlle de Fouzilhon.

J'ai ressenti par tout le visage une chaleur insupportable, comme un terrible coup de soleil. Suffoqué, j'ai reculé jusqu'à la fenêtre, à travers les vitres de laquelle l'abbé Privat, silencieux, regardait, et n'ai pas articulé un mot.

— Tu comprends bien, a repris Martinage, que, si tu as été autorisé à venir passer l'hiver dans ma chambre, la chose n'a pas marché toute seule, que quelqu'un s'en est mêlé. Certains philosophes, cela est vrai, sont reçus, durant la mauvaise saison, chez les diacres, les sous-diacres; mais encore faut-il que ces philosophes frileux aient adressé une demande au P. Baudrez. As-tu adressé une demande, toi, et m'as-tu demandé comme « chambrier? »

— Non, monsieur l'abbé.

— Preuve donc que Mlle de Fouzilhon a agi... Notre supérieur, en sa qualité de membre du Chapitre diocésain, a un confessionnal à Saint-Pierre et y dirige quelques consciences riches. Mlles de Fouzilhon, de l'Hospitalet, Mme la comtesse de Sauviac, quand elle est à Montpellier, sont au nombre de ces consciences privilégiées. C'est curieux, la préférence que les nobles dévotes du quartier aristocratique de la Cathédrale ont marquée de tout temps pour les religieux! Le clergé paroissial enrage, et il a raison d'enrager, car on le dépouille, on le pille...

— C'est égal, à présent on les voit trop, a articulé Privat d'une voix profonde.

Ces mots tombant au milieu du verbiage du sous-diacre, le tranchant net comme avec un couteau, m'ont fait relever la tête, que depuis un instant, pénétré d'une vague honte, je tenais penchée.

— Quelles sont les choses que l'on voit trop, monsieur l'abbé ? ai-je demandé à Privat.

— Les tombes, m'a-t-il répondu.

— Les tombes !

Il m'a attiré dans l'embrasure de la fenêtre ; puis, levant le doigt :

— Voyez-vous cet affaissement de terrain, là-bas, à droite, non loin de la grande croix de pierre ? C'est là qu'en avril dernier nous avons déposé le corps d'un de nos condisciples, Mathieu Joubert, de Gourgas, près Lodève. Joubert s'est éteint sans que les médecins aient pu diagnostiquer positivement sa maladie. Le docteur Estor, en se retirant, s'est contenté d'articuler cette phrase banale : « Rien à faire : la lame a usé le fourreau. » On honora ce condisciple de funérailles solennelles ; puis on ne s'occupa plus de lui. Moi qui l'ai connu, qui souvent fus édifié à le voir seulement marcher au milieu de nous, tant la modestie, la sainteté émanaient de sa personne, je ne l'ai jamais oublié. La mort n'est pas une rupture, elle est un simple changement de domicile : nous étions sur la terre remplie de misères, ruisselante de pleurs ; à présent, nous sommes au ciel rayonnant de la présence de Dieu, et c'est tout...

— Voyons, Privat..., a balbutié Martinage.

— Mon ami, te souviens-tu de l'abondance de fleurs qui couvrait le cercueil de Joubert? Le printemps éclatait dans sa force, et chacun de nous apporta son bouquet. La terre n'eut pas assez de parfums ce jour-là pour l'embaumement de ce prédestiné. Et puis, durant l'été torride, avec quel amour les lauriers-roses dont foisonne le Jardin avaient l'air de se pencher sur son tertre pour l'abriter du soleil! Joubert a mérité de voir éclore sur sa tombe le lis qui, dit-on, s'épanouissait par miracle, chaque matin, sur la tombe de saint Stanislas Kotska.

— O mon Augustin!... a murmuré Martinage.

— O monsieur l'abbé Privat, parlez encore, parlez toujours, ai-je imploré.

Il a repris ses complaintes éloquentes :

— A présent, c'est l'hiver, l'âpre, le rude hiver. Dans le cimetière — j'ignore pourquoi on l'appelle ici le Jardin, — les tombes, douces, touchantes, poétiques, presque attirantes, se montrent à nous dans un effroyable abandon de tout et de tous. Quelque mort va-t-il soulever sa pierre pour nous raconter ce qu'il a vu, ce qu'il sait, ce que lui a dit « le Juge qui doit venir, *Judex venturus?* »

— « Le Juge qui doit venir » te traitera un jour selon tes mérites, mon Augustin, c'est-à-dire avec indulgence et pardon, lui a dit Martinage.

Il a arrêté sur nous des yeux dont la tristesse m'a fait mal.

— Quel effet l'hiver vous produit-il, à vous? nous a-t-il demandé. Encore qu'il soit assez bénin en nos contrées, il me glace, moi, jusqu'à la moelle des os. Ne riez pas : en hiver, je me sens dépouillé comme la nature. Aux autres saisons de l'année, je l'affirme, ma tête porte autant d'idées qu'un arbre porte de feuilles. Dès les premiers jours de novembre, mes idées se dessèchent, se détachent des branches de mon esprit; puis je les vois s'en aller au loin l'une après l'une. Croiriez-vous qu'à cette heure, j'ai le sentiment d'une nudité épouvantable? Que Dieu ait pitié de moi, qu'il daigne souffler sur son serviteur l'haleine printanière, l'haleine de la sève, qu'il le ressuscite des morts !

— Tu es gelé, mon ami, lui a dit Martinage, qui s'était emparé de ses mains.

— Venez vous chauffer, monsieur Privat. venez !

— Ah ! mon Dieu !

Ç'a été un cri.

— Qu'as-tu, Augustin?

— Regarde, Albert, regarde !

— Quoi donc ? ai-je demandé.

— Regardez, Ferdinand, regardez !

Faisant sauter l'espagnolette d'un coup violent, il a ouvert la fenêtre toute grande.

— Quelle grâce ! a-t-il dit, levant les deux bras.

C'est la jeunesse qui passe, la radieuse jeunesse à laquelle rien ici-bas ne saurait être comparé.

— Où donc, mon cher Augustin ?

— Où passe-t-elle, la jeunesse, monsieur Privat ? où passe-t-elle ?

— Là, là, sur le chemin de Castelnau...

— Cette fille qui tient une badine et pousse devant elle un âne chargé d'une vieille femme ? s'est informé Martinage avec une moue dégoûtée.

— Remarquez comme elle est élancée ! comme elle est fine ! comme elle est souple !...

— Mais elle va pieds nus.

— Es-tu sot, Albert ! Est-ce que les anges vont avec des souliers ?

— C'est quelque mendiante de Montferrier ou de Baillargues...

— Heureuse mendiante qui porte ses haillons avec l'aise divine dont un oiseau porte ses plumes !

Martinage l'attirant toujours vers le feu allumé, il a fini par lui céder. Une fois assis, il a poursuivi lentement :

« J'ai connu, à Saint-Jean-de-Fos, mon pays, une pauvre paralytique, la veuve Lombard. Cette veuve Lombard habitait au bout de notre rue, et ma mère m'envoyait de temps à autre chez elle lui apporter les restes de nos repas. Elle avait une fille de quinze à seize ans qui commençait à gagner sa vie, soit en levant des sarments dans les vignes, soit en cueillant des olives dans les olivettes des alentours. Elle

s'appelait Césarine, et son visage, entouré de
mèches de cheveux blonds comme d'autant
de rayons de soleil, éblouissait. Aujourd'hui
que, dans la fournaise de ma vocation, j'ai vu
brûler tant et tant de parties de moi-même, je
crois pouvoir affronter sans risques l'image de
Césarine Lombard demeurée vivante dans un
dernier repli de mon cœur. Donc Césarine était
blonde, rare privilège de quelques femmes dans
notre Midi où la plupart sont brunes, d'aventure presque noires; et puis elle était gaie, vive,
marchant sans toucher terre ainsi que l'alouette
de nos chemins. Comme la veuve, incapable
d'un mouvement, incapable de manger seule,
aurait pu ou choir ou mourir de faim dans sa
hutte, Césarine, propriétaire d'un âne, — qui
ne possède son âne à Saint-Jean-de-Fos? —
avec l'aide d'un voisin, de moi principalement
toujours à l'affût pour la servir, imposait sa
mère à *Frédéricou* et partait vers les champs où
elle devait besogner. Encore que nous ne soyons
pas riches, nos champs sont assez vastes pour
réclamer des bras étrangers, et c'était chez nous
que Césarine se trouvait le plus souvent occupée... Nos vacances du grand séminaire commençant à la Saint-Jean pour finir à la Toussaint, j'étais à la maison durant la moisson et
durant la vendange. Je ne saurais vous dire à
quel point Césarine Lombard embellissait pour
moi ces deux fêtes si nobles de la terre, — la fête
du pain et la fête du vin. Devant les sacs farcis

de blé, devant les pressoirs ruisselants, mon père et ma mère ne se tenaient pas de joie; moi, je détournais les yeux de tant de richesses entassées, remisées, et je regardais là-bas, à l'ombre grêle d'un olivier, Césarine donnant la soupe à sa mère et Frédéricou paissant à deux pas. Oui, vraiment, mon âme ne résidait ni dans nos greniers remplis ni dans nos celliers combles jusqu'au plus petit tonnelet; elle résidait toute sous l'olivier, près de Césarine Lombard... Que penseriez-vous si je vous avouais que, tout marri d'un trouble dont je ne m'expliquais ni le commencement — comment était-il né? — dont je n'entrevoyais pas la fin — comment en serais-je délivré? — il me prit un jour envie d'affronter une explication avec notre journalière? C'était au bord de l'Hérault, non loin de la fontaine Clamouse, à quelque centaine de pas du hameau de Saint-Guilhem-du-Désert. Je précise, car le souvenir de la scène m'est resté dans ses plus minutieux détails. Octobre était venu avec les premières froidures, et Césarine, dans les terrains vagues appartenant à la commune de Saint-Jean-de-Fos, arrachait des souches de buis en prévision de l'hiver. Je passe sur la route et j'entends son pic parmi les cailloux. Je vole à elle, subitement enlevé comme une feuille. Je vois bien ce qu'elle fait; mais je demeure planté et, ne trouvant pas autre chose pour lier entretien, je finis par lui dire:

« — Que fais-tu, Césarine?

« — Je défonce le communal pour prendre des souches de buis, me répond-elle.

« — Veux-tu que je t'aide?

« — Vous, monsieur Augustin..., avec votre soutane!...

« Je lui arrache la pioche des mains et je la plante parmi les buis d'un tel élan que je soulève deux souches d'un coup.

« — Quel bon ouvrier de la terre! quel bon ouvrier de la terre! répète Césarine joyeusement.

« Exalté par une fureur qui décuple mes forces, je ne m'arrête plus; le pic monte, descend; les buis s'entassent autour de moi, racines tranchées, ramilles éparpillées sur le sol.

« — Assez, dit-elle, assez, monsieur Augustin! Encore que très courageux, Frédéricou n'a pas la force d'un mulet.

« En liant le fagot d'un commun accord, nos mains se touchent et nos visages sont placés vis-à-vis l'un de l'autre.

« — Pourquoi me regardez-vous comme ça? me dit-elle.

« — Et comment est-ce que je te regarde?

« — Je ne sais pas, moi; mais je ne comprends rien à vos yeux...

« — C'est moi, Césarine, qui ne comprends rien aux tiens. On raconte, dans le pays, que la fontaine Clamouse roule des perles au fond de ses eaux. Des fées, dit-on, lancèrent jadis ces perles dans cette source claire comme le jour. Plus je te regarde, plus je crois que ces mêmes fées ont jeté des diamants au fond de tes yeux. Tiens ! veux-tu me faire un plaisir, un grand, un immense plaisir ?

« — Tout ce que vous voudrez, monsieur Augustin.

« — Le communal est désert, nous sommes seuls. Permets-moi de te regarder, — oh ! pas longtemps, car ce serait mal peut-être, une minute seulement...

« — Vous m'avez regardée si souvent depuis le commencement des vacances !

« — C'est vrai, Césarine ; mais je ne sais ce qui m'arrive, mes yeux sont tellement altérés de te voir, que je me demande si je t'ai jamais vue.

« — Prenez-en à votre aise, alors, monsieur Augustin, dit-elle avec un sourire où la blancheur de ses dents passa comme un éclair.

« D'un bond très doux de jeune perdrix qui se tapit, elle tomba derrière le fagot et s'y blottit parmi les brindilles vertes. J'étais à genoux devant elle, les yeux perdus, égarés dans la contemplation de son visage qui était un monde pour moi. Je ne puis rien dire autre chose de mes sensations intimes durant ma génuflexion devant Césarine Lombard, sinon que la femme me parut — passez-moi l'expression peu séante — comme une sorte de morceau divin, cent fois plus beau, plus éclatant, plus pur que le diamant le plus beau, le plus éclatant, le plus pur de la fontaine Clamouse et de toutes les fontaines d'ici-bas. Le front, les yeux, le nez, la bouche, le menton de la femme ne sont ni le front, ni les yeux, ni le nez, ni la bouche, ni le menton de l'homme. Le jour et la nuit ne diffèrent pas davantage. Et son air, cet air inconnu, plein de secrets impénétrables, cet air dont l'homme tremble malgré lui !...

« — Mais, monsieur Augustin, il y a plus d'une heure, me dit-elle.

« — Encore un moment, je t'en supplie...

« — On sonne l'*Angelus* à Saint-Jean-de-Fos.

« — Une seconde encore...

« — Ma mère m'attend...

« Sans m'en apercevoir, j'avais chargé Frédéricou avec elle... Je la vis descendre les pentes du communal, droite, mince, réduite à rien dans la nuit qui tombait et la mangeait en tombant. J'errai à travers le communal bien longtemps... Le lendemain, je rentrai au grand séminaire. La vision qui m'avait ébloui s'atténua sous l'influence sévère du P. Baudrez, mon directeur spirituel. Je me crus délivré de Césarine, de toutes les femmes que j'avais devinées en elle, et qui, sans que je pusse m'en douter, m'avaient blessé ensemble jusqu'à la mort. Je fis le pas fatal du sous-diaconat..... Pitié, mon Dieu, pitié !... »

Privat brusquement a éclaté en sanglots, puis s'est sauvé à toutes jambes.

CINQUIÈME CAHIER

I

Grand Séminaire, 17 décembre 1847.

J'étais enfant à cette époque-là ; mais j'ai conservé le souvenir poignant de l'arrivée des Espagnols chez nous. Un jeudi de juillet 1839, sur les onze heures du matin, Bédarieux se trouva envahi par une tourbe de gens hâves, déguenillés, poussiéreux, allant à la débandade comme un troupeau sans berger et sans chiens. En un instant, la ville, les faubourgs furent debout. « Les carlistes ! les carlistes ! » criait-on de toutes parts. Ces hommes, petits, noirs, à mine farouche, harassés par la longue route, par la chaleur accablante, se couchèrent sur le sol à l'ombre des ormeaux de la « Promenadette, » à l'ombre des platanes de la « Perspective, » et ne bougèrent plus. Ils dormaient. J'en tremble encore : je les crus morts jusqu'au dernier.

Ce n'est pas Bédarieux seulement qui, après la trahison de Maroto, reçut les débris de l'armée « royale; » Montpellier en eut sa part, et tous ceux qui vinrent lui demander asile après la défaite ne sont pas encore repartis. Une chose me confond : la découverte de tant d'ecclésiastiques parmi les soldats de don Carlos. Alors, en Espagne, les prêtres ne font pas les mêmes vœux qu'en France? « Tu ne tueras point, » proclament les Livres saints.

A la Grange-du-Pin, j'ai connu Alonzo Vargas; ici, au grand séminaire, je vois Mgr Simon de Guardiola, prince de la vallée d'Andorre, évêque d'Urgel; dom Miguel Garcia, son vicaire général; dom José Cisneros, religieux bénédictin, secrétaire de Sa Grandeur.

Depuis deux ou trois jours il fait grand froid, et notre cheminée, qu'alimente la générosité de ma cousine Clotilde, flambe à brûler la maison. Élevé dans la montagne cévenole, où parfois la gelée fend le granit, je n'approche guère du feu; mais Martinage, né à Montpellier, en dépit de sa corpulence, est très frileux, et il tient sans cesse ses pieds aux tisons. Je comprendrais cela pour l'abbé Privat, tout souffreteux, tout triste; mais pour mon chambrier, si robuste, si gai!... Du reste, encore que le chauffage vienne de moi, j'aurais mauvaise grâce à regretter la prodigalité de Martinage, puisque c'est à cette prodigalité que je devrai, prochainement sans doute, d'être présenté à Mgr de Guardiola, de recevoir des conseils de sa bouche, de baiser son anneau, bref, d'être honoré de sa bénédiction, non pas d'une bénédiction *in globo* comme celle qu'il donne à la chapelle après les offices, mais d'une bénédiction spéciale, toute pour moi, pour moi seul.

Je vis dans l'attente de cet événement qui, par les émotions, les idées, les résolutions qu'il ne peut manquer de susciter en moi, est capable de me sauver.

Hier matin, après la méditation, tandis que Martinage dépêchait ses *Matines*, que de mon côté je piochais péniblement ma leçon sur les « Nominaux » et les « Universaux, » un coup sec a retenti à notre porte et, avant que mon chambrier eût répondu : « Entrez ! » dom José Cisneros, les mains embarrassées de je ne sais quel ustensile brillant et d'un menu paquet enveloppé de papier jaune, pénétrait chez nous.

— Continuez, monsieur Martinage, continuez, ne vous dérangez pas, a dit le secrétaire de Mgr d'Urgel..... Vous m'avez annoncé que vous aviez du feu et j'en profite... C'est si agréable de se chauffer !... Monseigneur aura son chocolat dix minutes plus tôt ; puis je ne traverserai pas vingt corridors pour aller à la cuisine. Sans compter que, de la cuisine ici, le chocolat de Monseigneur refroidit...

En débitant ces phrases entrecoupées de silences, dom Cisneros déposait sur notre table de travail une petite casserole en fer battu, étincelante comme un calice, y coupait en menus morceaux une bille de chocolat, allait à notre cruche, versait un filet d'eau très mince... L'abbé Martinage et moi, nous suivions des yeux les manèges du secrétaire de Mgr de Guardiola, devenu son cuisinier; mais nous nous taisions, le chambrier ne pouvant interrompre son bréviaire, le philosophe n'osant se déprendre des scolastiques du cloître Saint-Victor, à Paris, principalement du terrible Guillaume de Champeaux et de son non moins terrible adversaire Abeilard. Enfin, Martinage a fait le signe de la croix sur ses *Matines*.

— Mais, mon révérend Père, votre chocolat va brûler : vous ne mettez pas assez d'eau, s'est-il écrié.

Dom Cisneros a continué d'écraser les fragments de sa bille avec une mignonne cuiller de buis.

— Vous verrez! a repris le sous-diacre.

Moi aussi, j'ai manqué dire : « Vous verrez! » mais j'ai réprimé une envie peu respectueuse et me suis contenté, laissant fuir les Nominaux et les Universaux de mon esprit, de m'attacher à l'opération du bénédictin.

— Elle sent bon tout de même, votre bouillie! a murmuré Martinage, penché sur la casserole.

Dom Cisneros lui a lancé un coup d'œil très vif; puis, sans discontinuer le mouvement de sa cuiller de plus en plus précipité à mesure que la pâte s'enfle, se boursoufle ;

— C'est en Espagne seulement qu'on sait fabriquer et faire cuire le chocolat. En France, on n'y entend rien. Il faut dire aussi que, chez nous Espagnols, les matières premières abondent et qu'elles sont toujours de qualité supérieure... Nos colonies fourniraient de cacao l'univers entier. Ah! mon pays, quel pays!... Le chocolat de Monseigneur nous vient de Bayonne. Juan Torreblanco, capitaine-général dans l'armée royale de Catalogne, a établi une maison de commerce à la frontière et nous expédie un ballot de temps à autre... Monseigneur, naturellement, ne peut s'occuper de ces misères; mais le vicaire général Garcia, mais moi, nous avons placé, par centaines de livres, notre « chocolat de la guerre » chez les dames pieuses de Montpellier... — Un demi-verre d'eau, monsieur l'abbé, dit-il, daignant s'adresser à moi.

J'ai apporté la cruche.

— A présent, attendez-moi une minute, a-t-il ajouté, ayant enfoui dans les cendres la casserole aux trois quarts pleine.

Nous nous regardions, Martinage et moi, durant l'absence du bénédictin : moi, sérieux, préoccupé du chocolat de Monseigneur qu'un tison dégringolant des chenets pouvait renverser; lui, rieur, le nez porté en avant, subodorant la fumée légère qui montait, montait...

Dom Cisneros qui rentre :

— Avez-vous un morceau de pain, monsieur l'abbé? demande-t-il à Martinage.

— J'en ai toujours.

— Eh bien, essayez ce que je laisse à la cuiller et au fond de la casserole. Demain, vous m'en direz des nouvelles.

Il a rempli de son chocolat merveilleux une mignonne tasse de porcelaine qu'il était allé chercher et s'est esquivé.

Martinage tenait ses yeux attachés sur la casserole de fer battu un peu baveuse, sur la cuiller de buis emplâtrée jusqu'au milieu du manche, et riait de toute l'abondance de ses joues et de ses dents.

Je suis fait d'étrange sorte. Quel mal y a-t-il, quand peut-être la nourriture du grand séminaire n'est pas des plus substantielles, des plus délicates, à posséder chez soi du pain et même de menues friandises sucrées, de la pâte de coing, par exemple, ou des confitures d'orange? Il ne peut y avoir aucun mal, certes. Il n'en est pas moins vrai que, lorsque, dom Cisneros parti, mon chambrier a ouvert un tiroir de sa commode, — le troisième, fermé à clef, — et que j'ai avisé là, dissimulées derrière des livres, toute espèce de provisions, jusqu'à trois bouteilles de vin, je me suis trouvé scandalisé.

— Mais c'est un vrai garde-manger! lui ai-je dit, un peu contraint.

— Tu comprends : si, de temps à autre, je

n'avais pas un morceau à me mettre sous la dent, il y a beau jour que je serais mort de famine ici. Il est possible que le régime frugal de la maison te suffise, à toi qui vivrais d'un grain de mil comme un moineau de la cour; il est insuffisant pour moi, habitué de bonne heure à manger comme un homme. Si tu savais dans quelle cuisine j'ai été élevé!...

— Vous avez été élevé dans une cuisine?

— Et une fameuse!... Prends ceci et nettoie la cuiller, tandis que je nettoierai la casserole.

Il avait partagé un *pistolet* — un *pistolet* pareil à ceux de Mme veuve Vigouroux, de la rue de l'Aiguillerie, — et m'en tendait la moitié. J'ai eu un mouvement d'horreur, et, reculant, j'ai balbutié :

— Merci..., je n'ai pas faim.

Il n'a pas insisté. J'ai repris ma Philosophie.

Cependant, tout en essayant de me loger dans la tête les preuves de saint Bernard contre Abélard au concile de Sens, je ne négligeais pas mon chambrier. La cuiller, entreprise d'abord avec d'étroites mouillettes flexibles, a reçu soudain les caresses d'une langue large, enveloppante, qui a mis à nu le bois, l'a lavé, lui a restitué l'éclat doré du buis. Pour la casserole, le travail a été plus compliqué; mais enfin tout a disparu jusqu'aux bavures; il n'est plus resté, sous le pistolet minutieusement promené, une tache de chocolat, et l'ustensile de Mgr d'Urgel a éclaté à mes yeux pareil à une de ces brillantes pièces d'argenterie comme j'en ai vu sur la table de Mlle de Fouzilhon.

Martinage, la bouche pleine, les mâchoires allant d'un train furieux, s'est retourné vers moi. Son regard, bienveillant, enjoué d'ordinaire, m'a paru empreint de je ne sais quelle férocité. Je hasarde cette réflexion qui ressemble beaucoup à un jugement téméraire : ce regard terrible de mon chambrier, il m'est arrivé de le surprendre plus d'une fois dans la montagne chez les bêtes du troupeau de Galibert, pâturant au printemps parmi les luzernes nouvelles après les pauvres nourritures sèches de l'hiver. Puis mon refus de tout à l'heure n'était pas des plus aimables. — Qui sait si Martinage n'a pas été blessé de mes répugnances? s'il ne m'en veut pas de n'avoir pris aucun soin de les dissimuler? — En proie à des scrupules lancinants, j'oublie « Nominaux, Universaux, Réalistes, Thomistes, » et mon livre glisse sur le plancher.

— Pardon, monsieur l'abbé, pardon..., ai-je bredouillé.

— Oh! je comprends que ta leçon t'ennuie, m'a-t-il dit, ramassant lui-même ma Philosophie. Il en fut ainsi pour moi dans le temps; mais je m'y suis fait. On se fait à tout. Du reste, Privat était là, toujours disposé à me donner un coup de main. Privat a été mon chambrier comme je suis le tien, et les besognes de l'esprit lui sont juste aussi légères qu'elles me sont lourdes... A propos, si je passais dans l'eau cette casserole et cette cuiller? Dom Cisneros les trouverait prêtes demain matin...

— Vous avez raison...

Tandis que ma bouilloire — un cadeau de Mlles de Fouzilhon et de l'Hospitalet, avec d'autres objets de ménage, — tandis que ma bouilloire, mise au feu, susurre doucettement et fume, Martinage, amusé par ce bruit de vapeur d'eau en lutte avec le couvercle qui la comprime, laisse couler de sa bouche ces confidences singulières :

« C'est bizarre, dit-il, comme l'homme ressemble, chez moi, à l'enfant! Tout jeunet, rien ne me divertissait comme de marmitonner à côté de ma mère dans la cuisine de l'évêché, car ma pauvre mère, morte depuis trois ans, était, si tu veux le savoir, cuisinière de Mgr Thibault. Je n'ai jamais compris clairement pourquoi mon père, à qui ses beaux états de services dans les cuirassiers avaient mérité les fonctions de premier suisse de la cathédrale, venait si rarement au palais épiscopal. Pour moi, malgré la grise mine de *monsieur* Félix, valet de chambre et caudataire de Monseigneur, j'y étais fourré du matin au soir. Nous logions dans le clocher de Saint-Pierre, et je n'avais qu'à traverser la rue des Carmes pour retrouver maman, qui tenait toujours un morceau en réserve pour moi, et un bon morceau, je te prie de le croire. Oh! les délicieuses, les ravissantes franches lippées avec *Piston* et *Berlingot*, les deux chats de la cuisine, et parfois avec *Mlle Myrrha*, la magnifique chatte angora de Monseigneur! D'aventure, il arrivait que ces bêtes, aussi gourmandes des dents que déliées des pattes, m'enlevaient le meilleur du repas, et moi de les poursuivre avec un balai à travers les cours, où je menais un bruit d'enfer. Ma mère, plantée au seuil de la cuisine, riait de tout son cœur, la bonne femme; mais *monsieur* Félix, debout en quelque coin obscur, ne riait pas, lui. Un jour, ce terrible *monsieur* Félix, furieux parce que le manche de mon balai avait effleuré la queue de *Mlle Myrrha*, me saisit au passage et me tira les oreilles si cruellement, que je ne pus me tenir de pousser un cri. Tu devines si ma mère accourut, la langue et les bras levés. Le vacarme fut tel que Monseigneur parut au seuil de son cabinet. « Eh bien! eh bien! » cria Sa Grandeur de sa belle voix sonore, de sa voix de *Benedicat!...* Ma mère ne s'en laissa pas imposer, et tout ce que, depuis des années, elle retenait contre *monsieur* Félix, elle le déversa sans retenue. Ce débordement, où toutes les expressions n'étaient pas choisies, tomba dru comme grêle. Monseigneur, qui, je l'avoue, fut d'une patience admirable, essaya en vain d'interrompre sa cuisinière exaspérée : il dut apprendre que *monsieur* Félix en voulait aux Martinage; que mon père ne se montrait plus à l'évêché parce que *monsieur* Félix, l'ayant surpris un verre à la main un jour de grand chaud, l'avait accusé de mettre au pillage la cave de Monseigneur ; que maintenant *monsieur* Félix s'en prenait à moi, enchanté qu'il serait, ayant réussi à se débarrasser du père, de se débarrasser de l'enfant... « Du reste, conclut-« elle, s'il faut que je vive comme ça séparée « des miens, j'aime mieux rendre le tablier. » Monseigneur — cela n'est un mystère pour personne dans le diocèse — aime les bons morceaux. A cette menace d'une cuisinière dont il appréciait les mérites, il sembla fort troublé et, coupant court à l'algarade, il dit à ma mère :

« — Victoire, je vous ai promis plus d'une fois de m'occuper d'Albert. Demain, il cessera son service d'acolyte à la cathédrale pour entrer au petit séminaire. M. le chanoine Pommerol le conduira lui-même au faubourg Boutonnet. Réjouissez-vous, votre enfant sera prêtre un jour.

« Ma pauvre mère ne sut que remercier Monseigneur, faire des excuses à *monsieur* Félix, fondre en larmes... »

— Et, le lendemain, M. le chanoine Pommerol vous conduisit au faubourg Boutonnet ?

— Il fut fait selon la parole de Monseigneur... Puis, du petit séminaire, je passai au grand.... puis je pris les ordres mineurs...., puis le sous-diaconat... Voilà.

Martinage avait les yeux brouillés ; sa voix étranglée sifflait les mots au lieu de les articuler.

— C'est égal, balbutia-t-il, on a beau être d'un naturel à ne se faire once de mauvais sang en n'importe quelle circonstance de la vie, il n'est pas commode de penser à sa mère quand on l'a perdue... Toi, Ferdinand, tu as la tienne ; elle connaîtra la joie d'assister à ton ordination, de te voir, après ta consécration, descendre de l'autel, « rayonnant de la gloire du roi Salomon. » Pour moi, ma mère ne sera pas là le jour où l'évêque m'imposera les mains, où me seront dévolus les pouvoirs les plus redoutables. La destinée de Victoire Martinage étant une des plus humbles destinées d'ici-bas, songe à ce qu'elle aurait éprouvé d'indicible s'il lui eût été accordé de voir le fils de ses entrailles dans la pompe des ornements sacerdotaux, d'entendre sa première messe !...

Il s'est arrêté. De gros pleurs noyaient son visage. Je me suis éloigné. J'ai regardé à travers le Jardin. En proie à mon tour au souvenir de ceux que j'ai laissés à la Grange-du-Pin, surtout au souvenir de ma mère adorée, je sentais mes paupières sur le point de déborder, quand on a frappé à notre porte. L'abbé Privat sans doute. De quel bond je me suis précipité !

— Je voudrais bien la casserole et la cuiller de buis, m'a glissé dom Cisneros dans l'entrebâillement de la porte.

— Si c'est pour les nettoyer, mon révérend Père, elles sont propres, lui ai-je répondu.

— Je les laisse, alors... A demain !

Il a rouvert la porte :

— Au fait, mon jeune ami, vous plairait-il, au moment où vous entrez dans la cléricature, d'être béni par Mgr Simon de Guardiola ?

— Oh ! mon révérend Père !...

— J'arrangerai cela, et, le moment venu, je vous préviendrai.

Comme le secrétaire de Mgr d'Urgel battait en retraite, la cloche a sonné. Martinage et moi, plus tranquilles, nous sommes descendus, lui pour assister au cours de Morale, moi au cours de Philosophie.

II

Grand Séminaire, 18 décembre 1847.

Au sortir du réfectoire, nous nous dirigeons vers la chapelle en chantant le *Miserere*. — Pourquoi le *Miserere* au lieu du *Te Deum* ? — Le psaume achevé, chacun dépêche une courte oraison et s'esquive vers la grande cour, où l'on se promène de long en large, où l'on joue aux barres, ou l'on bavarde dans les coins. Il est permis de passer tout le temps de la récréation en prière ; mais, je dois en convenir, peu de séminaristes usent de la permission. On en compterait bien jusqu'à trois qui s'attardent au pied des autels : les abbés Soulage, minoré, Bonafous, sous-diacre, Privat, diacre. Quelquefois nous sommes quatre à nous confondre en adorations, car, si la *Philosophie* de Mgr Bouvier, évêque du Mans, me lasse par tout ce que j'y entrevois de puéril, de non prouvé, de fragile, Dieu me reste, et le bonheur de le prier, de le mettre dans la confidence de ma pensée, de ce qu'il en est de moi dans la maison où il m'a conduit par la main, m'est un bonheur toujours frais, toujours nouveau.

Aujourd'hui, vers une heure et demie, je m'entretenais en sincérité et liberté d'âme avec mon « Père qui est aux Cieux; » je lui demandais humblement de me mettre en état parfait de grâce pour recevoir la bénédiction de Mgr de Guardiola, lorsque Martinage, se précipitant dans la chapelle, où il aurait pu, me semble-t-il, marcher avec plus de respect, est venu me secouer dans ma prosternation, me répétant à l'oreille, ne cessant de me répéter :

— Mlles de Fouzilhon et de l'Hospitalet qui vous demandent ! Mlles de Fouzilhon et de l'Hospitalet qui vous demandent !

La bonne, l'ineffable surprise ! Elles étaient là, en effet, sur les bancs de chêne du parloir. Si, en me voyant surgir devant elles, elles ne m'ont pas sauté au cou, je puis dire que leurs regards m'ont embrassé. J'en ai ressenti par tout l'être la douceur d'un baiser. Mlle de Fouzilhon s'est un peu écartée de son amie et, me montrant une place vide entre elles deux :

— Asseyez-vous là, Ferdinand, et bavardons jusqu'à la cloche. D'abord, si vous en manquez, je vous donnerai des nouvelles des vôtres. J'ai eu une lettre d'Angèle hier, et l'on se porte à merveille à la Grange-du-Pin. Angèle me raconte un songe qu'elle a fait à propos de vous...

— A propos de moi ?

— Elle vous a vu, décoré d'ornements somptueux, marchant sur des nuages accumulés, énormes. A la cime de ces nuages se dressait le Tout-Puissant dans sa gloire et dans sa majesté. Vous vous efforciez de gagner les sommets, tendant vos bras vers Dieu, qui daignait vous sourire avec bonté... Angèle entrevoit dans ce rêve, qui l'a tant réjouie, la certitude de votre vocation. « Dieu le sollicite, Dieu l'attire, Dieu le veut, » dit-elle... Elle me demande de consulter là-dessus M. le chanoine Pommerol...

— Que de fois le Seigneur s'est servi d'un songe pour annoncer de grands événements ! a interrompu Mlle de l'Hospitalet. La *Vie des Saints*, par Godescard, est pleine de ces prodiges. N'y a-t-il pas un psaume où il est écrit : « Seigneur, le jour est à vous, et la *nuit* aussi est à vous ? »

— Le psaume soixante-treizième, a dit Martinage.

Très fier d'être à même de citer tout le verset, il a ajouté :

— « Le jour est à vous, et la *nuit* aussi est à vous ; c'est vous qui avez fait l'aurore et le soleil. *Tuus est dies, et tua est nox; tu fabricatus es auroram et solem.* »

— A présent, mon cher abbé Martinage, a repris Mlle de Fouzilhon, placez-nous bien au moins, le jour de l'ordination, qui par extraordinaire et par dispense du Saint-Père aura lieu, nous a annoncé M. le supérieur, la veille de Noël. J'ignore s'il conviendra à Mme de Sauviac, que nous attendons, d'assister à la cérémonie ; dans tous les cas, vous aurez l'obligeance de nous retenir trois chaises...

— Comptez, mademoiselle, que je mettrai tous mes soins...

— Veuillez demander à M. l'abbé Privat de ne pas nous oublier dans ses prières... Je ne vous retiens pas plus longtemps.

Elle lui a adressé un geste de congé que j'ai trouvé très écourté, qui certainement m'aurait blessé, moi. Martinage n'est pas Florien, après tout. Mon cham'rier, simple, peu susceptible, d'écorce épaisse, loin de s'offenser, s'est incliné jusqu'à terre et nous a laissés.

Les robes de Mlles de Fouzilhon et de l'Hospitalet pressaient tellement la mienne qu'étant faites du même drap noir elles paraissaient n'en former qu'une fort large, recouvrant nos pieds, s'étalant en avant de nous sur les dalles du parloir. Étreint par ces deux vieilles filles à béguin de religieuse, je demeurais là bien entrepris, en proie à une oppression pénible, singulièrement gênante et pour ma respiration et pour ma pensée. — Que me voulait-on? Pourquoi troubler mes épanchements dans la chapelle? Si l'on savait à quel point je me complais dans ma solitude avec Dieu!...

— Mon cher enfant, m'a dit enfin Mlle Nobilie, je vous apporte également des nouvelles de votre cousine...

— Ah!

— Ursule et moi, nous sommes allées à la Visitation ce matin, et nous avons pu entretenir sœur Clotilde. Nous l'avons trouvée inquiète de vous...

— Pourquoi?

— Vous lui avez écrit seulement trois lignes depuis votre entrée au séminaire, et, sans se plaindre de votre discrétion, elle la juge exagérée. J'ai cru comprendre qu'il lui serait agréable de vous voir, d'être mise au courant par vous-même de vos dispositions intérieures. Bien qu'il ne soit guère dans les habitudes de cette maison d'accorder des sorties aux séminaristes de première année, touchées, mon amie et moi, par les préoccupations saintes de votre cousine, nous nous sommes risquées à venir solliciter de M. le supérieur un congé de deux ou trois jours...

— Et vous l'avez obtenu, ce congé? ai-je demandé, réveillé de ma torpeur.

— Pas sans peine. Le P. Baudrez a mis en avant les règlements d'après lesquels les nouveaux, dès leur arrivée, doivent éprouver les rigueurs de la discipline. Mais je n'avais pas hasardé un mot du désir de sœur Clotilde, qu'il a cédé...

— Et ce congé, je l'aurai?

— Au jour de l'An... Florien viendra chercher votre paquet la veille.

— Mon paquet?

— M. le supérieur vous accorde trois jours, que vous passerez rue des Carmes.

— Quels remerciements je vous dois, mesdemoiselles! me suis-je écrié, l'âme emportée loin du grand séminaire, dans la montagne natale peut-être, je ne sais où.

Mlles de Fouzilhon et de l'Hospitalet se sont montrées ravies de mon brusque enthousiasme, où leur bon cœur leur faisait découvrir quelque chose d'affectueux pour elles. A ne pas mentir, je ne m'occupais de ces dames en aucune façon : le mouvement de joie que je n'avais pas su réprimer était un de ces mouvements sans générosité, personnels, égoïstes, d'un caractère presque sauvage, comme il m'en échappe trop souvent et qui me font trembler pour ma vocation. Je ne pense pas assez à autrui, je manque de charité; mon cœur, à certaines minutes cruelles qui devraient m'éclairer sur mes vrais penchants, acquiert tout à coup la dureté de la pierre. — Pourquoi? — Hier, on nous a donné comme sujet de méditation ce verset du psaume cent dix-huitième : « Leur cœur est pris comme le lait, *Coagulatum est sicut lac cor eorum.* » J'ai médité longuement et n'ai rien pu formuler de net, de précis à propos de mon cœur. « Ayez pitié de moi, Seigneur! *Miserere mei, Deus!...* »

La cloche.

III

Grand Séminaire, 19 décembre 1847.

Comme je venais de servir la messe au P. Laplagne, — un office que nos confesseurs acceptent volontiers de leurs pénitents, — dom Cisneros, aux aguets au pas de sa porte, me saisit, me fait entrer.

— Monseigneur achève une lecture avec son vicaire général, me souffle-t-il; attendez un instant et je vous introduis.

Je suis demeuré transi, comme glacé. — Qu'allais-je dire à Mgr l'évêque d'Urgel? — Le religieux, très empressé, m'a présenté un siège; mais je ne me suis pas assis, incapable du moindre mouvement. Je promenais mes yeux à travers la pièce étroite, les arrêtant aux murailles nues, à une table de sapin — une table pareille à la mienne, chargée de paperasses, — à une bibliothèque de sapin — une bibliothèque pareille à la mienne, encombrée de registres, de bouquins, et je pensais à dom Cisneros passant sa vie dans cette antichambre, couché en travers de la porte de son évêque, veillant sur lui nuit et jour comme un dragon chimérique sur un trésor.

— Monseigneur est l'indulgence même, la bonté même, m'a-t-il dit, voyant mes trépidations involontaires et travaillant à me rassurer. Sa Grandeur aime surtout les jeunes gens, en qui elle se complaît à deviner la force et l'avenir de l'Église. Voici d'ailleurs une phrase que je lui ai entendu répéter plus d'une fois : « L'affection particulière dont le divin Maître honora Jean, le plus jeune de ses disciples, nous prêche en quelle estime, quelle tendresse, quelle admiration nous devons tenir la jeunesse. »

Dom Cisneros s'est penché vers une porte, au fond... D'un geste brusque, il a ouvert cette porte, s'est éclipsé. J'ai perçu de vagues paroles murmurées à distance. Le bénédictin a reparu. Il m'a appelé.

Monseigneur est assis sur une haute chaise de paille à dossier élevé, à accoudoirs arrondis comme un fauteuil. Monseigneur a dépassé peut-être la soixante-dixième année; il est de très petite taille; c'est tout au monde si le bout de ses pieds, chaussés de mules violettes, effleure le vieux tapis usé jusqu'à la corde qui recouvre le carreau de son cabinet. Encore que sa figure pâle, douloureuse, ridée par la souffrance et par l'âge, se soit éclairée d'un sourire à mon entrée, je n'ose avancer, cloué sur place par un respect qui me terrifie, me supprime. Dom Cisneros m'a poussé et a disparu. — Qui va secourir ma détresse? — Dom Miguel Garcia se tient debout devant un pupitre où se trouve étalé un énorme in-folio à tranche rouge; il lit et prend des notes au crayon sur un lambeau de papier.

— Garcia! lui dit l'évêque.

— Eh bien, Monseigneur, nous en serons, je le crains bien, pour nos recherches, a répondu le vicaire général. Je ne découvre rien dans la *Summa Theologiæ* de saint Thomas; nous verrons dans le *De Summo Pontifice* de Bellarmin...

— Garcia! a répété Sa Grandeur, me désignant cette fois de son index levé.

Le vicaire général m'a pris par la main, m'a conduit à l'évêque. Mes jambes ont fléchi et je me suis trouvé à genoux. Monseigneur, le bras étendu sur ma tête, priait. Dans mon trouble, je ne démêlais pas les mots qui tombaient sur moi; mais l'exceptionnelle bénédiction qui m'était octroyée — Miguel Garcia renvoyait des répons à Sa Grandeur, ce qui n'avait pas lieu durant les bénédictions à la chapelle — me dilatait l'âme délicieusement, et une minute m'a mis de plain-pied avec les cieux ouverts.

Après un moment, le vicaire général m'a aidé à me relever. Monseigneur, qui venait de déserter sa haute chaise, se tenait appuyé contre le marbre de la cheminée. Il me regardait. J'ai baissé les yeux.

— Alors, mon enfant, vous convoitez le suprême honneur de la prêtrise? m'a demandé l'évêque d'Urgel.

— Je ne sais pas, Monseigneur.... ai-je balbutié.

— Vous ne savez pas !

— Que Votre Grandeur veuille m'excuser..., je tremble...

— Pourquoi tremblez-vous?

— Je supplie Monseigneur de me permettre de lui répéter : Je ne sais pas.

— Si l'approche de Dieu vous épouvante à ce point, c'est que, touché de son doigt, vous avez acquis le sentiment complet de ce que Dieu doit être pour vous. Dieu doit être tout pour vous désormais, tout du commencement à la fin de votre pensée. Devant l'invasion de cette force divine qui vient, vous enveloppe, menace de vous submerger, il est naturel qu'à peine échappé du siècle vous ne compreniez pas, vous reculiez, vous ayez peur. Ne craignez rien...

— « *Noli timere,* » a murmuré dom Garcia.

Le vieil évêque a continué :

— Une grande sainte de mon pays, une sainte à qui l'Église a décerné le titre de « docteur, » sainte Thérèse, nous a laissé le récit de ses angoisses à l'instant de quitter sa famille pour entrer au monastère de l'*Incarnation*. « Il me semblait, nous dit-elle, que mes os se détachaient les uns des autres, tant je regrettais les miens et tant Dieu me faisait frayeur. » Et pourtant qui oserait nier que le ciel n'eût des desseins sur Thérèse d'Avila, réformatrice de l'Ordre du Carmel, auteur de ce livre admirable : *Las Moradas*, que n'eût pas désavoué saint Augustin ?

— *Las Moradas*, une nouvelle *Cité de Dieu*, a prononcé le vicaire général.

— Ainsi donc, que les premières obscurités où vous vous débattez, mon enfant, ne soient pour vous ni une cause d'inquiétude ni une cause d'affaiblissement. Le grand séminaire où vous entrez est « un lieu terrible, *terribilis est locus iste*. » Mais songez aussi que c'est dans ce lieu que s'accomplit la besogne la plus redoutable de la terre. Ici, des mains pures, des mains consacrées pétrissent le levain qui doit faire monter jusqu'à Dieu la pâte, toute la pâte de l'humanité. L'abbé Privat, qui vous chérit tendrement, comme on chérit un frère plus jeune, me disait hier qu'un jour vous comprendriez toute la valeur de ces trois mots énormes : « Un prêtre catholique. » Ce jour-là, vous découvrirez le secret de vos terreurs actuelles ; ce jour-là, vous comprendrez que ce n'était pas trop d'un ébranlement jusqu'aux entrailles pour préparer cet être d'élection, plus voisin de l'ange que de l'homme, qu'il importait de faire de vous. Après les ténèbres, vous vous trouverez dans le plein éblouissement de la grâce, ce lieu où vous arrivez n'aura plus rien « de terrible, » et vous répéterez tout le verset de l'Écriture : « Si cet endroit est terrible à habiter, c'est qu'ici est la maison de Dieu et la porte du ciel. »

Le grand vicaire a psalmodié aussitôt :

« *O quam terribilis est locus iste ! Non est hic aliud nisi domus Dei et porta cœli.* »

Monseigneur de nouveau allonge vers moi sa main blanche, — la menotte de ma tante Angèle. Il prie. Sa soutane élimée, une petite perruque, sorte de poignée de gazon flétri qui lui recouvre le sommet de la tête, en me rappelant sa pauvreté, me le rendent plus sacré. Dom Miguel Garcia, planté à côté de son évêque, le dépassant de sa taille démesurée, les yeux clos, la mine sévère, prie également... Tout à coup, Mgr d'Urgel, ayant fait un pas, d'un mouvement de grâce enfantine me met sur les lèvres l'améthyste de son anneau pastoral. Avec quelle ferveur je la baise !

Dom Cisneros est rentré. Je l'ai suivi, l'âme traversée d'outre en outre.

SIXIÈME CAHIER

I

Grand Séminaire, 20 décembre 1847.

Nous étions une trentaine d'abbés bavardant au fond de la cour. Saint-Paul a écrit, paraît-il, une *Épître* sur les paroles inutiles ; mais aucun de nous ne songeait à saint Paul. On discutait, et tout le long de l'aune, ce qu'on ferait quand on aurait une paroisse à desservir. Deux, Soulage et Bonafous, ont déclaré naïvement, saintement, qu'ils se dévoueraient à leurs ouailles ; plusieurs ont ri sous cape, trop fins pour hasarder un mot capable de les compromettre ; les autres, parmi lesquels un diacre qui recevra le prêtrise à l'ordination prochaine, dans quelques jours, ont avoué sans ambages qu'au poste où les placerait Monseigneur, ils commenceraient par se refaire de la mauvaise nourriture du séminaire. — « Ils posséderaient une basse-cour où ils engraisseraient des bêtes pour leur table : poulets, canards, pintades, lapins... »

Le P. Peyrac, qui rôdait par là, souple et léger comme un chat, a-t-il entendu quelque chose ? Peut-être. Le fait est que, ce matin, nous lançant ce texte du *Livre des Proverbes* : « Que le lait de vos chèvres vous suffise, *Sufficiat tibi lac caprarum*, » il nous a fortement sermonnés sur l'abstinence. J'ai observé les figures ; elles étaient longues. Songez donc ! du lait à ces mâchoires de paysans, plus dures que les meules du moulin de Victor Gaillard, à ces mâchoires qui broieraient le granit du mont Caroux et du pic Saint-Loup !...

« *Un prêtre catholique !* ces mots sont énormes, » m'a dit Mgr Simon de Guardiola... Je ne comprends guère... Où est le prêtre catholique tel que l'entend l'évêque d'Urgel ? tel que l'entend aussi dom Miguel Garcia ?... Le prêtre catholique, est-ce mon oncle l'abbé Fulcran Fabre, levé chaque matin à quatre heures, exact avec minutie à ses exercices de piété, à ses devoirs paroissiaux, d'une pureté de mœurs angélique ; mais, — je dois bien le reconnaître, maintenant qu'il m'a été donné d'approcher nos directeurs d'ici, surtout l'incomparable abbé Privat, — esprit naïf, sans étendue, infirme de toutes les infirmités de l'enfance ?... Le prêtre catholique, est-ce M. le supérieur Dubreuil, que l'abbé Labatut me dénonçait comme sans cesse préoccupé de pousser sa carrière, séchant sur pied par son ambition brûlante de la mitre?... Le prêtre catholique, est-ce le P. Laplagne, aujourd'hui professeur de Dogme au grand séminaire de Montpellier, demain directeur de la Résidence des PP. Lazaristes à Macao, après demain martyr à Lha-Ssa, dans le Thibet? Assurément, le prêtre catholique, c'est lui, lui seul !

II

Grand Séminaire, 21 décembre 1847.

Martinage ayant obtenu d'aller en ville pour annoncer à son père son prochain avancement dans les ordres, il m'a été accordé de rester seul avec l'abbé Privat. L'heure a été délicieuse. Privat, très absorbé, était penché sur les tisons, tenant un petit livre jaunâtre, usé, vermoulu. — Qu'était ce livre? — Dans l'écartement des pages, où le diacre avait passé un doigt, j'ai démêlé des lettres gothiques. La bibliothèque du séminaire contient nombre d'ouvrages imprimés en caractères anciens. Le bouquin, froissé par Privat dont la main a eu une crispation soudaine, s'est ouvert, et ce titre m'a sauté aux yeux :

« *Legenda major beati Francisci a sancto Bonaventura edita et ab Ecclesia approbata.* »

— C'est la *Vie de saint François* que vous lisez, monsieur l'abbé ? lui ai-je demandé.

— Oui, Ferdinand, la *Vie* ou la *Légende* de saint François d'Assise par saint Bonaventure. Depuis huit jours, ce petit livre, feuilleté, refeuilleté à plaisir, me pénètre d'une étrange douceur. Le contact des saints peut être comparé au contact de Dieu même : il apaise. Le récit est naïf, par-ci par-là enfantin ; mais comme il est haut, épanoui pour ainsi dire en pleine grâce céleste ! Par quel privilège saint Bonaventure, un génie fier et sévère, un génie philosophique de la trempe de saint Thomas, s'est-il plié à descendre à tant de charme, de familiarité, d'abandon ? Je ne sais. Il faut croire que l'universalité de l'esprit n'est pas toujours exclusive de l'universalité de l'âme et du sentiment. Mon enfance rustique assurément me disposait mieux qu'un autre à suivre saint François d'Assise dans ses promenades solitaires au mont Alverne, à goûter ses entretiens avec les oiseaux, avec les chiens, avec les loups, à m'intéresser aux discours qu'il lui est arrivé plus d'une fois de tenir aux arbres immobiles, aux champs muets. Mais, n'aurait-on pas vu le jour dans un village, au creux d'un sillon comme un perdreau, comment ne pas être ému de cette amitié tendre du saint pour les moindres êtres, les moindres objets de la création, des plus humbles aux plus magnifiques, de cette communion passionnée de François d'Assise avec la nature entière, façonnée par Dieu, où le doigt de Dieu demeure visible pour lui à tous les endroits!

Privat, du milieu des pages du livre, a retiré trois feuillets noircis de son écriture fine, enchevêtrée. Il m'a dit :

— Je me suis amusé et édifié tout ensemble à traduire de rares fragments de la *Légende*. Écoutez celui-ci :

« ... Une fois, aux environs de Bévagno, notre saint s'arrêta en un lieu où s'était rassemblée une énorme multitude d'oiseaux de cent et de cent couleurs. Les avisant, il courut à eux et les salua comme s'ils eussent été de véritables personnes raisonnables. Tous l'attendirent, se tournèrent vers lui, les plus haut perchés inclinant la tête pour mieux le voir, mieux l'entendre. — « Mes frères les oiseaux, leur dit-il, appliquez-vous « bien à louer le Créateur, qui vous a revêtus de plumes chaudes « pour vous engarder du froid, vous a donné des ailes pour « voler, vous a enveloppés de la pureté de l'air et vous gouverne « sans que vous ayez à prendre la moindre sollicitude. » Tandis qu'il leur adressait ces paroles et d'autres à la suite, les oiseaux avaient des tressaillements d'allégresse, allongeaient le cou, entr'ouvraient le bec et tenaient les yeux fixés sur lui. François, priant, passa parmi eux, les frôla de sa robe, et pas un ne s'avisa de changer de place. Enfin, il les congédia en faisant sur eux le signe de la croix... »

Privat s'est arrêté, hésitant à tourner la page pour me lire un autre morceau.

— Je vous en conjure, ai-je imploré... Moi aussi dont l'enfance s'est écoulée au village, je comprends saint François.

L'abbé a repris aussitôt :

— Saint Bonaventure insiste sur la prédilection de saint François pour les alouettes. « ces filles de la lumière, » comme il aimait à les appeler. Je vous cite ce joli paragraphe :

« ... Le bienheureux François chérissait les alouettes d'une affection particulière. Il se complaisait à remarquer dans leur plumage la couleur grise et cendrée qu'il avait choisie pour le costume des Frères Mineurs, afin que l'on pensât souvent à la mort, à la cendre du tombeau. Montrant à ses disciples l'alouette qui s'élançait dans les airs en chantant, dès qu'elle avait pris une grenaille, il leur disait : — « Voyez, elle nous apprend à rendre grâce à notre Père d'en haut qui nous nourrit, à ne manger que pour sa gloire, à mépriser la terre et à nous élever au ciel, où doit être notre conversation... »

— C'est déjà fini ? ai-je demandé, les lèvres et l'âme altérées.

— Encore ces lignes aussi fraîches que l'eau de vos montagnes. Saluez ! voici le printemps dans sa force, dans son éclat, pour vous à Camplong chez l'oncle Fulcran, pour moi à Saint-Jean-de-Fos chez les miens :

« ... Un soir, comme le bienheureux François allait prendre sa collation avec le frère Léon, un rossignol préluda. Notre saint se sentit rempli d'aise, et il pria le frère Léon de chanter alternativement avec l'oiseau les louanges du Seigneur. Celui-ci s'en étant excusé sur sa mauvaise voix, François d'Assise se mit à répondre au rossignol... Les étoiles occupaient leur place au firmament, que, dans l'air très calme et très doux de la prime, le concert persistait entre le saint et l'oiseau. La terre se taisait, attentive à la merveille. Enfin François cessa, avouant que le rossignol l'avait vaincu. Alors il appela l'oiseau sur sa main, le loua d'avoir soutenu si long effort, lui servit à manger et, lui ayant donné sa bénédiction, le laissa aller de toutes ses ailes... »

— Ravissant! ravissant! me suis-je écrié.

— Quand je serai desservant de quelque hameau de vingt feux, j'aurai du temps devant moi, et je traduirai tout entière la *Légende de saint François* par saint Bonaventure. J'ai déjà demandé au P. Baudrez s'il me sera permis d'emporter dans mon presbytère certains ouvrages de la bibliothèque du grand séminaire, qui est fort riche...

— Et le P. Baudrez vous a répondu?

— Il m'a répondu avec une obligeance extrême : « Quand vous serez prêtre, mon ami, vous pourrez disposer de tout ici, et de nos livres et de nous. »

Une brusque joie m'a dilaté le cœur.

— C'est donc décidé, monsieur Privat, la semaine prochaine vous recevrez la prêtrise?

— J'ai jusqu'à demain pour me résoudre, car demain les ordinands entreront en retraite...

— O monsieur Privat, je vous en supplie, n'hésitez plus, lui ai-je dit d'une voix étranglée par une contraction violente.

— J'éprouve un grand calme... Dieu vient à moi... J'espère...

— Espérez! Qui serait prêtre, si vous ne l'étiez pas? Mgr de Guardiola, qui a daigné me bénir, me disait l'autre jour : « Un prêtre catholique! ces trois mots sont énormes. » Assurément, trop novice dans une voie où j'entre à peine, je n'en entends guère le langage, et mon esprit n'a pu pénétrer le sens caché des paroles de Sa Grandeur. Mais, si je vous suis, si je vous regarde, si je vous examine, si, dans ma pauvre balance morale bien indécise, j'ose peser vos scrupules, vos timidités devant Dieu, je me persuade, en effet, qu'un prêtre catholique constitue ce qu'il y a de plus grand ici-bas et que vous êtes digne d'être prêtre catholique...

— Mon enfant, mon jeune frère bien aimé, merci de vos encouragements : ils me fortifient. Dieu vous a trouvé là près de moi, près de mon cœur, et Dieu se sert de vous pour me rabattre vers lui. « Gloire à Dieu au plus haut des cieux, *Gloria in excelsis !* »

Il a poursuivi :

— Le P. Baudrez, lui aussi, me presse de son aiguillon, et je finis par me laisser mener sous le joug, « le joug du Seigneur qui est léger. » Au fond de moi, je sens d'ailleurs tant de forces assemblées qui m'aideront à devenir ce que je ne suis pas encore !... Mgr de Guardiola a raison quand il dit : « *Un prêtre catholique !* ces trois mots sont énormes. » Mais ne pensez pas, Ferdinand, qu'en s'exprimant ainsi, l'évêque d'Urgel se préoccupe d'aucun prêtre en particulier ; il se préoccupe du prêtre. Son vaste esprit, auquel le sacerdoce reçu dans sa plénitude communique de plus vives lumières, lui a fait mesurer la profondeur de la misère humaine, et il sait au prix de quels sacrifices l'homme dépouille les scories terrestres pour escalader les marches du divin. A ses yeux, le prêtre est le plus grand, le plus prodigieux effort qu'il ait été accordé à l'humanité de réaliser contre elle-même, au-dessus d'elle-même, pour voir Dieu, le toucher. N'y a-t-il pas de quoi être confondu, de quoi frémir jusqu'à la moelle des os, en songeant que moi, par exemple, moi couvert de tant de lèpres cuisantes, je pourrai être appelé, dans peu de jours, à célébrer le saint sacrifice de la messe, ce sacrifice auguste qui fera passer en mes mains indignes le corps vivant de Notre-Seigneur Jésus-Christ? Ma tête s'égare à la grandeur dont on me menace, et je voudrais reculer encore pour travailler encore à une purification intérieure nécessaire, à une purification qui, à la longue, ferait de mon âme le temple saint, le tabernacle choisi où Dieu se complairait à résider.

Martinage est entré en coup de vent.

— Il vous souffle une bise!... a-t-il dit.

La bise dont parlait mon chambrier a saisi l'abbé Privat, l'a glacé. Il s'est levé et, prétextant sa préparation à une « confession générale, » préparation qu'il voulait faire à la chapelle, il a marché vers la porte. Martinage l'a arrêté.

— Enfin, as-tu pris ton parti? lui a-t-il demandé d'un ton qui m'a paru trop familier, peu convenable dans la situation déchirante où se trouve placé notre ami.

Privat est demeuré muet trois secondes ; puis, avec un sourire indulgent :

— Rassure-toi, Albert : le P. Baudrez m'accable de telles bontés, il découvre pour combattre mes incertitudes, mes peurs, mes reculements, de telles paroles, — et si franches, et si nobles, et si hautes en Dieu, — que je ne tarderai pas à être entraîné. D'abord, je lui ai répondu : « Non ! non ! » Ensuite, ramené tendrement, je lui ai murmuré : « Oui ! oui ! »

Martinage lui a sauté au cou.

— Quelle consolation tu me procures, mon Augustin !

Il a fondu en larmes.

La *Vie de saint François* a fui de la main de Privat, bouleversé de fond en comble. Je suis accouru et j'ai recueilli sur le carreau le livre, puis les trois feuillets contenant les essais de traduction de la *Légende*. Comme je lui restituais le tout, le diacre m'a regardé, complètement abasourdi. Mais, se récupérant tout lui-même, il m'a dit :

— Il se peut, Ferdinand, comme le croit Albert, que ce jour où j'ai tout promis au P. Baudrez soit un grand jour pour mon salut éternel. Laissez-moi le marquer d'un petit souvenir. Ces pages de saint Bonaventure vous ont intéressé ; je vous les donne, gardez-les en mémoire de moi.

Il avait avancé la main pour reprendre le livre ; je la lui ai saisie et mes lèvres l'ont couverte ardemment. Plus d'une larme chaude a mouillé les doigts d'Augustin Privat.

III

Grand Séminaire, 23 décembre 1847.

Les ordinands sont si nombreux cette année que tout le séminaire a l'air d'être en retraite. — Quel silence! quel recueillement! — Si, au lieu d'être noir, notre habit était blanc, on croirait, à nous voir ainsi défiler muets, un monastère de chartreux. Les plus intrépides aux amusements, ceux dont la discipline enveloppante n'avait pas encore dompté les caprices, les pétulances de nature, matés désormais, s'en vont par les cours, bras ballants, tête baissée, bouche close. La retraite, ouverte par une messe solennelle, avec *Veni Creator* à trois voix, a manifestement attiré le Saint-Esprit dans la maison, et chacun a été touché en quelque endroit. Le P. Laplagne, édifié par la réserve pieuse de tous durant la récréation, s'est écrié :

— « Le Fils de Dieu règne et commande, *Christus regnat, Christus imperat.* »

Pour moi, encore bien flottant, par suite encore bien profane, je m'abandonne aux délices de cette paix inattendue, m'en pénètre jusqu'à l'enivrement. Tout se tait ; à peine si je perçois un murmure très assourdi de prières, et mon âme blessée, mon âme malade s'exalte, ouvre ses ailes, essaye de monter... Hélas ! mon essor manque de force, il manque surtout de hardiesse. La terre me tient et ne veut pas que je prenne congé d'elle. Comment avouer qu'au moment même de mon effort le plus résolu pour m'élever, pour atteindre ces régions près de Dieu où se meuvent librement Soulage et Bonafous, où plane avec la sûreté, la souveraine tranquillité d'un oiseau de haut vol l'abbé Augustin Privat, je me suis senti pitoyablement lié par mille fils ténus que je n'ai pu rompre, d'où, malgré que j'en aie, je ne sais me dépêtrer. A travers mes ferveurs brûlantes, j'ai revu les potagers de Saint-Pons, la Tuilerie, la vigne de l'Arboussas, la Grange-du-Pin, et certaines images abolies, certaines images mortes ont repris vie soudainement...

Toutefois, il faut en convenir, si des souvenirs cruels ont tout à coup fondu sur moi, m'ont saisi avec une violence à m'arracher des cris, je ne suis pas seul coupable de ces cris : Privat en est coupable avec moi. Pourquoi, en marge des pages qu'il m'a offertes d'une façon touchante, pages qui devaient contenir seulement la traduction des morceaux de saint Bonaventure, Privat a-t-il laissé couler, ici par un mot jailli de lui-même, là par une citation des Livres saints ou d'autres livres, ses inquiétudes, ses découragements, ses angoisses? Je n'avais pas copié dans mon journal dix lignes des fragments si poétiques de la *Vie de saint François d'Assise*, que je lisais, barbouillé à côté du texte, entre parenthèses :

« ... David disait à son fils Salomon ; « Sois homme, *Esto vir !* » Je devrais me répéter ces paroles à chaque heure de la journée. Oui, mais mon caractère s'affaisse sans énergie, et l'*Esto vir* de David me convient moins que ce vers d'Ovide qui me revient en mémoire :

« *Confiteor misero molle cor esse mihi.* »

Plus loin, en regard du chant du rossignol alternant avec le chant du bienheureux François d'Assise, ce verset du *Cantique des Cantiques* :

« ... Oui, tu es belle, ma bien-aimée ! oui, tu es belle ! Sous ton voile, tes yeux ont la douceur des yeux de la colombe ; tes cheveux sont comme un troupeau de chèvres paissant l'herbe aux fentes des rochers de Galaad ; tes dents sont comme un troupeau de brebis tondues sortant des eaux ; tes lèvres brillent comme un fil de pourpre ; ta bouche est ravissante, et ta joue éclate devant moi comme une moitié de grenade... »

Au bord de la troisième page, d'une écriture tremblée :

« ... S'il n'y allait que de ma vie, la chose n'en vaudrait pas la peine ; mais il y va de mon honneur, et je m'entêterai. J'opposerai à mon directeur rapace, toujours à l'assaut de mes idées, ces mots de Fénelon dans son *Traité de l'Existence de Dieu* : « MES IDÉES, APRÈS TOUT, SONT MOI-MÊME, CAR « ELLES SONT MA RAISON ! »

Enfin, au bas du dernier feuillet, cet élan plein de courage :

« Je boirai ce calice de salut et j'invoquerai le nom du Seigneur, *Calicem salutaris accipiam et nomen Domini invocabo.* »

Ces pages contenant plus d'un secret de la vie morale de Privat, je les lui restituerai dès notre premier entretien, après l'ordination. — Sait-on si Privat, quand il transcrivait le verset du *Cantique des Cantiques,* ne s'occupait pas de Césarine Lombard, la jeune paysanne de Saint-Jean-de-Fos? — Il est certain qu'en lisant ce verset lumineux, moi, j'ai été ébloui, et que, dans la fulguration de paroles singulièrement évocatrices, j'ai vu passer, se tenant par la main, formant comme une chaîne de fleurs, Jeanne Magimel, Éléonore Trescas, Marthe Vanneau, Marie Vidal...

Malgré décembre, exceptionnellement rude cette année, Privat, après une promenade de cinq minutes en compagnie d'autres diacres sous les arbres dépouillés de la cour, s'était assis tout à l'heure sur un banc. Comme je le soupçonne de ne pas se porter très bien et de nous cacher son état, à Martinage et à moi, malgré les défenses à « ceux qui n'avancent pas » de troubler les ordinands, je me suis élancé. Mon ami, toujours charitable, n'a pas voulu me faire trouver en défaut : il s'est levé et s'est rejeté dans le groupe duquel il venait de se détacher. Mais alors le P. Baudrez, qui peut-être avait suivi notre manège, lui a pris le bras familièrement.

Je ne saurais dire la reconnaissance, l'affection respectueuse dont je me suis senti pénétré pour M. le supérieur traitant l'abbé Augustin Privat avec cette extraordinaire distinction. Le P. Baudrez ne pèche pas envers nous par une énorme tendresse. Il faut voir aussi ce que vaut, au grand séminaire, son moindre mot, son moindre geste! On est dominé, et on se courbe, et on obéit. « C'est un soldat, ai-je entendu dire à Privat; mais, s'il est rude, impératif comme un soldat, il est capable, comme un soldat, d'être un héros à n'importe quelle heure de la journée. Je l'admire plus que je ne l'aime, et j'ai tort, car le peu de bien qui est en moi, je le lui dois. »

La cour, ébahie, regardait, jalousait Privat allant au bras de M. le supérieur, et moi, j'étais fier, heureux de cette préférence accordée au meilleur d'entre nous, au plus intelligent, au plus digne, au plus saint. Que j'aurais voulu entendre le P. Baudrez! — Que disait-il? De quelles recommandations suprêmes soutenait-il son pénitent dévoré de scrupules, allant à l'ordination comme à la mort?

La cliquette du maître des cérémonies — on ne sonne pas la cloche durant les exercices de la retraite — a retenti. En quittant Privat, j'ai ouï le P. Baudrez lui dire:

— A la *Troisième lettre* de saint Jérôme se trouve ce texte écrit pour vous: « Supérieur au monde, que fais-tu dans le monde, ô mon frère? *Quid agis, frater, in sæculo, qui major es mundo?* »

IV

Grand Séminaire, 30 décembre 1847

Mon Dieu!... mon Dieu!...

Quand je songe que, depuis cinq jours, je n'ai pas écrit une ligne! — Si mon oncle de Camplong savait que je néglige à ce point mon journal! — J'ai essayé deux fois, je n'ai pas pu. Aujourd'hui, peut-être aurai-je la force de raconter ce que j'ai vu, tout ce que j'ai vu...

La journée de l'ordination s'annonça comme devant être fort belle. Dès neuf heures, la cour était claire, et les corridors de la maison recevaient des reflets où transparaissaient de chaudes lueurs de soleil. L'hiver, pour notre fête, se faisait aimable. Les portes, aux trois étages du séminaire, s'ouvraient, se fermaient avec des éclats joyeux, et les ordinands, affairés au milieu de leurs parents accourus à la cérémonie, passaient, non plus tête baissée, mais front haut, rayonnants des grâces promises, des grâces dont ils étaient sûrs. Nous étions à la veille de Noël, bien loin certes de la veille de Pâques, et pourtant tous les cœurs, le mien premier, chantaient : *Alleluia! Alleluia!*

L'abbé Martinage n'étant pas libre, c'est moi que le concierge est venu prévenir de la présence de Mlles de Fouzilhon et de l'Hospitalet. J'ai conduit assez gauchement ces dames vers les places retenues pour elles.

— Et la chaise de Mme de Sauviac? m'a demandé Mlle Nobilie.

Mme de Sauviac!... Dans mon trouble, je n'avais pas remarqué une grande jeune femme blonde, à l'air distrait. Je suis effaré, des gouttes de sueur me perlent aux tempes. je perds la tête. Dans cet état, je bouscule les gens, je pousse la multitude empressée des parents; je veux à tout prix faire asseoir Mme de Sauviac. Mes efforts échouent piteusement. On se cabre, on se révolte. Il pleut des réclamations. Quelques dévotes ont des gloussements terribles qui vont devenir des cris. Miracle! dom Cisneros traverse la nef. Je l'appelle à la rescousse. Il aperçoit Mmes de Fouzilhon, de l'Hospitalet, de Sauviac, — des fidèles du chocolat Torreblanco, — et fonce vers nous. Impossible de résister au secrétaire de Mgr d'Urgel, grand, massif, entraînant tout. D'un geste d'autorité, il enlève un siège enchevêtré par là dans les jupons de mes dévotes et invite Mme de Sauviac à l'occuper.

— Mgr de Guardiola, lui dit-il, apprendra avec une vive satisfaction, madame, votre arrivée à Montpellier.

A ces mots, les murmures ambiants s'apaisent. Un peu honteux de mon personnage, j'abandonne ces dames à dom Cisneros et m'évade discrètement.

Mgr d'Urgel a officié. Mgr de Montpellier, qui avait voulu honorer son frère étranger, a assisté le vieillard à l'autel, et j'ai été frappé de la complaisance affectueuse de Mgr Thibault à soutenir le célébrant affaibli par l'âge et l'exil, de l'extrême déférence avec laquelle il lui parlait. Tandis que les ciseaux de Mgr de Guardiola tondaient de rares mèches de cheveux aux têtes touffues des « tonsurés, » que Mgr Thibault, pour alléger sa fatigue, articulait tout haut les textes qu'il murmurait tout bas, je pensais, moi, que la religion, en abolissant toute préoccupation d'intérêt, en portant nos pensées plus haut que nous-mêmes, change le caractère des relations humaines, qu'elle les agrandit démesurément, jusqu'au ciel. Certes, ces deux pontifes étaient réunis là pour l'acte le plus important de leur ministère auguste, et il ne dépendait pas d'eux de décliner leur devoir; mais ce devoir, ils l'accomplissaient l'un et l'autre avec une solennité émue, une hauteur de respect dont j'étais anéanti. — Que n'aurais-je pas donné pour être admis à prendre rang parmi mes condisciples qui recevaient les ordres mineurs, pour être promu « tonsuré, portier, lecteur, exorciste, acolyte, » grades en vertu desquels vous êtes autorisé à balancer l'encensoir, à lire l'épître dans le chœur, à sonner les cloches, à ouvrir et à fermer les portes de l'église! — Leurs pouvoirs reçus, après avoir salué l'évêque consécrateur, les ordinands revenaient vers nous, les ailes des surplis déployées, pareils aux beaux cygnes blancs qui glissent sur le bassin du Peyrou.

Cependant les sous-diacres avaient « fait le pas, » avaient reçu l'amict, s'étaient inclinés devant Mgr de Guardiola assis, mitre en tête, et ils reprenaient leurs places dans la nef. Dom Cisneros, secrétaire du célébrant, se conformant au *Pontifical romain,* appela les futurs diacres :

— ... *Albertus Martinagius!*

— *Adsum!* répondit mon chambrier à très haute et très intelligible voix.

J'étais placé au bas-côté droit de la chapelle, formant la haie, avec d'autres abbés qui « n'avançaient pas, » autour des ordinands, et Martinage me touchait presque. Je ne vis jamais visage plus épanoui, plus heureux, plus beau. Je tentai d'attirer l'attention de mon ami totalement transfiguré : je toussai. Mais, enlevé par les grâces qui le faisaient resplendir à mes yeux de la tête aux pieds, il me frôla sans m'accorder un regard et marcha vers l'autel dans son aube resplendissante, l'étole au coude, la dalmatique sur le bras, sourd à la terre, impassible en Dieu qui l'avait saisi.

— Il est on ne peut mieux, tante, M. l'abbé Martinage, chanta derrière moi une voix flûtée d'oiseau.

Je me retournai. C'était Mᵐᵉ de Sauviac qui parlait.

— On ne peut mieux, ma chère Zoé, lui répondit Mˡˡᵉ de Fouzilhon.

— Chut! souffla Mˡˡᵉ de l'Hospitalet.

Je n'oserais affirmer que Mᵐᵉ de Sauviac haussa les épaules au *chut* de Mˡˡᵉ Ursule; mais elle eut un mouvement d'humeur peu convenable. L'air ennuyé, elle s'éventa, encore que la chaleur ne fût pas excessive, puis s'assit. J'en suis honteux aujourd'hui, ces caprices de la nièce de Mˡˡᵉ de Fouzilhon avaient pour moi un charme attirant, capiteux, qui me détachait de l'ordination. J'avais beau tenir mes yeux en bride, ils m'échappaient à tout propos, et je voyais la mine allongée de Mᵐᵉ de Sauviac, que la cérémonie décidément n'amusait guère, et j'entendais Mᵐᵉ de Sauviac lançant un mot découragé à sa tante, un lardon trop vif à Mˡˡᵉ de l'Hospitalet, échangeant de longues phrases avec le docteur Estor, médecin du séminaire, dont le siège avoisinait le sien. Tout à coup elle se pencha vers une femme âgée, à genoux, et lui parla à voix basse.

— Merci bien, madame la comtesse, merci bien, lui répondit-on.

— Asseyez-vous cinq minutes seulement, insista-t-elle. Ce repos vous soulagera. Il faut que vous puissiez aller jusqu'au bout!...

Ses deux petites mains finement gantées soulevèrent la vieille. Elle la contraignit à prendre sa chaise. — Ciel! la mère de Privat. Je l'avais aperçue le matin avec son fils, dans le parloir, comme elle arrivait de Saint-Jean-de-Fos; puis je l'avais perdue de vue dans la foule des parents et des invités. Comment se trouvait-elle là? Martinage, sans doute, l'avait recommandée à Mlles de Fouzilhon et de l'Hospitalet, qui connaissaient Privat. Mais alors pourquoi avait-on négligé de s'occuper d'elle? Il était heureux vraiment que la cérémonie n'absorbât pas Mme de Sauviac comme elle absorbait Mlles Ursule et Nobilie, que cette « impie, » ainsi qu'on appelait la comtesse Zoé rue des Carmes, se fût un peu réservée pour le prochain! — La paysanne respira. Prosternée sur la dalle nue depuis deux heures, elle paraissait exténuée. Elle regardait avec curiosité devant elle, la bouche mi-ouverte, le visage rigide, immobile, presque noir par le soleil qui l'avait cuit et recuit parmi les vignes ou les olivettes de Saint-Jean-de-Fos. Elle ne savait pas lire apparemment, car ses mains rudes, noueuses comme des branchettes d'amandier, de cette couleur sacrée qui est la couleur de la terre, au lieu de tenir un livre, égrenaient un gros chapelet dont le laiton poli par l'usure lui passait des bagues aux dix doigts. Mme de Sauviac se tenait droite à côté d'elle, donnant encore un mot, par-ci, par-là, au docteur Estor, à sa tante, à Mlle Ursule, mais attentive surtout à la mère de mon ami, qu'elle félicitait, à qui elle adressait pour la retenir sur sa chaise des gestes mignons, des paroles caressantes, des sourires tendres et jolis.

Soudain, la voix de trompette de dom Cisneros retentit à travers l'église :

— « Que ceux qui doivent recevoir l'ordre de la prêtrise s'approchent, *Accedant qui ordinandi sunt ad ordinem presbyteratûs.* »

Dix ordinands, revêtus de l'aube, l'étole transversale à la poitrine, la chasuble pliée sur le bras gauche, avancèrent. Privat venait quatrième. Plus petit que les séminaristes de son groupe, enveloppé par eux, fondu au milieu d'eux en quelque sorte, je l'avais à peine aperçu de temps à autre, quand la cliquette du maître des cérémonies ordonnait une évolution en arrière ou en avant. Dieu, que je le trouvai changé ! Sa figure mince, délicate, me parut réduite à rien. Ses yeux noirs, brillants, agrandis par les dépressions environnantes, lui emplissaient la face. Il me rappela une gravure qui décore le cabinet du P. Laplagne, que le P. Laplagne admire. Ce chef-d'œuvre incomparable reproduit la tête de Jésus crucifié, d'après un artiste ancien très vanté par mon directeur : Albert Dürer. Il est impossible d'inscrire plus de douleur sur un morceau de papier, et, je n'hésite pas à le croire, Albert Dürer avait du génie. Augustin Privat, les cheveux hérissés comme un buisson d'épines — les épines dont saigne le front du divin Sauveur, — Augustin Privat hasarde deux pas ; mais il marche avec une peine extrême. Trop vivement poussé par les autres, il s'arrête ; puis il soulève une jambe, fait un effort...

— Ah çà! mais cet ordinand est atteint d'ataxie locomotrice! dit le docteur Estor à Mme de Sauviac.

Ataxie locomotrice! Que signifie cela? J'ai bien envie de quitter ma place pour soutenir mon ami qui chancelle, qui n'avance pas vers l'évêque parce que, ses scrupules atroces le ressaisissant, l'évêque lui fait peur.

Les ordinands sont rangés en demi-cercle autour de Mgr de Guardiola, et Privat demeure à vingt pas, seul, les traits de plus en plus assombris, orageux, ravagés, tordus. — Que fait donc Martinage? Pourquoi, étant diacre, étant libre désormais, n'accourt-il pas? — Si j'osais, moi, accompagner notre ami jusqu'à Mgr de Guardiola!

Dom Cisneros a commencé l'appel.

— ... *Augustinus Privatus!*

Privat ne répond rien.

— *Augustinus Privatus!* répète le secrétaire de Mgr d'Urgel.

Même silence.

Je suis au moment de m'élancer ; mais le P. Baudrez descend de sa stalle et vient trouver son pénitent, les deux pieds fichés dans les dalles à ne pouvoir les déraciner... M. le supérieur lui parle. Privat l'écoute... M. le supérieur lui prend le bras. Privat le suit... Mon ami a reconquis la souplesse de ses membres frappés de paralysie.

Le célébrant lève la main. Dom Cisneros, pour la troisième fois :

— *Augustinus Privatus!*

— Non! non! non! répond Privat d'une voix terrible, d'une sorte d'accent surnaturel.

Et, s'étant rejeté en arrière par un bondissement de fauve qui, sous son nez, a rencontré plus fort que lui, il lance en avant la chasuble, arrache le manipule épinglé à son bras...

— Mon enfant!... mon enfant!... se lamente le P. Baudrez dans la consternation générale.

— Misérable! misérable! hurle mon pauvre ami, les yeux enflammés par l'incendie de son âme qui tout entière a pris feu.

On essaye de l'envelopper; mais il bouscule, frappe directeurs et ordinands, sa mère qui s'est précipitée. Enfin, il enjambe chaises, bancs, tabourets, et s'échappe de la chapelle par la porte ouverte au fond du chœur, à droite du maître-autel.

Mon Dieu!... mon Dieu!...

Alors se passèrent des scènes comme on n'en saurait voir ni de plus douloureuses ni de plus navrantes. Tandis que les évêques, enchaînés à l'autel par des obligations irrémissibles, achevaient la cérémonie de l'ordination, trente personnes au moins, directeurs, invités, séminaristes, parmi lesquels Martinage et moi, nous parcourions les corridors des trois étages de la maison, à la poursuite de Privat galopant devant nous d'un pas effréné. Une fois, comme il allait vers sa chambre, nous crûmes qu'il y entrerait; mais il ne s'arrêta pas plus devant sa porte que devant les autres et continua sa course, se complaignant, gesticulant, vociférant.

— Mon Augustin! mon Augustin!... lui cria sa mère, la voix déchirée par les sanglots.

Il demeura planté, et la pauvre femme, se hâtant de tout son bâton, car elle boitait légèrement, put l'approcher, lui prendre les deux mains.

— O ma mère! balbutia-t-il péniblement, le regard fixe.

— Veux-tu te reposer une minute dans ta chambre, mon Augustin?

— Oui.

Il rétrograda, trouva sa porte, l'ouvrit.

Le docteur Estor parut.

— Eh bien? interrogea-t-il.

Le P. Baudrez, dans le corridor, le renseigna. M. Estor entra dans la chambre demeurée ouverte, et nous tous nous y entrâmes à sa suite, laissant le P. Baudrez à qui le médecin avait fait un signe. Privat était assis, accablé, harassé, pantelant. Ses mâchoires marchaient à vide par un mouvement convulsif.

— Comment vous trouvez-vous, à présent? lui demanda M. Estor.

— Bien, bien..., articula-t-il d'un ton saccadé.

— Et que comptez-vous faire?

— Partir... avec ma mère...

— Mon fils guérira à la maison, dit la paysanne de Saint-Jean-de-Fos.

Privat se leva, considéra toutes choses autour de lui, puis éparpilla sur le sol les papiers de sa table. Soudain, portant à sa poitrine une main effilée, aiguë, rétractile comme une griffe, il fit sauter trois boutons de sa soutane, déchira l'aube blanche qui lui descendait jusqu'aux pieds.

— Il faut bien que je quitte ça! bégaya-t-il.

Martinage, fraternel, voulut l'aider; mais il le repoussa brutalement et persista à mettre l'aube en lambeaux. L'idée me vint d'intervenir à mon tour. Un regard sauvage de Privat arrêta mon élan. J'eus peur et me tins coi. Songez donc, sur sa chemise qui bouffait par l'ouverture faite à la soutane, je venais d'apercevoir des gouttelettes de sang!

— Allons, partons! bredouilla-t-il furieusement.

Il passa au milieu de nous en nous menaçant de ses poings serrés, enfila le grand escalier, le dégringola quatre à quatre. Par bonheur, le concierge lui opposa porte close, et, quand nous le rejoignîmes, il était affaissé, pelotonné en un coin, sur un des bancs du parloir. Sa mère, qui n'avait pas redouté de l'approcher, le berçait de paroles calmantes, de paroles de miel, jaillies de ses entrailles et de son cœur.

Cependant, M. Estor observait Augustin Privat, ne cessait de l'observer. Ayant suivi ses mines, ses gestes, ses hoquets, il écrivit deux lignes sur une page de son calepin et, remettant le feuillet à Martinage, lui murmura :

— Prenez ma voiture qui est à la porte du séminaire, et portez ce mot au directeur de l'Hôpital-Général...

— Mais alors?...

— Quand, dans la chapelle, j'ai vu M. Privat poser avec difficulté un pied devant l'autre, j'ai redouté pour lui quelque chose de funeste du côté du cerveau. Mes prévisions ne me trompaient pas : M. Privat est fou.

Mon malheureux ami, ayant écouté sa mère, m'a appelé.

— Vous viendrez me voir à Saint-Jean-de-Fos, n'est-ce pas, Ferdinand? m'a-t-il dit d'une intonation naturelle.

— Je crois bien, que j'irai vous voir !

— Mon village est si joli ! et comme il y fait bon vivre ! Nous irons nous promener au bord de l'Hérault.... sur la route de Saint-Guilhem-du-Désert, près de la fontaine Clamouse...

Une porte de la chapelle s'est entr'ouverte et ces mots, chantés par cinq cents voix, se sont épanchés sur nous :

« *Pleni sunt cœli et terra majestatis gloriæ tuæ.* »

— Qu'est-ce? a-t-il demandé.
— Le *Te Deum*, lui ai-je répondu.
— La fin de la cérémonie de...

Il a changé de place d'un bond et n'a plus proféré une parole. Ses yeux étaient fermés. On l'aurait cru assoupi. Sa mère, à travers des larmes qui ruisselaient abondantes, pressées comme l'eau d'une source intarissable, le regardait extasiée.

— Il va mieux, m'a-t-elle soupiré.

Il dormait, en effet. Durant plus d'un quart d'heure son souffle a été calme, régulier. Tout d'un coup, les paupières relevées jusqu'aux sourcils, il nous a enveloppés tous d'un regard irrité, farouche. Sa mère a essayé de l'étreindre, mais il l'a rejetée contre le banc de chêne, où la tête de la pauvre femme a heurté violemment.

— Je veux qu'on me crucifie! s'est-il écrié, je veux qu'on me crucifie!

Et, de ses ongles acérés, tranchants, il s'est labouré la face, d'où le sang a jailli par vingt blessures.

Quatre hommes, précédés de Martinage, sont entrés. En moins d'une minute, ils sont venus à bout de l'exaltation, de la fureur, de la rigidité tétanique de l'insensé, qui s'est trouvé lié, garrotté, réduit à une impuissance complète dans la camisole de force.

Au moment où les infirmiers de l'Hôpital-Général, leur horrible besogne achevée, emportaient, malgré les cris, le désespoir, les protestations de sa mère, Augustin Privat roulé comme un paquet, M⁀ Simon de Guardiola s'est montré au bout du corridor entre dom Miguel Garcia et dom José Cisneros; il a levé ses bras tremblants et a envoyé une bénédiction.

Mon Dieu !... Mon Dieu !...

SEPTIÈME CAHIER

I

Hôtel Fouzilhon, 1ᵉʳ janvier 1848.

Ce matin, premier jour de l'An, j'ai entendu la messe à la cathédrale. M. le chanoine Pommerol, de semaine au chœur, la disait, et moi, en congé pour trois jours chez Mlle de Fouzilhon, je la servais. Avec quelle ferveur j'ai déplacé le missel, présenté les burettes, murmuré les répons! Depuis le malheur effroyable qui a rempli d'épouvante le grand séminaire, il me semble qu'à chaque heure de ma vie j'acquiers, de plus en plus vif, le sentiment de la carrière très haute où je n'ai pas craint de m'engager. L'abbé Privat agonise à l'Hôpital-Général; mais son corps seul se débat dans le cabanon de M. le docteur Estor, car son âme est déjà montée au ciel. Sait-on si l'âme divine de mon ami, comblée de grâce jusqu'à la meurtrissure, n'a pas frôlé la mienne en s'échappant?...

M. Pommerol a voulu me reconduire rue des Carmes, et véritablement cette conduite ne lui a pas mal réussi. En outre d'un présent magnifique de première année, — un calice en vermeil, — qu'il a reçu de Mlle de Fouzilhon, M. le comte de Sauviac lui a donné une poignée de louis pour ses pauvres.

Durant la présence dans le salon du chanoine de Saint-Pierre, aimable jusqu'à l'obséquiosité, j'ai été frappé du peu de cas que Mme de Sauviac a paru faire de lui. Non seulement elle ne l'a pas gratifié du moindre cadeau, de la plus mince obole; mais, tout entière occupée à tourner la manivelle d'une boîte à musique, — un joujou neuf offert le matin au petit Maurice par Mlle de l'Hospitalet, — elle ne s'est même pas levée pour lui rendre son salut. Ce manque d'égards envers un ecclésiastique âgé, le membre le plus respecté du Chapitre, a fait plus que de me surprendre, il m'a blessé comme une injure personnelle. Il faut voir aussi de quel ton bourru j'ai répondu à la comtesse lorsque, Mlles de Fouzilhon, de l'Hospitalet, M. de Sauviac partis pour assister à une prise de voile au monastère des Carmélites, nous nous sommes trouvés seuls au salon! Maurice s'était emparé de la boîte à musique et la manœuvrait follement. Tout à coup une longue note a gémi, la manivelle s'est détachée, l'instrument a roulé sur le tapis.

— Je savais bien que tu en aurais vite fini avec cette boîte, s'est écriée Mme de Sauviac, furieuse. Venez ici, que l'on vous fouette, méchant sujet.

L'enfant pleurait.

— Tu me promets d'être plus sage une autre fois? lui a demandé la jeune mère, soudainement attendrie.

— Oui, maman, plus sage…

— Embrasse-moi.

Deux gros baisers ont retenti.

— Va, je te permets d'aller trouver Julette. Mais amuse-toi sans trop de tapage : M. Bringuier pourrait venir, et, tu sais, M. Bringuier tire les oreilles…

Maurice s'est sauvé d'un bond de chevreau.

— Je m'en veux quelquefois, m'a dit la comtesse, de faire passer cet excellent M. Bringuier pour un homme terrible, pour une sorte d'avale-tout-cru des enfants. Mais quand on a besoin d'un croquemitaine, on le prend où l'on peut. Les sapeurs à barbe féroce, dont je possédais un régiment à Lille, me manquent ici. Mon petit Maurice a un caractère turbulent, indomptable, et ma tante Nobilie découvre dans les dispositions de mon enfant de grands sujets pour moi de m'humilier. Ma foi, je n'y songe guère, à m'humilier, et, je vous le jure, monsieur l'abbé, je ne suis pas trop malheureuse d'être la mère du garnement qui a cassé sa boîte à musique. Il a du bon, ce garnement-là... Du reste, vous n'ignorez pas que nous comptons sur vous pour refréner, former, améliorer, assouplir cette nature de sacripant...

— Sur moi ?

— Ma tante ne vous a donc pas mis au courant de ses intentions ?

— J'ignore absolument les intentions de Mlle votre tante.

— Les voici : c'est vous qu'après un conciliabule secret avec M. de Sauviac et ma cousine Ursule de l'Hospitalet, Mlle de Fouzilhon a choisi pour faire l'éducation de Maurice.

— Mais la chose n'est pas possible, madame : je suis au grand séminaire...

— Oh ! ne vous mettez pas en peine ; on saura vous en faire sortir, du grand séminaire.

— Jamais ! me suis-je écrié.

Redoutant je ne sais quelle entreprise obscure contre ma vocation, je m'étais planté debout, prêt à fuir vers ma chère retraite du faubourg Boutonnet. La comtesse aussitôt m'a pris une main, m'a ramené vers ma chaise et m'a pressé de me rasseoir ; puis ses lèvres ont articulé avec douceur :

— Vous serez un bon prêtre, et je m'explique la confiance de ma tante.

J'ai osé regarder Mme de Sauviac. Dans le sentiment religieux qui l'animait, qui lui avait arraché des paroles si flatteuses pour moi, son visage avait acquis le resplendissement d'un soleil. Je n'ai pu en soutenir la vue; j'ai baissé les yeux, confondu de mon audace, honteux tout ensemble et terrifié.

Les secondes qui ont suivi cet éblouissement ont duré des siècles. Nous étions seuls, et cet isolement dangereux pesait à ma conscience comme un remords, comme un crime. — Ah! si Mlle de Fouzilhon, ou Mlle de l'Hospitalet, ou M. de Sauviac, prévenu de ma détresse par une voix d'en haut, voulait bien rentrer rue des Carmes! si seulement Julette remontait au salon avec Maurice! — Personne. Durant mon supplice, j'étais attentif aux moindres bruits de l'hôtel; mais nul bruit ne m'annonçait le salut. La porte cochère ne s'ouvrait pas; c'était toujours le sifflement des bûches se consumant dans le foyer.

Une idée me martelait le cerveau : pourvu que, dans la paix profonde de cette vieille maison, Mme de Sauviac n'entendît pas mon cœur qui sonnait dans ma poitrine plus bruyamment qu'une cloche! Je me rassurais de temps à autre, repassant en moi-même les tortures d'Augustin Privat parmi les campagnes de Saint-Jean-de-Fos où besognait Césarine Lombard, en compagnie de sa mère et de Frédéricou. Que n'avait-il pas enduré de cette fille arrachant des souches de buis dans le communal, non loin de la fontaine Clamouse! Pourtant, Privat avait poursuivi vers Dieu sans se laisser détourner. — Oui, certes, me disais-je, oui, certes, il avait poursuivi quand même ; mais le dernier échelon qui devait le joindre intimement à Dieu, le faire entrer en Dieu, la prêtrise, il ne l'avait pas franchi. Qui avait troublé sa raison au moment décisif? Césarine Lombard. A ce propos, Martinage m'a fait lire ce texte dans l'*Ecclésiaste* : « J'ai trouvé la femme plus amère que la mort, *Inveni amariorem morte mulierem.* »

— Qu'avez-vous donc, monsieur l'abbé? m'a demandé Mme de Sauviac.

— Je n'ai rien, madame.

— Vous venez de m'envoyer un geste qui m'a eu l'air d'une menace. Est-ce que j'aurais eu le malheur de vous déplaire, en vous révélant les projets de ma tante?

— Je vous assure, madame...

— Vous comprenez bien qu'il n'en sera de ceci que ce que vous voudrez. D'ailleurs, il n'est pas question de vous livrer Maurice du jour au lendemain. Maurice a six ans; il ne sera mis aux mains d'un précepteur que vers la onzième année, c'est-à-dire dans cinq ans, quand vous serez prêtre, et ma tante, qui n'est pas sans exercer son influence à l'évêché, obtiendra de Monseigneur l'autorisation...

— C'est trop de bienveillance de la part de Mlle de Fouzilhon..., ai-je bredouillé assez sottement.

Mme de Sauviac m'a laissé seul.

Pourquoi ai-je quitté le séminaire ? Eh quoi ! dans ma haine pour Césarine Lombard, qui a perdu Privat, j'ai pu m'oublier jusqu'à menacer Mme de Sauviac ! Ce n'est pas possible, à moins que, moi aussi, je ne sois devenu fou...

II

Hôtel Fouzilhon, 2 janvier 1848.

Quel apaisement j'ai goûté à la Visitation ! Après mon trouble d'hier, rue des Carmes, j'ai ressenti l'aise divine d'une âme s'échappant du purgatoire pour voler au paradis. Ç'a été une délivrance. Le jour de ma première visite à ma cousine Clotilde, nous fûmes seuls, ma mère et moi, dans le parloir du couvent. J'étais seul également ce matin. — Solitude de ces saintes retraites où Dieu habite, comme tu me pénètres, m'enchantes, m'épures ! — Un saisissement m'a fait chanceler, et je suis tombé à genoux, les yeux attachés à la muraille où éclate en lettres vives ce verset de l'*Imitation* :

« Celui qui chérit sa cellule y trouvera la paix. »

— Par ici, monsieur l'abbé, m'a soufflé la sœur-domestique préposée au parloir.

Et, tout aussitôt, vers l'extrémité de la cloison, dans le coin le plus enfoui, quelque peu enténébré, de la pièce, un volet, glissant dans une rainure, a laissé filtrer des rayons épars. Je me suis précipité. Pas de barreaux ! Alors, j'allais pouvoir communiquer directement avec ma cousine, sans obstacle, bouche à bouche pour ainsi dire. — D'où me venait cette faveur ? De mon habit sans doute. — Je me suis penché vers le parloir des religieuses, curieux, avide, altéré de voir, d'écouter, de savourer au passage un bruit, un chant, un parfum, une prière, un soupir.

Ma cousine se tenait debout devant moi, me parlait, que je demeurais plongé en une extase singulière. Je la voyais pourtant, je l'entendais; mais j'étais seulement capable de la voir, de l'entendre, car j'aurais essayé en vain de me mouvoir ou de parler. D'ailleurs, cet état, au-dessus ou au-dessous de la terre, ne m'était nullement pénible; j'avouerai même que j'y découvrais une volupté inconnue qui me le faisait prolonger contre toute bienséance, avec une sorte de folie.

Soudain, la voix de ma cousine a monté de plusieurs tons :

— Ferdinand, pourquoi ne me dis-tu rien ? Est-ce que tu souffres ?

— Non ! non !

Pour dissiper son inquiétude, je lui ai tendu mes deux mains, ainsi que j'en usais avec Privat après une parole réconfortante, ainsi que j'en use avec Martinage quand son amitié m'a dicté un bon conseil. La Visitandine, loin de s'effaroucher de mon geste familier, a retenu mes mains dans les deux siennes et m'a souri d'un sourire plus que discret, d'un sourire voilé, comme les anges doivent en échanger entre eux. Alors, j'ai connu la joie de recevoir de longs, de tendres reproches...

— Pourquoi m'oublier à ce point?... Tu ignores donc que je prie pour que tu réalises ta vocation, que je ne cesse de prier?... M. le chanoine Pommerol t'ayant obtenu du P. Baudrez des sorties de quinzaine, tu aurais dû venir déjà à la Visitation.

— Je n'ai pas osé...

— Tu es sorti pourtant?

— Hier matin pour la première fois...

— Depuis ton entrée au grand séminaire, tu es sorti hier pour la première fois?

— Et c'est Mlle de Fouzilhon qui l'a voulu, qui a tout arrangé pour cela. Si, avant de s'adresser à M. le supérieur Baudrez, Mlle de Fouzilhon m'eût consulté, j'aurais insisté pour ne pas quitter la cellule de M. l'abbé Martinage sur le Jardin.

Ma cousine est demeurée muette. Moi, je la considérais, impatient de nouvelles paroles. Mais elle, en proie à des pensées obsédantes, malgré mes yeux, toute mon attitude qui l'invitaient, a persisté dans son silence, dans son recueillement. Par intervalles, il lui échappait des gestes de dépit, marque obscure de quelque intime irritation dont j'étais l'objet peut-être. Je souffrais et j'étais heureux. Tout à coup ses paupières, baissées par cette longue habitude de la religieuse de fouiller en soi pour y découvrir Dieu, se sont soulevées imperceptiblement et un rayon a filtré jusqu'à moi. Je puis dire que j'en ai éprouvé le contact, à la chaleur céleste dont j'ai été pénétré jusqu'au fond de l'être. A mon insu, mes lèvres se sont entr'ouvertes et j'ai murmuré :

— O Clotilde, vous que le ciel enveloppe de toutes parts dans ce monastère, dites-moi ce qu'il faut que je fasse...

— Ce que tu as fait jusqu'ici, rien de plus. Cela est visible, Dieu te conduit. Il t'a communiqué la haine du monde, de ce monde « qu'il a maudit » parce qu'il est le mal, et tu dois voir, dans cette haine que je te souhaite vigoureuse, la première et la plus solide assise de ta vocation... J'ai tremblé souvent pour toi... Mlles de Fouzilhon et de l'Hospitalet me visitent de temps à autre. Elles m'annoncèrent, il y a une quinzaine, ton congé du jour de l'An, et j'eus grand'peur...

— Peur !

— Naturellement, je demandai aux deux amies de notre tante Angèle si tu sortais souvent du grand séminaire. Elles me répondirent que tu n'avais pas encore usé des permissions accordées pour toi à M. le chanoine Pommerol...

— Vous voyez...

— Oui, mais...

— Mais?

— Le cloître ne nous dépouille pas de toutes les scories terrestres, a-t-elle murmuré avec un gémissement.

Puis, comme j'allais l'interroger, ne comprenant guère, elle a articulé d'un ton ferme, avec la résolution d'un caractère droit et noble, incapable de rien dissimuler :

— Moi, je suis jalouse, défiante, et je n'ai cru ni Mlle de Fouzilhon, ni Mlle de l'Hospitalet. J'avais laissé paraître mon ennui de ne t'avoir point revu, et il m'a semblé que ces dames, pour ne pas m'affliger, me voilaient un peu la vérité...

— Oh ! ma cousine...

Un tabouret était caché derrière la cloison, dans le parloir des religieuses ; la Visitandine a fait trois pas, a pris le tabouret, l'a placé le plus près possible de moi, s'y est assise d'un mouvement délibéré qui m'a ravi. Elle est restée une minute ne bougeant pas, les yeux mi-clos, ses deux mains fluettes hors des manches de son habit et croisées sur sa poitrine. Je l'admirais, je l'adorais dans cette pose de sainte, quand, inclinant son front qui a touché presque le mien :

— Oui, j'ai eu grand'peur, a-t-elle répété, et cette peur m'est venue de la présence, à l'hôtel Fouzilhon, de Mme de Sauviac.

— Mme de Sauviac? ai-je demandé, pris d'un tremblement de criminel devant son juge.

— Elle a été élevée chez nous, à la Visitation... Je la connais... Elle est fort inconsidérée.

— Je vous assure, ma cousine...

— Il faut prendre garde à elle.

— Prendre garde à elle?...

— Il nous est revenu qu'à Lille Mme de Sauviac ne brillait pas par une extrême modestie. Elle a le mot prompt, engageant, risqué, de la coquette. Dans le fond, je lui crois le cœur peu sensible, et cette insensibilité la préservera. Mais, si son étourderie met sa vertu hors d'atteinte, quels coups cette étourderie, dont une grâce charmante, un esprit trop éveillé se font les complices, n'est-elle pas capable de porter à la vertu d'autrui? Mon cher Ferdinand, c'est le cas de te rappeler ces paroles de l'Écriture : — « Ne regardez point le visage d'une femme, de peur que sa beauté ne devienne pour vous un sujet de chute et de scandale. »

— Vous vous alarmez à tort : Mme de Sauviac me paraît uniquement occupée de son fils Maurice...

— Qu'elle pourrit de gâteries, nous a rapporté M. le chanoine Pommerol.

— Elle est une mère très tendre, et il ne faudrait pas la blâmer si, par-ci, par-là, elle se montrait un peu faible. Du reste, le petit Maurice est ravissant. Des cheveux blonds annelés

superbes, des yeux vifs comme des étincelles,
et une langue !...

— Te voilà déjà engoué de l'enfant...

— C'est un enfant.

— T'a-t-on dit qu'on avait le dessein de te
confier cet enfant, un jour?

— On m'a soufflé un mot de cela...

— Je compte bien que, le moment venu, tu
agiras d'après mon conseil.

Le ton était impératif, presque dur. Je me
suis souvenu de mon cousin Pierre Sicard, de
Bédarieux, violent, despotique, et j'ai été glacé;
Je n'ai pas répondu.

— Quand Mlle de Fouzilhon m'a communiqué ce beau projet, a-t-elle repris en précipitant
ses paroles, j'ai cru devoir lui faire entendre que
j'étais loin de l'approuver. S'il ne me déplaît
pas de voir un ecclésiastique engagé dans un
ordre religieux — un Jésuite, un Dominicain,
un Lazariste — se consacrer à l'éducation de
l'enfance en des établissements soumis à une
règle sévère, je suis choquée de voir un prêtre
entrer dans une famille pour y élever un enfant,
un unique enfant. Que peut devenir le caractère
sacerdotal mis en contact journalier avec les
affaires, les préoccupations, les distractions, les
plaisirs de gens qu'aucune discipline ne dirige,
ne gouverne? Ce caractère, où Dieu réside, des-
cendra, tiraillé, enveloppé par d'incessantes
misères, des tracas qu'il ne doit pas connaître,
qui ne sont pas faits pour lui. M. le chanoine

Pommerol, avec qui j'ai la douceur de m'entretenir de toi dans l'occasion, m'a fortifiée dans mes répugnances à cet égard. Il a été jadis précepteur chez le marquis de Louvières, et il m'a parlé avec horreur de fonctions avoisinant la domesticité, qui plus d'une fois l'obligèrent à se cabrer...

— Vous ne réfléchissez pas que, chez Mlle de Fouzilhon...

— Chez Mlle de Fouzilhon, une personne est tout, mène tout : Mme de Sauviac. Mme de Sauviac est le commencement et la fin de l'hôtel de la rue des Carmes. Elle envoyait des ordres de Lille, et Mlle Nobilie, et Mlle Ursule obéissaient. Puisque, absente, elle était maîtresse ici, on devine ce qui arrivera désormais. Mlle de Fouzilhon est très coupable à mes yeux : sa tendresse folle pour sa nièce, sa tendresse peu chrétienne, car enfin nous avons le devoir de réprimer le désordre de nos penchants, a fait de Mme de Sauviac une femme capricieuse, bizarre, à peu près sans religion, une femme que j'estime funeste à tout venant. Encore un coup : Prends garde à toi !...

La sœur-domestique est rentrée. Ma cousine l'a suivie.

En remontant la rue de la Blanquerie, mes lèvres ont balbutié à plusieurs reprises : — « Prends garde à toi ! » — Le temps n'était pas froid, néanmoins je grelottais. J'ai tenté de courir pour me réchauffer. Impossible. En passant devant la préfecture, j'ai pensé aux miens qui tant de fois ont eu affaire dans cette grande maison, et soudainement j'ai été allégé d'une oppression singulière, d'une oppression qui me laissait juste assez de souffle pour avancer. La rue de la Barralerie s'ouvrait devant moi ; je m'y suis précipité d'un bel élan. — Quelle joie de retrouver mes poumons, ma liberté ! — J'allais du pas qu'il me convenait d'aller. Je me suis arrêté devant l'étalage du libraire Virinque, ravi, fier de moi. Que de livres, les uns reliés superbement, les autres brochés de couvertures jaunes, roses, bleues, toutes fraîches, resplendissantes ! Cette devanture de Virinque a un air de fête, un air très gai de jour de l'An. Je lis des titres : *Mes Prisons*, par Silvio Pellico ; *Notre-Dame de Paris*, par Victor Hugo ; *Les Deux cadavres*, par Frédéric Soulié ; *Eugénie Grandet*, par Honoré de Balzac ; *L'Ane mort ou la Femme guillotinée*, par Jules Janin ; *Méditations poétiques*, par Alphonse de Lamartine...

Dans la rue, où décidément je flâne avec délices, une voix m'arrive du fond de la boutique du libraire. D'un coup d'œil qui fait balle, je perce les vitres, les affiches qui sont collées, et j'avise Mme de Sauviac, M. de Sauviac, Maurice... Je me sauve comme un voleur.

En arrivant à la place de la Canourgue, j'aurais pu, par le quartier de la Cathédrale, couper en droiture vers la rue des Carmes. Encore qu'il fût presque nuit, qu'il tombât par-ci par-là des gouttes de pluie, l'idée ne m'est pas venue de prendre le plus court, et j'ai poursuivi vers le Peyrou d'un pas effréné... La promenade était déserte. J'ai été heureux de cette solitude. Deux fois j'ai gravi les marches du Château-d'Eau, deux fois je les ai dégringolées. Mes jarrets se vengeaient des empêchements subis au sortir de la Visitation. D'ailleurs, je veux l'avouer, monter, descendre les marches du Château-d'Eau m'amusait infiniment. — Pourquoi cela? Eh! le sais-je? — Depuis que j'ai aperçu Mme de Sauviac chez Virinque, un vent terrible m'emporte, me fouette, me fait tourbillonner comme une feuille. Voilà ce que je puis affirmer...

Cependant, si la ligne des montagnes, du côté du pic Saint-Loup particulièrement, demeurait encore nette et claire, la ligne de la mer, entre Agde et Cette, s'embrumait toujours davantage, et les gouttes de pluie devenaient de plus en plus grosses et pressées. Je me suis réfugié sous la coupole étroite du Château-d'Eau. Appuyé contre la balustrade de fer, j'ai laissé mes regards errer de longues minutes à la surface du bassin intérieur. Phénomène bizarre! je n'ai pas vu mon image reflétée; mais en revanche, j'ai vu quantité d'autres images très distinctement. Tout d'un coup, cinq, six, huit fillettes ont surgi des profondeurs du bassin, et, leurs pieds menus effleurant à peine le miroir de l'eau, la main dans la main, ont viré sur elles-mêmes dans un tournoiement vertigineux. Le chœur était conduit par une jeune femme blonde, les cheveux épars comme des rayons. — Qu'étaient ces fillettes folles? Qu'était cette jeune femme à la chevelure dénouée? — Des paroles, des caquets, des chants mêlés à des rires moqueurs montaient vers moi, plein d'épouvante, cramponné à la balustrade de fer de peur de tomber au milieu de ce sabbat...

Enfin j'ai pu, d'un effort énergique, m'arracher à la fascination qui me retenait là, l'âme rendue, et, sous l'averse, démêler le chemin de l'hôtel Fouzilhon.

III

Hôtel Fouzilhon, 3 janvier 1848.

Je suis peu renseigné sur la littérature contemporaine, ou plutôt je ne suis pas renseigné du tout. La miette fort menue que j'en ai goûtée, je la dois, non à mes professeurs de Saint-Pons, mais à Jean-Pierre Audibert, libraire à Bédarieux, lequel, par-ci, par-là, durant les vacances, m'a prêté quatre ou cinq volumes.

Au petit séminaire, nous n'avions pour nous initier aux beautés de nos grands écrivains que le gros tome de M. l'abbé Grozillez, « chanoine honoraire du diocèse de Saint-Claude, » et ce gros tome, malgré six cents pages de texte, s'arrêtait à l'année 1789. Voici les deux dernières phrases de cet ouvrage :

« Depuis la révolution de 1789, cette révolution *d'un caractère satanique,* pour rappeler les expressions du comte Joseph de Maistre, sauf M. de Chateaubriand, M. de Bonald, la France n'a pas produit un écrivain digne de voir son nom figurer ici. Le découragement me gagne devant le désert plein de fondrières où je devrais m'engager désormais, et on me pardonnera de ne pas poursuivre plus avant. »

Je n'oserais l'affirmer, mais j'incline à croire que M. l'abbé Lézat, esprit ouvert, non sans finesse, trouvait trop sévère, trop absolue la conclusion de M. le chanoine honoraire Grozillez. Durant la classe de rhétorique dont il était le régent très distingué, comme aux leçons de politesse et de déclamations où il s'abandonnait gaiement à langue débridée, il arriva plus d'une fois à ce petit homme noir et grêle, après M. de Chateaubriand et M. de Bonald, qu'il se gardait de négliger, certes, de nommer *Monsieur* de Lamartine et Jean Reboul, *Monsieur* Victor Hugo et Édouard Turquéty, *Monsieur* Alfred de Musset et Hippolyte Violeau. Il ne donnait pas du *Monsieur* gros comme le bras à Jean Reboul.

à Édouard Turquéty, à Hippolyte Violeau, cherchant à nous faire entendre par cette familiarité respectueuse en quelle estime il tenait ces poètes catholiques, « d'une inspiration supérieure à la terre. » Mais, à la longue, l'observant de tous mes yeux, de toute mon âme, ouverte à la musique de vers qui me reportaient loin des chœurs d'*Esther* et d'*Athalie,* une chose me frappa. Il me parut que, lisant Reboul, Turquéty, Violeau, M. Lézat se démenait beaucoup, et de la voix, et du geste, pour faire valoir les strophes de ses poètes favoris, pour nous en imposer l'admiration; tandis que, lisant *Monsieur* de Lamartine, *Monsieur* Hugo, *Monsieur* de Musset, il se laissait aller tout bonnement, et la poésie de ces inconnus agissait sur nous, me soulevait d'enthousiasme, me faisait courir par tout l'être des frissons brûlants.

Un jour, ce prêtre respectable, assez imprudent pour jouer avec le feu, fut atteint par un tison. C'était en pleine classe. Nous étions là une quinzaine de rhétoriciens à écouter notre professeur nous parlant de *Monsieur* Alfred de Musset. Il nous contait que ce poète avait trente-cinq ans à peine, qu'il n'était pas sans talent, que malheureusement sa vie adonnée à tous les désordres mêlait trop souvent un alliage bourbeux à l'or pur de sa poésie. Du reste, certains morceaux, par la volonté de Dieu, avaient été préservés des taches dont l'œuvre presque à chaque page se trouvait souillée. Il voulait nous faire connaître un de ces morceaux marqués pour lui du doigt divin.

— Voici, ajouta-t-il, un coin de pureté dans la fange, comme une parcelle de Dieu au milieu de Satan.

Il prit un volume aussi mince qu'une brochure, recouvert d'un papier rougeâtre, l'ouvrit. Il lut :

« *L'Espoir en Dieu.* »

Ce titre énoncé avec emphase, M. Lézat sembla hésiter. Enfin, prenant son parti :

— J'omets, dit il, un préambule où le poète, en proie au doute, effleure d'un coup d'aile en passant divers systèmes dont vous entretiendra, l'année prochaine, au grand séminaire, votre professeur de Philosophie. Il se rencontre assurément de beaux alexandrins dans ce préambule un peu diffus; mais j'ai hâte d'arriver aux strophes qui, selon moi, constituent à elles seules le vrai sujet de la pièce.

Et tout aussitôt, lentement, solennellement, il déclama :

« O toi que nul n'a pu connaître
Et n'a renié sans mentir,
Réponds-moi, toi qui m'as fait naître,
Et demain me feras mourir... »

Ces quatre vers me pénétrèrent comme un trait, en me déchirant. Je me sentis tout de suite blessé de la blessure du poète. Il doutait, et il demandait à Dieu de lui répondre. —

Pourquoi Dieu, en effet, nous écoute-t-il toujours et ne nous répond-il jamais? pensai-je. — Au fur et à mesure que le morceau, pareil à un cri de désespoir, emplissait mon oreille béante, une multitude de réflexions douloureuses troublaient mon âme, l'agitaient, l'opprimaient, l'accablaient. J'entendais encore notre professeur, bien que le ton d'abord vibrant de sa voix se fût singulièrement assourdi; mais une insurmontable envie de pleurer me tenait, se fortifiant à chaque vers nouveau, et mon attention, distraite par un supplice inconnu, s'épuisait à empêcher mes larmes de couler. — Et mes condisciples, que faisaient-ils pendant ce temps-là? Que ressentaient-ils en eux-mêmes? Je ne sais. Certaines souffrances vous rejettent si loin des hommes qu'on n'appartient pour ainsi dire plus à l'humanité. Oui, il existe des états où l'on n'est que soi, et un soi au-dessus de tout ce qui nous entoure, de tout ce qui est.

Notre professeur murmura d'un accent presque éteint :

« Brise cette voûte profonde
Qui couvre la création,
Soulève les voiles du monde
Et montre-toi, Dieu juste et bon! »

Un événement terrible. Le livre glisse des mains du lecteur, s'étale sur le parquet. Je le ramasse précipitamment, avec le respect d'un prêtre recueillant une hostie tombée du saint ciboire, et le restitue à M. Lézat, dont les petites joues maigres tremblent, brusquement se mouillent de pleurs.

La cloche sonnait...

Cette ignorance des productions de notre temps, pour lesquelles j'aurais un goût très vif, ne m'a pas permis, ce matin, au déjeuner d'abord, puis au moment du café dans le salon, de prendre la moindre part à l'interminable débat littéraire soulevé par M. de Sauviac à propos de certains ouvrages achetés hier chez Virinque par Mme de Sauviac. La comtesse a défendu ses livres, ses opinions, à coups de griffes et de dents, car décidément elle a bec et ongles ; Mlle de Fouzilhon a trouvé un mot en faveur de sa chère Zoé, qui n'avait guère besoin de renfort ; Mlle de l'Hospitalet a gloussé quelque chose, moitié pour celui-ci, moitié pour celle-là ; le petit Maurice a crié par deux fois : « Maman a raison ! maman a raison ! » Moi, je suis demeuré entrepris, hérissé, rébarbatif, morne comme un terme dans les châtaigneraies du Jougla. J'étais honteux de mon incapacité, de mon ineptie, de mon impuissance à jeter un mot dans la bagarre, et j'avais cru fort spirituelle cette attitude de paysan de Camplong. Ah ! le dépit contre soi-même, — la forme la plus basse de l'amour-propre, — à quelles sottises ne peut-il pas entraîner !

Il s'agissait des *Girondins* de M. de Lamartine, un ouvrage publié depuis peu et qui mène grand bruit, paraît-il.

— Il me déplaît que vous lisiez ce livre, a dit M. de Sauviac.

— Vous seriez peut-être bien en peine de m'expliquer pourquoi cela vous déplaît, a riposté Mme de Sauviac.

— De bons juges se sont prononcés contre *les Girondins*.

— Eh bien, vos bons juges sont de mauvais juges, voilà tout...

— D'ailleurs, M. de Lamartine a pris à la Chambre une attitude...

— Je vous en prie, Emmanuel, pas de politique : c'est trop ennuyeux à table...

— ... Une attitude que je me permettrai de qualifier de *révolutionnaire*...

— Ré-vo-lu-tion-naire vous-même !

— L'auteur des *Méditations poétiques* un révolutionnaire ! s'est écriée Mlle de Fouzilhon avec un hochement de tête qui a mis en branle toutes les ruches de sa coiffe minutieusement tuyautées.

— Il a donc bien changé, M. Alphonse de Lamartine, depuis le jour où il écrivait l'*Hymne de l'Enfant à son réveil*?... a insinué Mlle de l'Hospitalet.

Et, d'un ton timide de mésange risquant sa première note au saut du nid :

« O père qu'adore mon père,
Toi qu'on ne nomme qu'à genoux,
Toi dont le nom terrible et doux
Fait courber le front de ma mère... »

— Vous ignorez, cousine Ursule, a poursuivi le comte, que le poète de l'*Hymne de l'Enfant à son réveil*, du *Crucifix* et de plusieurs autres *Méditations* ou *Harmonies poétiques* auxquelles un bon catholique ne saurait refuser ses applaudissements, est aussi l'auteur de *Jocelyn*?

— *Jocelyn*? a demandé la vieille fille ouvrant des yeux énormes.

— *Jocelyn*? a interrogé Mlle Nobilie avec un sursaut.

Et, comme M. de Sauviac se taisait, frottant l'une contre l'autre ses mains aux longs doigts osseux :

— Voyons, capitaine, a insisté Mlle de Fouzilhon, votre *Jocelyn* ne me dit rien qui vaille, et je ne serais pas fâchée d'être édifiée sur son compte.

— Adressez-vous à Zoé, ma tante. Moi, je n'ai pas lu *Jocelyn*... Mais Zoé !...

— Eh quoi ! mon enfant..., a-t-elle gémi, tournant vers sa nièce des yeux brouillés.

La comtesse a dévisagé son mari d'un regard méchant, d'un regard chargé de menaces. Puis, avec un grand air dédaigneux qui m'a choqué, que j'ai été surpris de trouver chez une femme bien élevée :

— Je vous en supplie, bonne tante, ne vous préoccupez pas outre mesure des opinions littéraires de M. de Sauviac. En vérité, cela n'en vaut pas la peine. M. de Sauviac est militaire, et, vous savez, les militaires ont l'habitude de juger les choses rondement, surtout les choses de l'esprit...

— Enfin, tu me jures que ce *Jocelyn*?...

— Je vous jure que ce *Jocelyn* est un chef-d'œuvre.

Les joues blêmes, creusées du comte sont devenues plus blêmes, plus creusées, et la toux sèche qui le ravage a reparu. Mais, dominant la quinte d'un effort héroïque, cet homme, qui est un saint, a articulé ces paroles admirables :

— S'il plaît à Dieu de me conserver la foi, on ne m'entendra jamais appliquer le nom de « chef-d'œuvre » à un poème où l'on voit un prêtre catholique tomber au dernier degré de la honte...

— Il y a donc un prêtre dans ce *Jocelyn*? a demandé Mlle de Fouzilhon, suffoquée.

— Jocelyn est prêtre, et il aime d'amour je ne sais quelle fille nommée Laurence...

— Mais c'est une abomination!

Elle a repoussé sa chaise et s'est plantée debout.

— Quelle horreur! a murmuré Mlle Ursule, dont les joues d'une blancheur de cire vierge se sont subitement colorées de rose.

Mlle de Fouzilhon avait quitté la salle à manger, emportée par un souffle de tempête qui la soulevait comme une plume, et nous l'avions suivie au salon.

La comtesse piétinait. Son œil, dans son visage enflammé, avait les pétillements d'un sarment dans l'âtre, — notre cher âtre de Camplong, avec mon oncle, avec Prudence, avec moi autour.

— Vous me payerez ça! a-t-elle dit à son mari, les dents serrées.

— Zoé! a articulé d'un ton de reproche Mlle Nobilie.

Mme de Sauviac a arpenté le salon d'un air de bravade, hâtant le pas toujours davantage. Une fois, au passage, elle a saisi sur un guéridon un élégant couteau à papier en ivoire, mince, taillé à jour comme une dentelle, et, le doublant ainsi qu'une paille, l'a fait éclater en morceaux :

— Zoé! a répété douloureusement Mlle de Fouzilhon.

— Ma Zoé! a soupiré Mlle de l'Hospitalet, mettant dans ces deux mots une tendresse infinie.

— Maman a raison! maman a raison! a redit pour la dixième fois Maurice.

Il s'est cramponné aux jupes de sa mère.

— Embrasse-moi! embrasse-moi! lui a crié le pauvre petit, bouleversé.

Elle a essayé de le repousser ; mais lui, s'acharnant :

— Je veux que tu m'embrasses !

Elle l'a soulevé de ses deux bras, très forts dans sa rage, et, couvrant de baisers les joues, le front, les cheveux de son « garnement, » s'est laissée choir dans un fauteuil.

La comtesse tremblait. Mlle Nobilie, Mlle Ursule, M. de Sauviac l'ont entourée. J'ai cru ma présence dans le salon indiscrète, et je me suis esquivé vers ma chambre où, coup sur coup, j'ai écrit cette page de mon journal.

IV

Hôtel Fouzilhon, 3 janvier 1848. — Onze heures du soir.

Je ne veux pas me coucher sans noter ce que j'ai vu, surtout ce que j'ai ressenti.

Cette après-midi, vers deux heures, je fermais mon cahier et me disposais à sortir pour me rendre à la Visitation, où j'aurais été heureux de revoir ma cousine, où ma cousine aurait été heureuse de me revoir, quand on a frappé à ma porte. J'ai ouvert. C'était Florien.

— Mademoiselle prie M. l'abbé de descendre au salon, m'a-t-il dit.

J'ai trouvé Mme de Fouzilhon et Mlle de l'Hospitalet sur un canapé près du feu, serrées l'une contre l'autre, les mains dans les mains, les yeux dans les yeux. Il y avait je ne sais quoi de tendre l'une pour l'autre dans leur attitude accablée et, bien qu'elles demeurassent muettes, elles avaient l'air de se consoler de quelque malheur qui venait de fondre sur elles tout à coup. Gagné à leur tristesse, je me suis écrié :

— Que vous arrive-t-il donc, mesdemoiselles?

Mlle Nobilie a essuyé un restant de larmes ; puis, me montrant un siège près du canapé,

— Je suis honteuse, mon cher enfant, m'a-t-elle dit, du scandale dont on vous a rendu témoin au déjeuner. Quelle opinion allez-vous emporter, au séminaire, de M. et de Mme de Sauviac? Pour ce qui est du capitaine, votre jugement ne m'inquiète guère ; mais quand il s'agit de sa femme, j'en suis un peu effrayée...

— Mademoiselle...

— Ne vous hâtez pas, mon cher Ferdinand, de condamner ma nièce. Si un plan que je caresse pour l'éducation de notre Maurice, et dont je vous entretiendrai longuement à l'occasion, se réalise jamais, vous apprendrez à connaître Mme de Sauviac, et vous aurez vite constaté qu'il n'est pas au monde de cœur plus charitable, plus ouvert à tout ce qui est honnête et bon. Demandez, je vous prie, à ma cousine Ursule...

— Certes!... a balbutié Mlle de l'Hospitalet.

— Le malheur est, a repris Mlle de Fouzillon, que Zoé a la tête vive et prompte de son père, auquel elle ressemble du reste comme une goutte d'eau ressemble à une autre goutte d'eau...

— Ah! si, au lieu de s'adonner à certaines lectures blâmables, elle voulait seulement lire, chaque jour, un chapitre de l'*Imitation!*... a osé interrompre Mlle Ursule.

— Elle le lira, ma chère, votre chapitre, elle le lira, a riposté Mlle Nobilie, se fâchant... En attendant, Zoé, qui n'use pas toutes ses heures aux ouvrages de M. de Lamartine, s'occupe, à Montpellier où elle arrive à peine, des pauvres, des orphelins, des prisonniers, des fous...

— Des fous? ai-je demandé avec un frisson.

— Mme de Sauviac a voué une affection touchante à la mère d'Augustin Privat; il ne se passe pas de jour qu'après avoir pris elle-même à l'Hôpital-Général des nouvelles du malheureux abbé, elle n'écrive au curé de Saint-Jean-de-Fos. Le curé de là-bas reçoit les lettres de Zoé et les lit à la famille Privat.

— Cela est bien, mademoiselle, ai-je bredouillé fort ému.

Et, m'adressant à Mlle Ursule trop circonspecte, d'une réserve qui m'agaçait :

— N'est-il pas vrai, mademoiselle, que la visite quotidienne de Mme la comtesse à l'Hôpital-Général est selon Dieu et qu'elle vaut bien la lecture d'un chapitre de l'*Imitation*?

Mlle de l'Hospitalet ouvrait la bouche pour répondre, quand ont paru M. et Mme de Sauviac.

précédés de Maurice, une trompette collée à ses mignonnes lèvres roses, soufflant de toutes ses forces.

Ce jeune couple, — la comtesse peut bien avoir vingt-cinq ans, le comte de trente à trente-cinq, — ce jeune couple s'avançant vers nous au bruit de cette musique de carnaval nous tenait ébahis.

— A la bonne heure, au moins! s'est écriée Mlle Nobilie battant des mains.

— Charmant! charmant! a piaulé Mlle Ursule applaudissant à son tour.

— Ma chère tante, a dit la comtesse avec un effort pour s'empêcher de rire, M. de Sauviac, qui tout le long de la vie est sage comme un petit Jésus de cire, vient de m'adresser des paroles graves : il m'a promis d'être plus aimable dans l'avenir qu'il ne l'a été dans le passé...

— Et vous, ma chère, a interrompu le comte, vous avez pris l'engagement de prêter un peu moins d'attention aux livres et d'en donner un peu plus à votre mari.

— Cela va de soi...

Et, babillant à l'égal d'une pie sur la branche d'un peuplier :

— De quel intérêt, je vous le demande, pourra être pour moi le papier imprimé, même celui de M. de Lamartine, quand j'aurai sans cesse accroupi à mes pieds, comme un bon chien, mon mari fidèle, obéissant, plein de gentillesse, d'invention, d'esprit pour m'amuser. Car j'espère que vous allez m'amuser un brin désormais, et que Montpellier, où nous connaissons tout le monde, où tout le monde nous connaît, ne sera pas le bonnet de nuit de Lille que j'ai coiffé deux années durant... Ah! le cercle des officiers, la chapelle des jésuites, vos anciens maîtres, d'où vous ne sortiez pas...

— Vous êtes injuste, chère amie, a dit M. de Sauviac, dont un sourire a effleuré les traits amaigris, d'une pâleur brouillée. A Lille, je vous avais ménagé un dédommagement.

— Un dédommagement?

— Parbleu! ne vous ai-je pas cent fois envoyé le petit Edmond de Louvières pour charmer votre solitude.

— M. de Louvières! a balbutié Mme de Sauviac décontenancée.

— Le lieutenant de Louvières n'a pas, du reste, trop réussi auprès de vous, paraît-il. Il avait beau vous parler de Montpellier, vous vous obstiniez dans votre tristesse loin de la patrie et ne vouliez pas être consolée.

— Vous battez la campagne, Emmanuel, a-t-elle dit, tout à fait remise et badinant.

— Peut-être les sentiments profondément religieux d'Edmond expliquent-ils son insuccès auprès d'une personne que Dieu ne préoccupe guère.

— Il est certain, a murmuré Mme de l'Hospitalet, que M. Edmond de Louvières, dont notre respectable ami le chanoine Pommerol a pétri l'âme dès l'enfance, est un ange...

— Quand il est venu en permission, vers Pâques, il a, en effet, édifié la ville par une piété angélique, a ajouté Mlle de Fouzilhon.

La trompette de Maurice, tourmentée par tout le souffle de l'enfant, a lancé dans l'air une note aiguë, discordante, moqueuse.

— Vas-tu finir ton charivari! s'est écriée la comtesse.

Comme elle arrachait son instrument au petit, Florien a paru à l'entrée du salon.

— Les chevaux sont attelés, a-t-il dit.

— Vous sortez? a demandé Mlle Nobilie.

— Il faut bien marquer ce grand jour d'une pierre blanche..., a répondu Mme de Sauviac, un peu contrainte. Nous allons manger des bonbons chez Caizergues. Nous tâcherons qu'ils soient blancs...

Et, se tournant vers moi, avec beaucoup de bonne grâce :

— Vous êtes des nôtres, n'est-il pas vrai, monsieur l'abbé? C'est une occasion toute trouvée d'essayer vos fonctions de précepteur.

Elle a glissé la main de Maurice dans la mienne.

Nous avons pris par les boulevards. En passant devant la rue de la Blanquerie, j'ai éprouvé un remords cuisant. — Rentrerais-je au séminaire le lendemain matin sans reparaître à la Visitation? — Mais les chevaux, vites, fringants, coquets, de M. de Sauviac, qui ne ressemblent en nulle façon aux palefrois solennels de Mlle de Fouzilhon, m'emportaient, secouant mes idées, les éparpillant à toute une kyrielle de préoccupations misérables. Moi, descendu dernièrement de la montagne cévenole, n'ayant guère voyagé que sur l'âne de Salvant ou telle autre bourrique de Bédarieux, je me trouvais bien dans ce landau douillet, en face de M. le comte et de Mme la comtesse de Sauviac. J'ai honte de l'avouer, des bouffées d'orgueil me montaient à la tête, et, du haut de cette voiture élégante, filant comme un trait, j'ai lancé plus d'un regard superbe aux pauvres piétons. Cela est mal, je le sens profondément ici à ma table ; je ne le sentais pas, quand l'attelage, crinières au vent, têtières relevées de cocardes couleur feu, m'emportait à travers Montpellier.

Les bêtes gravissaient au pas la montée vers la promenade de l'Esplanade.

— C'est égal, ma chère, avec l'état piteux de ma gorge, j'ai tort de donner dans votre étourderie, a dit M. de Sauviac.

— Étourderie ! s'est récriée la comtesse. Convenez-en, le mot n'est pas aimable.

— Pourquoi aussi me mener chez Caizergues? Vous savez bien que le docteur Estor m'a défendu le sucre...

— Eh bien, vous nous regarderez manger

des *fondants*, et, en bon dévot que vous êtes, vous résisterez à la tentation.

Le ton était tout ensemble enjoué, ironique, insouciant, détaché. Cet enjouement, cette ironie, cette insouciance, ce détachement m'ont déplu. J'aurais désiré, quand M. de Sauviac rappelait la maladie qui bientôt peut-être le contraindra à quitter l'armée, découvrir quelque chose d'affectueux dans les paroles de sa femme, une simple vibration de tendresse. Rien.

Nous entrons dans la rue Cardinal. Nous nous arrêtons, non sans fracas, à la porte de la confiserie Caizergues. — Que de monde ! — Deux grandes salles, au rez-de-chaussée, sont farcies, bondées. On me remarque, me semble-t-il. Un scrupule m'oppresse : ma soutane pourrait figurer en meilleur endroit que dans cette cohue gourmande, affairée. Tout à coup, j'avise un tricorne flottant parmi les capotes légères des dames et les lourds chapeaux des hommes. Ce tricorne un peu passé, un peu vieux, me rassure, et j'ose lever l'œil vers les tables installées sur des chevalets au milieu de chaque pièce, puis vers les étagères fixées le long des murs. Les bonbons sont là, les uns artistement arrangés en des boîtes fines, élégantes, avec des couvercles en satin piqué d'étoiles d'or et d'argent, les autres versés à flots en d'immenses jattes de porcelaine aux rebords curieusement découpés. Les mains des visiteurs, surtout les mains plus allongées des visiteuses — c'est étonnant comme les mains des femmes ressemblent à de jolies griffes d'oiseaux — picorent dans les tas.

— Allons donc, monsieur l'abbé !... me chante Mme de Sauviac qui vient de combler la bouche d'abord, puis les poches de Maurice.

Et comme, ahuri par tout ce bruit, par tout ce luxe, je persiste à ne toucher à rien, laissant mes yeux errer à la ronde :

— Nous ne sommes pas ici pour regarder, ajoute-t-elle. Tenez ! vous qui êtes du pays des châtaignes, dites-moi des nouvelles de ce « marron fondant. »

Avant que j'aie pu me défendre de son audace, elle me met sur les lèvres le fameux marron fondant, qui fond en effet et m'inonde — j'ai horreur de l'avouer — d'une volupté inconnue, engourdissante, délicieuse... O Vergély, ô Pailhès, confiseurs-pâtissiers de Bédarieux, que de progrès il vous reste à faire !

Tandis que mon âme, enivrée comme ma langue, revoyait le pays natal, la comtesse, qui m'avait planté là, bavardait dans un groupe où j'ai démêlé d'abord M. de Sauviac, puis le prêtre au vieux tricorne, puis un jeune homme de petite taille, très serré dans son uniforme de lieutenant du génie, la tête penchée, la mine recueillie. Sauf la comtesse, toute à son caquetage enragé, chacun se gavait de sucreries, même le capitaine, trop faible décidément pour résister à la tentation.

O surprise! une main gantée de filoselle plonge en un monceau de pralines; cette main revient vers une bouche, touche maladroitement le vieux tricorne passé, qui se renverse en arrière, et je reconnais M. le chanoine Pommerol. Le petit officier, dont l'épaulette d'or miroite aux yeux, est évidemment M. Edmond de Louvières, cet ange élevé jadis par le chanoine et qui, aux dernières Pâques, a édifié la ville de Montpellier. — Pourquoi M. de Sauviac n'a-t-il pas revêtu son uniforme militaire, si capable de faire valoir sa stature élancée? Je le regrette pour sa femme, qui regarde M. de Louvières avec des yeux singuliers, et à laquelle M. de Louvières semble rendre ses regards sournoisement.

Mais Maurice, gorgé de douceurs, m'entraîne vers sa maman... Le brave, le saint prêtre que ce chanoine Pommerol! Il m'embrasse devant tout le monde avec effusion.

— Alors, c'est convenu, dit-il à M. de Sauviac, vous m'accompagnez à Notre-Dame-des-Tables?

— Je crois bien! répond le capitaine. On n'a pas chaque jour l'occasion d'entendre M. l'abbé Combalot.

— Et d'autant plus qu'il sera superbe aujourd'hui. Songez donc, il doit traiter ce sujet très délicat: *Du rôle de l'Église après la Révolution française.*

— Partons! a articulé laconiquement le comte.

— Si le cœur vous en dit, madame..., a murmuré M. Pommerol avec une révérence.

— Oui, oui, nous vous rejoindrons..., a balbutié négligemment la comtesse.

Le chanoine a tendu encore une fois sa main gantée de filoselle vers les pralines, en a enlevé une douzaine au vol, et, les croquant, a gagné la porte de la confiserie au bras de M. de Sauviac.

Ces messieurs nous quittaient à peine, que la comtesse empilait quantité de boîtes sur les bras du valet de pied, allait au comptoir, payait, et nous sortions. Mon étonnement a été au comble en voyant M. de Louvières monter dans la calèche, y prendre la place de M. de Sauviac. Ce qui me confondait surtout, c'était la parfaite assurance de ce jeune homme, à qui tout semblait appartenir, et la voiture, et les chevaux, et Maurice, et moi, pourquoi ne pas ajouter? et Mme de Sauviac. Il avait redressé sa tête humiliée, l'élève pieux du chanoine Pommerol, et regardait choses et gens d'un air de souveraine impertinence. Enfin, j'ai pensé que nous allions à Notre-Dame. Deux minutes nous séparaient de cette église où j'aurais la joie d'entendre l'émule des PP. Lacordaire et Ravignan. J'ai senti tomber l'indignation dont mon cœur s'était subitement gonflé.

Après un temps de galop fort court, les chevaux se sont arrêtés au milieu d'une rue spacieuse longeant l'Esplanade. Nous sommes descendus, d'abord M. de Louvières, puis Mme de Sauviac, à laquelle le lieutenant a tendu la main, puis Maurice, puis moi. — Pourquoi descendions-nous? Je ne voyais nulle église. — M. de Louvières a offert son bras à la comtesse, et tous deux, en riant comme des écoliers qui joueraient un bon tour à leur maître, se sont échappés vers la promenade. Le maître, ce n'était pas moi, c'était M. de Sauviac nous attendant à Notre-Dame-des-Tables; mais tout de même je me suis trouvé penaud.

Que faire durant cette désertion peu séante? Tandis que le cocher du comte, un homme superbe, aussi droit, aussi raide dans sa livrée neuve qu'était courbé, décrépit sous sa casaque pittoresque, aussi vieille que lui, le cocher de Mlle de Fouzilhon, se rangeait à la hauteur de l'Hôtel Nevet, maîtrisant ses bêtes impatientes, j'ai saisi l'enfant par la main et, à notre tour, nous nous sommes élancés à travers l'Esplanade.

Mme de Sauviac et M. de Louvières étaient loin.

— Maman! maman! a appelé Maurice, effrayé de se trouver seul avec moi qu'il connaît à peine.

Comme on ne l'entendait pas, il a dégagé sa menotte, et, libre, s'est précipité en avant. Ma foi, je n'ai rien tenté ni pour le retenir ni pour le rattraper. Je dirai plus, je n'étais pas fâché de voir Maurice rejoindre sa mère. Je n'avais certes nulle raison de croire qu'il se passait quoi que ce soit de répréhensible entre la comtesse de Sauviac et le lieutenant de Louvières ; néanmoins, la présence de l'enfant là-bas m'offrait certaines garanties, et j'ai respiré plus à fond, la conscience déchargée de je ne sais quel poids, de je ne sais quelle responsabilité.

Sans perdre mon monde de vue, je me suis promené aisément, tranquillement. Plus d'une fois j'ai songé à Notre-Dame où je devrais aller, plus d'une fois à la Visitation où je devrais aller aussi. Mais — je l'éprouvais intimement, très intimement — rien à cette heure ne m'aurait arraché à l'Esplanade. Je tremble de l'avouer, moi qui ai revêtu le saint habit ecclésiastique, moi qui serai prêtre un jour par la grâce infinie de Dieu, j'étais heureux de suivre de l'œil cette jeune femme et ce jeune homme riant à quelques pas, folâtrant à quelques pas, caquetant à quelques pas. Dans cette promenade de l'Esplanade, immense et déserte, où le soleil, se couchant vers le pic Saint-Loup, allongeait de pâles rayons d'hiver, il me revenait, de ces rires, de cette folâtrerie, de ces caquets, comme un air très parfumé, très enivrant, dont ma tête, ma personne tout entière tournaient avec délices. Une fois, plus gris qu'un tourde dans nos vignes de la vallée d'Orb, j'ai été sur le point de tomber. J'ai dû m'asseoir sur un banc.

J'étais là depuis je ne sais combien de temps,

— une demi-heure peut-être, — mon chapeau sous le bras, car j'étouffais, quand Mᵐᵉ de Sauviac, M. de Louvières, Maurice m'ont rejoint. La voiture, que je n'avais pas vue avancer, stationnait contre le parapet, marchepied baissé. Chacun a repris son ancienne place.

— A Notre-Dame ! a dit la comtesse levant vers le cocher son clair visage aussi blond que ses blonds cheveux.

Hélas ! je n'ai pas ouï un mot du sermon de M. l'abbé Combalot sur *le rôle de l'Église après la Révolution française*. Quand nous sommes arrivés, le prédicateur était descendu de chaire et le lutrin entonnait le *Tantum ergo* pour la bénédiction du Très-Saint-Sacrement.

J'ai péché, *peccavi*.

HUITIÈME CAHIER

I

Grand Séminaire, 5 janvier 1848.

Un lapereau, traqué parmi les pierres, les broussailles du Saumail, a réussi à gagner son trou; il se tient au fond du terrier, l'oreille aux écoutes, pelotonné, replié, tremblant. Quelle aventure, quels dangers il a courus!

Telle est ma situation.

Le grand séminaire m'abrite; autour de moi, l'ineffable paix religieuse où je commençais, avant ma sortie, à m'endormir d'un sommeil si doux, et je ne puis fermer l'œil, et j'ai peur. Mes souvenirs de la rue des Carmes, de la rue Cardinal, de l'Esplanade, me poursuivent, me harcèlent comme autant de chiens affamés, prêts à faire curée de ma chair et de mon sang. Mon Dieu, envoyez-moi l'oubli des autres et de moi-même, faites que je rentre en cette innocence que j'ai connue, où j'ignorais ce qui agite, ce qui trouble, ce qui à tout propos fait jaillir des larmes des yeux !

Cette nuit, dans le désert de ma cellule, dans le désert de ma couchette, qui, bien que très étroite, m'a paru tout à coup assez large pour contenir quelqu'un avec moi, — Privat si l'on veut ou même Martinage, — je me suis trouvé bien malheureux, le plus malheureux des séminaristes depuis qu'il existe des séminaires. Mille questions se sont pressées sur mes lèvres, et, dans la folie qui m'égarait, je me les adressais à haute et intelligible voix :

« Pourquoi demeures-tu dans cette maison?... Que comptes-tu faire ici parmi l'élite de ces jeunes gens, dont tu ne possèdes ni la soumission d'esprit, ni la résignation de cœur?... Espères-tu échapper longtemps à la vigilance de ton directeur, si pénétrant, si habile à explorer les coins obscurs de la nature humaine? Tu n'as donc pas remarqué que le P. Laplagne en sait plus long sur toi que toi-même, que tes précautions de langage au tribunal de la Pénitence ne lui ont dissimulé ni la paresse de tes jambes à marcher dans les hauts sentiers, ni la débilité de tes mains à te cramponner victorieusement à l'autel?... As-tu passé un seul jour à mortifier tes sens? N'entends-tu pas gronder les cent gueules de la concupiscence, qui vont se ruer sur ta vocation, la mettre en lambeaux, la dévorer?... »

J'étais transi, les dents me claquaient. Après un répit de trois minutes, la voix a repris :

— « Lève-toi et va-t'en ! »

Quelle angoisse ! Le froid qui me glaçait venait de faire place à une chaleur brûlante. J'ai porté une main à mon front. Ma tête était un brasier. Je me suis précipité à bas de mon lit, terrifié. J'ai frotté une allumette au mur. — Quel soulagement ; quand j'y ai vu clair autour de moi ! Là était ma table, là ma bibliothèque, là mon bénitier dont l'émail allumé éclairait tout un coin de ma chambrette, là ma malle... Oh ! ma malle pour partir !... — Je n'étais pas perdu, je n'étais pas damné peut-être... J'ai hasardé trois pas. Marchant pieds nus sur le carreau, on ne pouvait m'entendre ni en haut, ni en bas, ni à côté ; néanmoins, j'allais sur la pointe des orteils, étiré, léger, mince comme une tige d'églantier dans les châtaigneraies du Jougla. Songez donc, si on avait pu se douter !...

Cependant, je suis tombé à genoux, et, les bras tendus au ciel, j'ai appelé Dieu à mon aide. Dès le cinquième mot du psaume *Cum invocarem...*, mes lèvres m'ont refusé le service. Une trépidation de ma nature ne leur permettait pas de pousser plus avant. Je me suis acharné, épouvanté de ce qui m'arriverait quand je ne prierais plus. Impossible, impossible... Ne sachant que faire, et ne voulant pas demeurer inactif pour mériter d'être secouru, j'ai par deux fois baisé le pavé de ma cellule. — Quelle volupté de s'humilier! — Ma poitrine avide s'est gonflée incontinent, a crevé comme un réservoir trop plein, et j'ai sangloté, et mes yeux se sont vidés, et j'ai été inondé de larmes, et j'ai pu me relever, parler, balbutier jusqu'à la fin du psaume *Cum invocarem*, dont le dernier verset, très consolant, est celui-ci :

« *Quoniam tu, Domine, singulariter in spe constituisti me.* »

II

Grand Séminaire, 27 janvier 1848.

Il me tarde d'avoir enterré ce triste mois de janvier si mal commencé. Le joyeux *De profundis*, quand il sera mort! Comme, au grand séminaire, on juge l'hiver fini au 1er février, dès le 1er février, le règlement de la maison me rendra à ma cellule, à moi-même. Assurément, je n'ai pas à me plaindre de l'abbé Martinage, toujours affectueux, toujours bon conseiller; mais son affection a je ne sais quoi de débordé qui m'effarouche, et son conseil, par je ne sais quel désaccord de nos âmes, n'agit en nulle façon sur moi. Tant que l'abbé Privat est resté entre nous, je n'ai pas aperçu les menus travers de mon chambrier. Privat, très haut, très sensible, très bon, avait des termes pour expliquer la nature un peu rustre de Martinage, où je me suis englué. L'amitié, quand elle est héroïque, et elle l'était chez le malheureux diacre de Saint-Jean-de-Fos, a de ces aveuglements. Maintenant Augustin Privat n'est plus là : Dieu, dont les desseins sont impénétrables, pour le décorer sans doute de la suprême gloire, a saisi le juste sur les marches de l'autel, et l'a précipité dans un cabanon d'hôpital, au fond de l'ignominie. Martinage m'apparaît seul, tout seul ; les indulgences, les atténuations, les explications, les vertus, si je puis dire, de notre ami lui manquent désormais, et, en dépit de son cœur, qui a des coins exquis, je le découvre affreusement misérable. Imaginez un prince à qui on aurait arraché le manteau royal, et qui, nu jusqu'à la peau, sans le cortège habituel d'une cour pompeuse et magnifique, cheminerait à travers quelque sentier perdu de la campagne. Tel est Albert Martinage découronné d'Augustin Privat.

Ce matin, après la méditation, mon chambrier m'est apparu tel qu'il est. Bien que le sens de l'observation ne soit pas précisément très affiné chez lui, il n'avait pu s'empêcher de faire certaines remarques sur mon compte, et, de but en blanc, il a abordé le chapitre de ses remarques.

« Depuis ma sortie du jour de l'An, je lui

semble moins studieux, moins appliqué, moins recueilli aux exercices de la chapelle, et, par-dessus tout, moins communicatif. Pourquoi cette tristesse accablée? Quel en est l'objet? Certainement, si j'avais reçu une blessure, si chez moi une plaie saignait dans l'ombre, il ne trouverait pas, pour me panser, pour me guérir, les paroles ineffables qu'eût tout de suite trouvées Privat; mais il n'était pas incapable de se dévouer à mon mal et peut-être de le soulager... »

J'ai été touché, et mes secrets enfouis en un repli caché, au tréfonds de moi, mes secrets que je ne connais pas tout entiers, encore qu'ils m'écrasent de leur poids, se sont échappés un à un. Je n'ai rien celé à mon ami de ces terribles trois jours passés à la rue des Carmes en des perplexités sans nom, et je lui ai avoué la multitude de tentations dont je suis assailli sans relâche, nuit et jour, jusque dans la chapelle quand, me frappant la poitrine, j'essaye de prier.

— Les choses en sont venues au point, ai-je ajouté, que, tout à l'heure, durant la méditation, j'ai oublié le texte proposé à nos réflexions par le P. Husson et me suis égaré du côté de l'Esplanade. Là, posté à l'affût, sur un banc, j'ai entendu, en toute réalité, je vous le jure, j'ai entendu rire M. de Louvières et Mme de Sauviac, et, en toute réalité, je vous le jure également, je les ai vus courir ensemble.

puis... s'embrasser. Cela est horrible, car ils ne se sont nullement embrassés le jour où j'étais avec eux, et ce baiser, que je leur prête dans mon ensorcellement, ne peut être que le fruit de ma propre dépravation. Oui, monsieur l'abbé, le flot de Satan monte, et bientôt je serai débordé, entraîné, mort à moi-même et mort à Dieu.

Je sanglotais amèrement.

— Ah çà, voyons, Ferdinand, m'a crié Martinage au milieu de mes sanglots, tu veux donc devenir fou comme Privat! Mais, en tout ce que tu me contes avec des pleurs et des grincements de dents, il n'y a pas de quoi fouetter un chat. Qu'est-ce que cela peut te faire, en vérité, que M. Edmond de Louvières embrasse ou n'embrasse point Mme la comtesse de Sauviac?...

— Ce que cela peut me faire?... ai-je interrompu, furieux.

— Je n'entends pas dire que la chose soit édifiante, puisque Mme la comtesse de Sauviac est mariée et que c'est à son mari qu'elle doit des caresses, non à M. de Louvières. Mais, franchement, un baiser donné, un baiser reçu, y a-t-il là de quoi pousser les hauts cris? D'ailleurs, tu n'as embrassé personne, toi. Oh! puis!...

— Oh! puis?...

— Tel que tu me vois, avec ma soutane, mon rabat, mon bréviaire, il m'est arrivé une fois d'approcher mes lèvres d'un jeune visage, et je n'en suis pas mort.

— D'un visage de femme?

— Ni plus ni moins.

— Monsieur l'abbé Martinage, une conduite semblable!... me suis-je écrié rougissant jusqu'aux oreilles.

Il m'a dévisagé avec une grosse curiosité ironique; puis il est parti d'un rire énorme, dont les reprises successives ont retenti dans la chambre pareilles à des éclats de trompette.

— Chut! on va nous entendre.

Empli de je ne sais quel dégoût, je me suis précipité vers la porte. Il m'a saisi à bras-le-corps et m'a déposé sur ma chaise, où j'ai dû rester. De nouveau, il s'est emparé de mes mains. Il ne soufflait mot. Son silence me gênait. Enfin j'ai pu relever la tête, le regarder. Il était fort pâle. A ce moment, j'ai senti ses doigts envelopper mes doigts, les étreindre pour ainsi dire. Cette pression amicale m'a ouvert la bouche.

— Pardonnez-moi, mon ami, pardonnez-moi, ai-je balbutié.

— C'est moi, mon cher Ferdinand, qui te dois des excuses, m'a-t-il dit très sérieux. Tout à l'heure je n'ai pas assez ménagé ta nature, à laquelle, malheureusement, je découvre plus d'un trait commun avec la nature de Privat. Privat ne pouvait rencontrer une femme, une fille, entendre parler une femme, une fille, sans trembler comme un roseau. La vertu de ses vertus si fortes, la hauteur de son esprit si haut ne le préservèrent jamais de ce tremblement que je lui ai connu dès l'origine de nos relations, qui finalement l'a conduit là où il est. Je voudrais te sauver, car tu me parais troublé de son trouble, préoccupé de ses préoccupations... Te sauver, la chose est facile à dire ; mais comment ?

— Oui, comment ?

— Pour cela, il faudrait me ressembler, à moi, sur le chapitre des femmes...

— Alors, sur ce chapitre, vous êtes autre que l'abbé Privat, que... moi ?

— Si tu crois l'abbé Albert Martinage, qui a bon œil, bon pied, bonne dent, capable de se laisser inquiéter par le souvenir d'une Césarine Lombard, de Saint-Jean-de-Fos, ou le souvenir d'une Mme de Sauviac, de la rue des Carmes, tu es bien de ton pays !

— Les femmes ont tenté des saints.

— Ces saints-là n'étaient pas solides.

— Pourtant saint Antoine, saint Jérôme, saint Augustin...

— Tout ce que tu voudras : elles ne me tentent pas, les femmes.

— Alors, vous avez été comblé de grâces particulièrement efficaces...

— Es-tu bête !... Les femmes ne me tentent pas, tout simplement parce que je ne pense jamais à elles. Je pratique le conseil de saint

Paul aux Corinthiens : « Il est bon pour l'homme de fuir la femme, *Bonum est homini mulierem non tangere.* »

— Ne m'avez-vous pas avoué qu'avec « votre soutane, votre rabat, votre bréviaire, il vous est arrivé une fois d'approcher vos lèvres d'un jeune visage ?... »

— C'est la pure vérité. Mais approcher ses lèvres d'un jeune visage, cela ne prouve nullement qu'on ait pensé ou qu'on pense à lui...

— Je ne comprends guère.

— Tu vas comprendre... Si je ne me trompe, je t'ai parlé en mainte occasion du débit de mon père au Cours des Casernes ? Là viennent boire, manger, s'ébattre des soldats qui ont du *quibus*, comme ils disent, et d'aventure des sous-officiers qui ont du *quibus* également... Nos vacances du grand séminaire durant près de quatre mois, je vais passer trois mois à Riols, chez un oncle, Sosthène Martinage, ancien brigadier de gendarmerie, qui vit là tout seul, en ermite, grignotant sa retraite sans bruit, comme un vieux rat. — Quelles délicieuses parties de pêche dans la rivière du Jaur ! — Pourtant la minute arrive de quitter Riols et de regagner Montpellier... Je ne dis pas non, on pourrait rêver pour un ecclésiastique une maison moins en vue, plus recueillie que la nôtre. Mais, sois de bon compte : parce que mon père gagne sa vie à tenir un débit de vins, dois-je abandonner mon père aux mites ? J'ai consulté M. le curé de la paroisse Saint-Denis, le révérendissime et savantissime abbé Martin, d'Agde, surnommé dans le diocèse « Bouche d'or, » dont tu liras plus tard le beau livre intitulé : *Saint Jean Chrysostome*, et M. Martin, d'Agde, a été d'avis que, sur quatre mois de vacances, j'en devais un à mon père, je lui en devais un absolument... A parler franc, je passe sans ennui du silence de Riols au tapage du Cours des Casernes. Privat fût mort dans ce tintamarre de verres, de refrains quelque peu salés, car le soldat français risque tout quand il a de quoi ; toi, tu y battrais de l'aile ainsi qu'un pauvre oisillon tombé du nid dans un roncier ; moi, en tout bien tout honneur s'entend, j'y vis, je m'y amuse de bon cœur...

— Mais on ne voit pas de femme au moins chez vous, comme chez Mlle de Fouzilhon ?

— Mais si, on y en voit des femmes...

— Mon Dieu !

— Tâche d'être raisonnable... Écoute, petiot, pour t'appeler du mot tendre dont m'appelle mon père : quand un fantassin a reçu une piécette du village, quand un sous-officier a touché sa solde, et que l'un ou l'autre, une dame au bras, se présente à la buvette pour y vider son boursicaut, faut-il lui flanquer la porte au nez ?

— Que sont ces dames amenées par des soldats ?

— Ce sont... des dames... de par là...

— Du Cours des Casernes ?

— Oui, du Cours des Casernes... Des dames

qui certainement ont des manières pas toujours très distinguées..., mais qui..., dans le fond...

— Qui, dans le fond?

— Qui... ne vont pas à la messe chaque matin, tu comprends...

— Peut-être ne sont-elles pas mariées?

— Peut-être toutes, en effet...

— Et vous, monsieur l'abbé, vous, diacre, vous consentez à vivre, un mois durant, parmi ce monde abominable?... Vous devez être scandalisé à chaque minute du jour...

— Pas du tout.

— Quoi!...

— Est-ce un don de nature? Je l'ignore. Le fait est que je ne me scandalise pas facilement. Se scandaliser! Et pourquoi, je te prie? L'homme qui se scandalise ne me paraît pas bien sûr de la fermeté de sa foi. Moi, je verrais les cent turpitudes de la vie, toutes les turpitudes de la *Bête*, pour citer le gros mot de l'*Apocalypse*, que je ne sourcillerais pas. Je ferais peut-être un signe de croix dans l'ombre, je guetterais peut-être le moment de glisser un conseil; mais je ne songerais point à me scandaliser. Le P. Perboyre, le plus saint de nos directeurs, nous disait dernièrement : « Se scandaliser, c'est s'occuper de soi, et s'occuper de soi est mauvais. Occupez-vous de celui qui provoque le scandale pour lui montrer Dieu. »

— Privat pensait autrement.

— Parbleu! lui que la vue d'un jupon aurait

fait fuir aux extrémités de la terre ! Moi, je n'en ai pas peur des jupons, et ceux de notre débit, fort mal attachés, je le reconnais, ne me troublent nullement. D'ailleurs, j'ai une chambrette au premier étage, et, sauf le dimanche, où la clientèle plus nombreuse réclame toutes les pièces de la maison, il est rare que je sorte de mon trou. Par exemple, ce jour-là, je ne sais où me fourrer. J'allonge mes prières à Saint-Denis, je les allonge indéfiniment. Après le bréviaire, le chapelet ; puis une méditation sur l'évangile du jour, une lecture des *Épttres* de saint Paul… A la fin, je prends mon parti et je rentre. On chante, on boit, on fume. Que faire à cela ? Je m'insinue, je regarde, je salue, je souris. Ces jeunes gens me regardent, me saluent, me sourient, et bientôt montrent plus de retenue, sont plus sages. Ma soutane a fait le miracle. Mon père et notre servante Margot vont, viennent; dans le fracas des assiettes, des verres, des bouteilles, je suis tenté de les remercier tous deux, les voyant travailler avec ce courage… Au jour de l'An, apercevant mon père chargé de plats et suant dans le coup de feu du souper comme une chaîne de puits, je lui ai lancé au passage : — « Ménagez-vous, ménagez-vous ! — C'est pour toi, mon fillot ! » m'a-t-il répondu, courant à la pratique. — Que dire ? Je n'ai rien dit. Mais, tu en penseras ce que tu voudras, toi qui prends la mauvaise habitude de faire la petite bouche aux meilleures choses, j'avais une furieuse envie de l'embrasser...

— L'embrassâtes-vous ?

— J'en suis honteux, je n'osai pas devant les tables garnies...

— Vous auriez osé, s'il se fût agi d'approcher vos lèvres « d'un jeune visage. »

— Ah ! oui, tu me rappelles...

— Je vous rappelle un gros péché sans doute, un péché mortel.

— Tu vas en juger... Un soir, — c'était en octobre dernier, — minuit venait de sonner à notre pendule ; les habitués de la buvette s'étaient retirés un à un, et des gens, attablés au premier, juste dans ma chambre, n'avaient pas l'air de vouloir suivre les autres et de passer au comptoir. Mon père, qui m'avait entendu ronfler sur un banc, dans une encoignure, qui d'ailleurs, après minuit, redoutait un procès-verbal de la police, était fort ennuyé. — « Cré nom ! cré nom ! » répétait-il, m'appliquant sur les genoux des tapes qui chaque fois me réveillaient en sursaut. — A la fin il se fatigua d'attendre, et commanda à Margot de monter et d'annoncer qu'on fermait le débit. Il avait compté sur l'avertissement de la servante pour voir déguerpir son monde. Pas le moindre bruit. Personne ne bougeait.

« — Il faudra donc réquisitionner la garde pour les démarrer ? peste-t-il, s'adressant à Margot qui rentre sur la pointe des orteils.

« — Notre maître, ils pleurent, murmure-t-elle.

« — Es-tu folle, toi !

« — Ils pleurent comme des Madeleines. Voilà.

« — Ce n'est pas possible : à six, ils n'ont bu qu'un litre.

« — Ils pleurent tout de même, insiste-t-elle.

« J'avais été secoué. Une voix intime m'en prévenait : il se passait dans ma chambre quelque chose d'extraordinaire.

« — Voulez-vous que j'aille leur parler? demandai-je à mon père.

« — Va, mon petiot. Ils doivent dix francs ; mais j'en exigerai huit seulement. Ils ont l'air si pauvres !

« Ils étaient six debout autour de notre table ronde, — ma table de travail : une jeune fille très fraîche, pas jolie, me sembla-t-il, mais aussi blonde, aussi fine qu'une paille de blé mûr ; puis un jeune homme en tunique de fantassin, large des épaules, bien établi, solide ; puis deux femmes vieilles et deux hommes vieux, courbés sur des bâtons, dont je ne démêlai pas bien les traits. Le jeune homme avait bonne mine, l'air décidé du soldat entrant en campagne ; quant à la jeune fille, plantée devant lui, immobile, les mains jointes, dans une attitude de sainte qui prie, malgré un grand effort très visible elle laissait couler de ses yeux des larmes plus grosses que des pois.

« — Pardon, dis-je, navré et me retirant comme s'était retirée Margot.

« Je me sens retenu au bras.

« — Monsieur le curé, balbutie l'une des deux femmes, levant sur moi un visage ridé, écaillé comme une motte de terre, je suis la grand'mère de Claudine, qui a beaucoup de chagrin parce que son fiancé, Étienne Dalric, part pour l'Afrique avec son régiment. Lorsque Étienne est tombé au sort, il y a une année pleine, nous avions fiancé nos enfants, Mathurin Dalric, Gratienne Dalric, Gaspard Vignier, qui est mon fils, et moi. La petite a perdu sa mère en bas âge... Nous sommes tous de Viols-le-Fort, pas loin d'ici... Maintenant, puisque vous êtes l'enfant de cette maison, où Étienne a pris plus d'une fois la goutte, excuse et pardon d'être restés si longtemps chez vous. Nous étions là, nous ne nous disions rien, et nous ne savions pas nous en aller... Quand on a plus de peine qu'on n'en peut porter!... Nous partions au moment que vous êtes entré...

« — Restez encore, restez! dit quelqu'un.

« C'était mon père. Il m'avait suivi et se mêlait à cette scène touchante.

« — Margot! crie-t-il dans l'escalier, une bouteille de frontignan, un carafon de cognac, des petits verres... Hardi!

« Mon père, dont le bon cœur vient de s'ouvrir, est si pressant, qu'on se tranquillise, qu'on se rassied, qu'on trinque à la ronde. Il verse lui-même le frontignan aux dames, puis le cognac aux hommes, dont je suis. Ah ! j'y vais sans me faire prier. Imbécile, sot, peu chrétien, à mon avis, eût été celui qui aurait fait la petite bouche. La fierté qui offense les malheureux — Dieu sait si ces braves gens étaient malheureux ! — m'a semblé toujours le pire des péchés, car on pèche toujours gravement quand on est lâche. Je choquai mon verre à tous les verres et je trouvai quelques paroles pour Claudine, qui cessa de pleurer.

« — Combien vous devons-nous, à présent, monsieur Martinage? demande Étienne Dalric.

« Mon père le regarde fixement.

« — Pour le coup, lui dit-il avec un bon rire, je voudrais bien voir qu'il fût question de ça entre nous ! Tu ignores donc, blanc-bec, que tu t'adresses à un vieux soldat? Et s'il me plaît, à moi, de te laisser quelques deniers de plus dans l'escarcelle pour boire à ma santé en cette Afrique où j'ai traîné mes guêtres dans les temps !...

« — Alors, vous ne voulez rien, monsieur Martinage? bredouille Étienne, les yeux humides.

« — Si, je veux quelque chose. Je veux qu'on s'embrasse avant de se quitter.

« Et, se tournant vers moi :

« — Albert, commence !

« Mon père n'avait pas articulé ces paroles,

que la grand'mère de Claudine me jette ses bras au cou. J'étreins toute la bande.

— Et quand vous êtes arrivé à Claudine?

— Quand je suis arrivé à Claudine, j'ai fait pour elle, sans plus de façon, ce que j'avais fait pour les autres...

— Et vous aviez l'âme tranquille?

— J'avais l'âme tranquille comme Baptiste. C'est-à-dire, non! je l'avais très contente, ma pauvre âme. Ces braves paysans de Viols-le-Fort me paraissaient moins tristes, ayant été serrés contre le saint habit que je porte. Ah! la soutane, mon cher Ferdinand, que de gens elle intimide, elle touche, elle fortifie! Claudine, qui avait abandonné sa main dans la mienne...

— Elle avait abandonné sa main dans la vôtre?...

— Claudine la retira doucement et tomba à genoux au milieu de ses parents prosternés sur le carreau autour de moi. Je n'avais pas pris garde à cela, et j'en fus très troublé.

« — Il faut, monsieur le curé, que vous bénissiez nos enfants, il faut que vous les bénissiez! dit la grand'mère, suppliante.

« — Je n'ai pas le droit de bénir, je ne suis pas prêtre encore, ma bonne femme.

« — Mais puisque tu as le bréviaire, que tu récites les offices, c'est comme si tu l'étais, prêtre, intervint mon père.

« Et, penché vers moi, il me glissa dans l'oreille:

« — Un peu plus tôt, un peu plus tard, qu'est-ce que cela peut faire?

« La vieille grand'mère, sa face de terre levée sur moi, poursuivit :

« — Le train de Cette, qui emporte notre Étienne pour le faire voyager sur la mer jusque dans cette Afrique, part à une heure, et minuit a sonné à votre pendule... Monsieur le curé, votre bénédiction nous portera bonheur à tous — en premier à ma Claudine — et, si c'était un effet de votre bonté...

« — Priez, m'écriai-je.

« Et, développant mon bras, malgré les chats qui me déchiraient la gorge, m'étranglaient, j'articulai nettement, fortement :

« *Benedicat vos omnipotens Deus, Pater, et Filius, et Spiritus Sanctus !*

« — *Amen !* » conclut la voix terrible de mon père, qui, s'il t'en souvient, a appartenu au service de la cathédrale... »

On sonne. C'est la classe de plain-chant de l'abbé Villenave. Je continuerai mon journal ce soir ou demain.

III

Grand Séminaire, 31 janvier 1848.

Je reprends.

Martinage n'en pouvait plus, et j'avais eu

besoin de toute la finesse de mon ouïe pour démêler ses derniers mots. Assurément, cette bénédiction dans la buvette du Cours des Casernes ne me trouvait pas insensible; mais, beaucoup moins préoccupé de ce *Benedicat vos* peut-être peu séant, dans tous les cas peu régulier, que du baiser de Claudine Vignier, naïve, rustique, savoureuse comme la Césarine Lombard de Privat, je me disposais à pousser à mon chambrier certaines questions embarrassantes, quand, notre porte s'étalant toute grande, est entré dom Cisneros.

— Vite! vite! s'écrie-t-il, courant à sa casserole... Eh quoi! presque plus de feu! Jetez des brindilles sèches.

J'allume un sarment.

— C'est cela, mon jeune ami.

Et, tout en débitant en miettes menues le fameux « chocolat de la guerre, » l'incomparable chocolat du capitaine-général Torreblanco, il babille comme une pie des peupliers de Camplong.

— Je suis un peu en retard : Monseigneur s'est trouvé souffrant cette nuit, et j'étais persuadé qu'il renoncerait ce matin à son petit déjeuner. Pas le moins du monde! Sa Grandeur réclame sa becquée ordinaire. Pauvre Monseigneur! quel estomac il a plu à Dieu de lui octroyer!... Mais, au fait, vous demeurez bouches closes, et vous avez l'air de vous amuser, vous deux, comme s'amuseraient deux moines à qui on aurait retiré l'écuelle pleine, au réfectoire. Que vous est-il arrivé de fâcheux ? Vous, monsieur Martinage, qui avez reçu une figure de pleine lune pour rire parmi nous à gorge déployée, je ne vous reconnais plus.

Puis, ayant posé sa casserole sur mes fines braises très vives :

— Quelque coup d'œil, plus effilé qu'une lame, vous aurait-il troué la peau dans la ville, aux fêtes du jour de l'An ?

— Pas à moi, mon révérend Père, mais à lui, dit le diacre en me montrant.

— Oh ! oh !... Vous avez été atteint, monsieur l'abbé ? m'a demandé l'Espagnol.

— Très grièvement, je le crains, a répondu pour moi Martinage.

— Vous me faites rire, en vérité, vous, avec votre « très grièvement, » s'est récrié dom Cisceros pouffant d'abondance. Admettons que M. l'abbé, sur les lèvres de qui nous découvririons les gouttes de lait de sa nourrice, se soit montré trop sensible à la vue de quelque femme rencontrée chez Mlle de Fouzilhon ou ailleurs ; est-ce une raison de croire qu'il a été blessé à fond ? Il s'en faut bien ! La jeunesse — c'est là son privilège — a du sang partout, jusqu'au bout des ongles et des cheveux, et la moindre piqûre d'épingle, venant d'un certain côté, la fait bondir comme un cabri. Le cabri, quand il appartient à l'humanité ordinaire du monde, peut se laisser glisser sur la pente de la femme et devenir à la longue le bouc puant de l'Écriture ; mais quand il appartient à l'humanité extraordinaire de l'Église, il résiste, se défend, bataille, et demeure cabri, toujours jeune, toujours chaste, toujours beau !...

— C'est magnifique, ce cabri, mon révérend Père ! a interrompu le diacre, transporté d'admiration.

— Nous autres, en Espagne, nous aimons à faire figurer les bêtes dans nos comparaisons...

— Ces comparaisons donnent du naturel au discours, a ajouté mon chambrier.

— Justement... Du reste, quand il s'agit de la femme, vous savez, monsieur Martinage, si les saints Livres sont avares d'appellations qui la rapprochent de la bête : « Perfide comme le *serpent*, Capricieuse comme la *chèvre*, Dévorante comme le *ver* de l'habit... »

— Parfait, mon révérend Père.

Chaque parole de dom Cisneros m'était un coup. Si j'avais pu m'en aller ! Malheureusement, tandis que le bénédictin, la cuiller de buis aux doigts, remuait le « chocolat de la guerre, » décrivant d'un geste circonspect des cercles réguliers dans la casserole, moi j'étais tenu de glisser un, deux, trois brins de sarment sous le trépied pour favoriser la cuisson sans la précipiter.

— Doucement ! doucement ! a hurlé l'Espagnol, un gros bouillon ayant fait déborder quatre gouttes de chocolat... Vous ne savez donc plus ce que vous faites, vous, depuis que Mme de Sauviac vous a regardé ?

— Mme de Sauviac ?... ai-je gémi.

— Je l'ai vue hier, et elle m'a demandé de vos nouvelles, s'est informée de vous avec un empressement, des détails qui m'ont donné à réfléchir. Aussi, quand M. Martinage m'a dit un mot de votre état, ai-je deviné que tout le mal venait des beaux yeux de la comtesse...

— Mon révérend Père, je vous en supplie...

Il a déposé la casserole sur la tablette de la cheminée, et, brusquement, m'ayant soulevé de ma chaise, m'a serré dans ses bras par une étreinte violente dont je me sens encore réchauffé.

— Vous êtes bien naïf, mon jeune ami, de vous chagriner à ce point parce que cette femme vous a peut-être regardé d'une certaine façon, vous a parlé d'une certaine façon peut-être. Est-ce que ces bagatelles tirent à conséquence avec des êtres toujours sans cervelle, souvent sans cœur ! Outre que l'inquiétude où je vous vois pourrait à la longue vous devenir fatale, soyez-en persuadé, si Mme de Sauviac venait à la connaître, elle se moquerait de vous, comme savent se moquer ces êtres inférieurs qu'on appelle « femmes, » méchamment, cruellement, impitoyablement. Voulez-vous un texte de l'*Ecclésiaste*? « Toute malice est petite, comparée à la malice de la femme, *Brevis omnis malitia super malitiam mulieris.* » Vous connaissez mon dévouement à notre œuvre royale du « chocolat de la guerre. » Encore que de source païenne, la fête du jour de l'An ayant dilaté les cœurs, c'est au commencement de janvier que je réalise mes plus grosses affaires avec les dames pieuses du quartier de la Cathédrale. J'ai visité hier Mlles de Fouzilhon et de l'Hospitalet, très attachées à notre cause, poussant le scrupule jusqu'à ne pas laisser entrer chez elles une miette de chocolat qui ne sortirait pas de la fabrique du capitaine-général Torreblanco. Elles m'ont fait une commande de cinquante kilogrammes : trente-cinq pour les vieilles infirmes de l'hôpital de la Maternité et quinze pour le monastère des Clarisses, de Béziers, très pauvres, paraît-il...

— Quelle rafle, mon révérend Père ! s'est écrié Martinage.

— Je ne m'adresse pas à vous, monsieur l'abbé, a dit dom Cisneros, fâché.

Et revenant à moi :

— Vous devinez si j'ai remercié ces bonnes demoiselles ! Cependant, tandis que mes lèvres laissaient couler, abondante, entière, la reconnaissance de mon cœur, mes yeux, sans en avoir l'air, épiaient certains petits manèges entre Mme de Sauviac et un jeune officier qui m'avait été présenté dès mon entrée : M. Edmond de Louvières. La comtesse et l'officier allaient, venaient, riaient, jasaient, folâtraient à travers le salon, celle-ci tirant à celui-là sa dragonne, lui lançant son épée entre les jambes pour provoquer quelque chute ridicule, celui-ci osant, de ses gants qu'il tenait en paquet à la main, cingler assez rudement le bout des doigts à celle-là. Par intervalles, on entendait un cri aigu assez semblable à un cri d'oiseau. Alors, Mlle de Fouzilhon allongeait un coup d'œil de leur côté et les réprimandait affectueusement : — « Zoé !... Edmond !... » Puis, attendrie : — « Quels enfants ! Quels enfants ! » me répétait-elle... Sans doute pareils jeux, devant Mlle de Fouzilhon, devant Mlle de l'Hospitalet, devant moi, ressemblaient beaucoup aux jeux innocents ; mais encore aurais-je autant aimé que le comte, en ce moment à Saint-Pierre où il va faire ses dévotions l'après-midi, se trouvât à la maison. Je ne voudrais pas suspecter leur hardiesse, y découvrir quoi que ce soit de répréhensible, de douteux ; j'estime néanmoins que ni la comtesse ni l'officier n'auraient été si hardis en présence de M. de Sauviac... J'ai prêché des carêmes dans mon pays, et je n'ai jamais conseillé à mes pénitents d'abandonner leur femme même pour aller prier. On lit au *Livre des Proverbes* : « La femme n'est pas maîtresse de son corps, *Mulier sui corporis potestatem non habet.* » Or qui le gardera, ce corps fragile, sinon l'homme qui l'a choisi dans la plénitude de son amour pour en faire la première demeure de ses enfants, le sanctuaire aussi sacré qu'un tabernacle d'où sortira toute une famille, toute une lignée ?

— Beau, très beau, révérend Père Cisneros.

— Monsieur Martinage, je vous ai prié de vous taire...

Et, s'adressant à moi seul :

— Oui, mon jeune ami, c'est beau, c'est très beau. Malheureusement, la femme n'est pas toujours « la couronne de l'homme, *corona viro suo.* » Il arrive d'aventure que, par cette fragilité dont je parlais, elle tombe à tous les désordres, se souille à toutes les boues. Si encore la force qui lui a été refusée au physique, lui avait été dévolue au moral ! Hélas ! non. Les mêmes misères qui ont précipité son corps, duquel elle n'est pas maîtresse, précipitent son âme, qu'elle ne saurait gouverner. Son irrémédiable faiblesse la fait tout ensemble avilie et lâche, vicieuse et dissimulée. Ayant perdu la pudeur, cette honnêteté qui les comprend toutes, comment conserverait-elle la loyauté, cette vertu qui ne peut aller sans honnêteté ?... Voilà pourquoi l'Église, dans sa sagesse prévoyante, n'a pas voulu associer la femme au prêtre. Le prêtre devant siéger au sommet de l'humanité, tout en haut, il ne convenait pas de lui river au flanc un être qui l'entraînerait aux abîmes, tout en bas. Le péril était immense et l'Église y a paré. Cela ne veut pas dire, certes, que le prêtre n'essuiera pas les attaques de la femme. Comme les autres hommes, il est né de la femme, il a sucé son lait, et la femme essayera de le troubler, de le connaître. Elle ne le troublera point et elle ne le connaîtra point, s'il marche couvert de sa vocation comme d'un bouclier. « Beaucoup des nôtres périrent par la femme, *Propter mulierem multi perierunt;* » mais un plus grand nombre, en la fuyant, fut sauvé.

— Oui, oui, ai-je balbutié.

— Surtout ne vous conduisez pas comme Privat, ne vous laissez pas envelopper par le serpent. Il prit d'abord le cœur chez lui, puis le cerveau, puis les bras, finalement tout l'homme...

— Comment se conduire, mon révérend Père? ai-je demandé, les mains jointes.

— Au lieu d'écouter le monstre, de vous endormir au miel de ses paroles, écrasez-lui la tête dès son premier sifflement. Mme de Sauviac ne s'occupe de vous en nulle façon. Si cette grande dame médite de jouer un méchant tour à son mari, elle a sous la main, pour risquer l'aventure, quelqu'un qui la mènera à bout hardiment...

— Mais je n'ai jamais pensé..

— Vous n'avez jamais pensé à tout ce que je vous suggère, j'en suis sûr; mais vous y penseriez à la longue, et dès lors vous seriez perdu. Comblez vos oreilles de cire, comme le veut Isaïe, et n'écoutez plus, car vous avez trop écouté... Ne reparaissez pas à la rue des Carmes...

— Je n'y reparaîtrai pas.

— Si, à travers la ville, un jour de sortie,

vous rencontrez ou Mme de Sauviac, ou Mlle de Fouzilhon, ou Mlle de l'Hospitalet, vous les éviterez...

— Je les éviterai.

— Bon ! bon ! est intervenu Martinage... Mais, mon révérend Père, a-t-il ajouté, il arrivera certainement que, si notre jeune abbé s'abstient de rendre ses devoirs à la rue des Carmes, la rue des Carmes en corps viendra ici.

— La rue des Carmes, ici ! s'est écrié dom Cisneros, les sourcils froncés.

— Autrement dit, Mlle de Fouzilhon, Mlle de l'Hospitalet, Mme de Sauviac...

— Eh bien ! on recommandera au concierge d'éconduire ces femmes.

— Comme vous y allez !

— Nous n'y allons pas de main morte, nous autres, en Espagne.

— Nous autres, en France, nous y mettons plus de ménagements.

— Convenez aussi que le clergé français n'a rien de commun avec le clergé espagnol.

— Si cela peut vous être agréable...

— Avec vos douceurs de caractère, vos souplesses d'échine, vos atermoiements d'esprit, les perpétuelles entorses que vous donnez aux textes, les fausses interprétations dont vous déshonorez l'Écriture, les familiarités que vos évêques tolèrent de la part des prêtres dans leurs rapports avec les femmes, tout cela crée chez vous un clergé sans vigueur, sans puissance, sans réelle autorité.

— Grand merci, révérend Père Cisneros...

— L'éducation dans nos séminaires est forte, rude, un peu sauvage. Mais aussi quels prêtres déterminés nous sommes! Tenez, un fait qui me vient en mémoire... J'avais reçu la prêtrise dans la cathédrale d'Urgel et je passais quelque temps dans ma famille, à Mentella, avant d'entrer chez les bénédictins de San-Julia-de-Lora. Chaque jour, sur la vesprée, j'allais réciter mon bréviaire au long du Sergito, ruisselet qui coule à peu de distance de mon village. L'endroit est solitaire, aride, dévasté; à peine si deux doigts de prairie verdoient par places aux bords de cette eau perdue. Une après-midi de chaleur accablante, le signe de la croix fait sur mon office, il m'arriva de m'endormir. Jugez de ma surprise quand je me réveillai : le Sergito, s'encourant devant moi plus brillant qu'une glace, charriait des étoiles par milliers. La nuit était donc venue durant mon somme? Elle était venue. Comme je relevais ma soutane pour galoper de meilleur train vers la maison, des mains, dans l'ombre, s'accrochèrent à mes mains.

« — Qui va là? m'écriai-je.

« — *Señor abate! señor abate!...* me répondit une voix calme, — la voix de miel dont je parlais tout à l'heure.

« — Laissez-moi!...

« — O señor abate!... répéta la voix.

« Et sans que je puisse dire comment la chose se fit, deux bras nus se trouvèrent noués autour de mon cou.

« — Serpent! hurlai-je, me débarrassant des liens immondes où je venais d'être pris.

« Je voulus voir Satan. Je le retins de toute l'âpreté de mes griffes et l'amenai, loin des branchages des arbres qui nous recouvraient, en pleine clarté de la lune. D'un coup rude je lui relevai le menton. J'avisai sa face. Sa face était une figure blanche et douce, avec un grand air d'innocence et de candeur. Je reconnus Thérèse Arrenas, une fille de dix-huit à vingt ans, qui journellement gardait une poignée de chèvres parmi les pierrailles et les gazons du Sergito. En plus d'une rencontre, défilant avec son troupeau, elle m'avait adressé un salut, jeté un mot, et j'avais commis l'imprudence de lui rendre son salut, son mot, la sachant d'ailleurs fort sage, bien notée à l'église, où elle assistait assidûment aux offices, s'approchait régulièrement des sacrements... Et c'était de cette enfant que l'Enfer se servait pour me perdre !

« — Va-t'en, malheureuse! lui dis-je.

« — O señor José! soupira-t-elle.

« Déjà j'étais hors de son atteinte et courais vers le village d'un élan désespéré. Mais pour avoir au flanc des ailes de chauve souris, Satan n'en vole pas moins, et assez vite. Lorsque, ayant laissé derrière moi la grève caillouteuse du ruisseau, il me le fallut traverser sur deux poutres assemblées qui servent de pont, je trouvai Thérèse Arrenas pour me barrer le passage.

« — Tire-toi de là ! lui dis-je.

« — Non ! fit-elle, ses yeux embrasés fixés sur moi.

« — Prends garde !

« — Señor abate ! recommença-t-elle.

« — Que veux-tu ?

« — O señor José !...

« — Que veux-tu ?

« — Un baiser.

« C'est moi qui la saisis cette fois, et d'une si rude poigne que, par l'excitation de toute ma machine vibrante et forte, elle se trouva lancée violemment contre les poutres. Ce fut sur le bois un coup sourd, prolongé. J'avais triomphé de la tentation, j'étais libre. »

— Eh bien, vous n'y allez pas, en effet, de main morte, les prêtres espagnols, quand il s'agit de protéger votre chasteté, dit Martinage avec un claquement des doigts.

— Devais-je embrasser Thérèse Arrenas ?

— Ma foi !...

— C'est ce que vous eussiez fait, monsieur Martinage, vous qui êtes Français ?

— Moi, qui ne suis pas Espagnol, je me serais gardé de précipiter contre les poutres du Sergito cette Thérèse Arrenas, en qui je n'aurais pas vu Satan, mais une pauvre fille égarée...

— Et vous l'eussiez embrassée ?

— J'aurais mieux aimé l'embrasser que de m'exposer à la tuer.

— Monsieur Martinage, comment ferez-vous, je vous prie, pour vous conserver chaste ? demanda dom Cisneros, farouche.

— Mon révérend Père, je ferai comme ont fait les saints : je ferai comme je pourrai.

Le bénédictin a enlevé sa casserole de dessus les braises mortes où je l'avais installée à son insu, et, maugréant, s'est retiré.

IV

Grand Séminaire, 14 février 1848.

Moi qui attendais un allègement de la solitude ! Elle m'a écrasé.

Le premier jour, j'ai rangé mes menues affaires : mes papiers, mes livres, mon linge, mes habits, fort négligés depuis mon installation chez Martinage, et cette besogne m'a diverti de mes inquiétudes intimes. J'allais gaiement à travers ma chambrette, m'arrêtant à ceci, m'arrêtant à cela, comme un joyeux chardonneret des monts d'Orb sautelant dans sa cage à ce barreau, puis à cet autre, tantôt une grenaille au bec, tantôt une chanson. Une fois, dans mon tournoiement vertigineux, j'ai pensé à saint

Bernard, qui, s'il faut en croire Mabillon, en dépit d'une correspondance accablante avec les cent maisons de son obédience, avec Rome plus particulièrement, de grands ouvrages sur le métier, d'énormes entreprises religieuses et politiques à mener à bonne fin, en dépit de la bataille des tentations fort acharnée chez ce tempérament de feu, trouvait le temps de balayer lui-même sa cellule, de mettre de l'ordre et de la propreté partout...

Mais, après cette joie de l'arrivée dans mon humble réduit, cette distraction délicieuse du nettoyage, de l'époussetage, de l'arrangement, j'ai dû me rasseoir, rouvrir ma *Philosophie* de Mgr Bouvier au chapitre de « l'Existence de Dieu, » reprendre la monotone vie de chaque jour. Alors, j'ai éprouvé une lassitude immense, comme une paralysie de mes facultés.

Ce matin, je parcourais les pages où sont déduites, syllogisme par syllogisme, logiquement, rigoureusement, inflexiblement, les preuves de l'Existence de Dieu; mes yeux lisaient un mot, une phrase, un paragraphe; mais mon esprit, occupé ailleurs, — où ? — n'entendait rien, ne retenait rien. Soudain, incapable de travailler, j'ai pensé, par une aberration inexplicable, à ma soutane neuve, mise avec continuité durant mes trois jours de sortie, et qui, depuis plus d'un mois, attendait un coup de brosse. J'ai eu un bond de sauvage.

J'ai palpé la poche de lustrine. Quelque chose a fait du bruit. J'ai glissé la main, et mes doigts, en cette poche profonde et large comme une besace, ont touché un objet. Ils l'ont amené violemment. — Oh! la jolie boîte ronde, dorée, éblouissante comme un ostensoir! — Une folie s'est emparée de moi, et, ne songeant pas au sacrilège effroyable, je suis tombé à genoux; puis j'ai collé mes lèvres sur le couvercle de ce chef-d'œuvre de Caizergues, don de Mme de Sauviac. Comme je me disposais à quitter l'hôtel Fouzilhon, le 4 janvier de fort bonne heure, elle se trouva dans le salon et me dit : — « Vous mangerez ces *fondants* en pensant à Maurice qui vous les offre. »

Convaincu que je ne penserais nullement à Maurice si j'approchais ces bonbons de ma bouche, je les avais abandonnés là, ne touchant pas à ma soutane de peur d'être tenté. Maintenant, c'en est fait de mes résolutions. Le mignon coffret est sur ma table, et tout ouvert je ne sais comment. — Si je lançais ces sucreries par la fenêtre? — J'allongeais un bras vers l'espagnolette, déterminé à me débarrasser d'un présent qui me brûlait, ravalait mon âme aux soucis les plus honteux, la salissait aux plus détestables images, quand Martinage est entré chez moi brusquement.

— Eh bien! tu oublies la promenade? C'est mercredi aujourd'hui, grand effaré. Vite, ton chapeau; tu n'as qu'une minute.

— Je ne savais pas...

— Des bonbons de Caizergues ! s'est-il écrié avisant la boîte.

Sans scrupule, il a enlevé deux fondants d'une pincée.

— Les voulez-vous, ces bonbons ? lui ai-je demandé.

— Tu ne les aimes donc pas, toi ?

— Les voulez-vous ?

— Adjugé !

Prestement il a refermé la boîte et l'a enfouie dans sa soutane.

En descendant le grand escalier, en traversant les longs corridors vers la porte de sortie que tout le grand séminaire venait de franchir, mon chambrier, le palais insatiable, est revenu à la provision. Sa bouche riait, ses yeux riaient, ses joues riaient. Je l'admirais, et j'avais envie de pleurer.

V

Grand Séminaire, 20 février 1848.

Un pieux auteur de la *Vie de sainte Thérèse* que nous possédons dans notre bibliothèque, Bourgain de Villeforce, rapporte que, lorsque la prieure du monastère d'Avila voyait une de ses religieuses battre de l'aile, une autre prête à se révolter sous le joug de la règle, elle avait les mêmes paroles pour relever la première du découragement et amener la seconde à la résignation : — « Prenez garde, vous allez casser le fil ! » leur disait-elle. — Pour la réformatrice de l'Ordre du Carmel, toute créature en ce monde se trouvait reliée au ciel par un fil dont la main de Dieu, là-haut, gardait le bout. A chacun de nous de préserver ce fil ténu du péché, qui le trancherait comme un glaive. Si, par notre faute, il était un jour rompu, nous tomberions dans l'abîme où furent précipités les anges rebelles et ne partagerions jamais la gloire des élus.

J'ignore si, à l'assaut terrible de mes tentations, le fil qui me relie à cette maison, sorte de paradis, antichambre de l'autre, allait être brisé, s'il était brisé déjà : le fait est que hier encore je flottais sans direction, douloureusement ballotté d'une parole insoucieuse de Martinage à une parole féroce de dom Cisneros. Un cerf-volant désemparé de ses oreilles et de sa queue, dont la force du vent a arraché la ficelle des mains de l'enfant qui la retenaient, n'offre pas dans les airs de plus ridicule, de plus piteux spectacle aux badauds assemblés que je ne devais en offrir à mes condisciples. Aujourd'hui, quelle différence ! je pique droit devant moi, un courage surhumain m'emplit les ailes, je me sens soulevé de terre. Que m'est-il arrivé ? Oh !

rien que de bien simple. Le P. Laplagne, de ses doigts, pénétrés pour moi d'une tendresse divine, a renoué mon fil avec le ciel.

Parmi ces bâtiments du grand séminaire, plus vastes qu'un village de la montagne cévenole, il existe un réduit, un coin solitaire où filtre goutte à goutte l'eau pure, l'eau rafraîchissante de la grâce, cette eau merveilleuse, enivrante, que le voyageur altéré puise au creux de la main dans la fente du rocher. Cet endroit béni, où la lumière et l'ombre se mêlent en des proportions qui charment tout ensemble l'âme et les yeux, c'est la cellule du P. Laplagne. Je ne pénètre jamais là sans me trouver subitement enveloppé par la vocation reconquise. Dès la porte de cet asile haut et sacré, où je devrais m'abriter plus souvent, je me sens fortifié.

Quels bras il m'a tendus en m'apercevant, ce Père bien aimé, et de quelle étreinte il m'a serré contre son cœur ! Je suis demeuré un long moment planté, le regardant, le regardant encore, ne me lassant pas de le regarder. Il m'a fait un signe accompagné du plus ineffable sourire, et je suis tombé à genoux. Mes trois jours fameux de janvier, ces trois jours lamentables qui pèsent si lourdement à mes épaules, je les ai déposés à ses pieds, ouverts comme un livre. Il a lu et il a compris. Il m'a dit :

— Cette rencontre avec une jeune femme, que le hasard seul a amenée, ne vaut pas la peine que vous y insistiez avec larmes. Cette jeune femme a touché vos lèvres de son doigt, et vous êtes demeuré tout ébranlé de ce contact. Il sera peut-être pour vous le charbon d'Isaïe, le charbon purificateur. D'ailleurs, il n'y a pas là motif suffisant à désespérer. Certains mouvements de notre âme, laquelle, par la raison que Dieu l'anime, commande aux diverses parties de notre être, sont irrésistibles, échappent par leur spontanéité même à notre volonté; il ne faudrait donc pas s'en émouvoir, car il ne saurait y avoir péché là où il n'y a pas eu intention. Et puis qui oserait se vanter d'avoir échappé à la femme, de n'avoir pas, une fois au moins, été touché par elle? Qu'il le veuille ou non, pour une fin où se cache le mystère de la perpétuité de la vie ici-bas, l'homme, conçu, porté, nourri dans les entrailles de la femme, lui demeure toujours attaché par un point. Ce point-là, le point de la marque humaine, qui est très chatouilleux, très sensible dans la jeunesse, perdra de son irritabilité au courant des années, et un jour vous vous trouverez soulagé du fardeau qui vous accable en ce moment.

— O mon Père!...

— Les prêtres, à qui Dieu propose, pour la splendeur de son Église, le calice de la chasteté, connaissent les grâces que ce Dieu plein de miséricorde a mises en réserve tout exprès pour eux. Ces grâces particulièrement efficaces contre « la soif et la faim de la femme, *sitis et fames mulieris,* » vous les recevrez à votre tour, toujours plus abondantes au fur et à mesure que vous gravirez un nouvel échelon dans la hiérarchie sacrée, et elles vous soutiendront, vous porteront, finalement vous obtiendront le triomphe... Rentrez dans votre cellule, mon enfant, et priez. Je vous donne une pénitence légère : vous répéterez, au commencement et à la fin de vos heures de travail, ce verset de l'Évangile de saint Jean :

— « Je ne suis pas seul dans ma solitude, car le Père céleste est avec moi, *Non sum solus, quia Pater mecum est.* »

NEUVIÈME CAHIER

I

Grand Séminaire, 4 mars 1848.

Que se passe-t-il depuis trois jours ? Personne n'en sait rien. On n'en peut douter pourtant, il se passe quelque chose d'extraordinaire. Jamais nous n'avions vu nos directeurs à ce point retirés de nous, sévères, inabordables. Jusqu'au P. Laplagne, le plus accueillant des hommes, qui fuit si on tente de l'approcher. Encore une fois, que se passe-il ?

Ici, en l'intérieur du grand séminaire, sauf cette réserve excessive de nos directeurs, tout marche à l'habitude : classes, prières, exercices de toute sorte, et on ne pourrait saisir le moindre sujet d'alarme. Serait-il survenu quelque événement imprévu au dehors ? Le siècle, soudainement révolté, menacerait-il la religion ? L'excellent abbé Bonafous, dont la fenêtre donne sur la route de Castelnau, nous contait que, l'autre nuit, s'étant attardé à relire un chapitre de la *Perfection chrétienne* par le R. P. Rodriguez, il avait perçu un grand bruit, comme un énorme tumulte de voix à travers le faubourg Boutonnet, puis ce cri s'était dégagé nettement de vociférations lointaines : « *Aux armes, citoyens !* »

— C'est *la Marseillaise,* ça, est intervenu Martinage.

— *La Marseillaise* ? avons-nous demandé, frissonnants, ébahis.

— Une chanson magnifique. Il y a un couplet très joli qui commence par ce vers : « *Amour sacré de la patrie !...* »

— Eh quoi ! monsieur Martinage, vous savez *la Marseillaise* par cœur ? a interrogé l'abbé Soulage, peiné.

— Sur le bout du doigt. Mon père, qui l'entendit chanter à Paris, en 1830, quand il servait dans les cuirassiers, en a toujours quelque bribe aux lèvres. A l'époque où nous demeurions dans le clocher de la cathédrale, c'était très amusant, le dimanche, au moment où le sonneur du Chapitre mettait les cloches en train, de nous entendre, mon père et moi, hurler à pleine gorge : « *Aux armes, citoyens ! Formez vos bataillons !* »

— Comment, vous osiez !...

— Personne ne pouvait nous entendre dans le fracas des sonneries...

— Vous ignorez donc que c'est au chant de cette infâme *Marseillaise* que le roi-martyr fut conduit à l'échafaud?

— Ma foi, oui, je l'ignore...

— Alors, vous n'avez pas lu l'*Histoire de la Révolution française* par Amédée Gabourd, que nous possédons ici?

— Je l'ai commencée, mais elle m'a si fort ennuyé, si fort ennuyé!...

— Que vous n'êtes pas allé jusqu'à la fin?

— Vingt-cinq pages, et j'en avais assez.

— Si vous aviez poursuivi...

— Le P. Peyrac! le P. Peyrac! nous a soufflé Bonafous.

Le petit groupe s'est évanoui en fumée. Sans que je puisse dire comment s'est faite la chose, je me suis trouvé accroché au bras de Martinage. Toujours en souci de moi, redoutant pour moi quelque réprimande du P. Peyrac, encore qu'il n'y eût nulle raison de me réprimander, mon chambrier, mon ami, m'avait passé le bras à la taille et m'avait enlevé.

— Vois-tu, mon cher Ferdinand, m'a-t-il dit une fois sous les arbres au fond de la cour, il est prudent de se tenir coi, de faire le mort en ce moment-ci. Les PP. Lazaristes ont-ils de mauvaises nouvelles de leur maison-mère de la rue de Sèvres, à Paris? Les mandarins chinois ont-ils écorché vif quelqu'un des leurs? J'ai beau chercher dans ma caboche, je ne trouve rien. Le fait est qu'ils sont tous comme des crins. Demeurons tranquilles et défions-nous. Hier, dans le corridor du réfectoire, j'ai rencontré le P. Husson, et le P. Husson, comme je le saluais humblement, m'a lancé le regard féroce que, dans les châtaigneraies de Riols, près Lignières, un endroit sauvage, doit lancer le loup à l'agneau qu'il va dévorer. Tu devines si j'ai filé !... La chose la plus grave, c'est la fermeture du parloir où pas un de nos parents, de nos amis, n'est admis à pénétrer. Ça me gêne, moi qui recevais de temps à autre de menues victuailles de la buvette...

— Et moi qui, le jeudi généralement, avais une lettre des miens. On ne m'a rien remis jeudi passé.

— Les lettres arrivent comme de coutume ; seulement, le concierge, à qui j'ai tiré les vers du nez, les porte chez M. le supérieur où elles restent...

— Pourquoi ?...

— Chut ! le P. Peyrac vient à nous.

Nous nous sommes séparés.

II

Grand Séminaire, 9 mars 1848.

Avant-hier, à la méditation du matin, nous fûmes bien surpris de voir paraître M. le supérieur Baudrez, au lieu du P. Husson qui était de semaine. Le P. Baudrez prit place dans la haute stalle entre les deux fenêtres, tomba à genoux, se recueillit. Son visage creusé, dont le menton pointu entrait dans ses mains jointes, mal éclairé par une aube brouillée, avait des reflets de vieux bois très poli et très dur. On eût dit quelqu'une de ces figures d'ascètes, comme on en peut admirer dans le chœur de la cathédrale, sculptées en des médaillons de chêne. Le P. Baudrez gardait toujours son immobilité de pierre, et nous tous nous avions peur. — Pourquoi était-il venu ? Qu'allait-il nous annoncer ? Aurions-nous le mot de l'énigme si longtemps cherché en vain ? — M. le supérieur se remit debout et d'une voix sèche, brève :

— Messieurs, des faits d'une gravité exceptionnelle se sont accomplis à Paris. Le 24 février dernier, le Roi a été chassé des Tuileries et la République a été proclamée. Après un premier saisissement, qui, avec tout le clergé de France, a ébranlé vos directeurs, il ne nous reste qu'à tendre nos bras vers Dieu et à implorer miséricorde. — *Misericordia, Domine, super nos !* — Les exercices ordinaires de la maison sont suspendus. Nous commençons, dès ce moment, un *Triduum* pour apaiser le ciel irrité. Durant ces trois jours de retraite et de deuil, vous prierez pour que soient épargnés à notre malheureux pays les maux qui l'accablèrent en d'autres temps. En ces temps cruels, la République également fut proclamée, le Roi également fut arraché de son palais. Mais, vous le savez, là ne se bornèrent pas les attentats d'une populace maîtresse de tout et de tous : Louis XVI périt sur l'échafaud... Devons-nous revoir l'époque la plus funeste de notre histoire, celle qui, par delà la Royauté, porta à l'Église, « cette force et ce sang des nations, *robur et sanguis,* » des coups dont, après tant d'années, elle demeure encore meurtrie ? Dieu seul connaît de quelle main nous méritons d'être châtiés. Abandonnons-nous à lui, et qu'il fasse de nous selon sa justice et selon sa gloire. Si l'heure de la guillotine est encore une fois sonnée, raffermissons nos cœurs au pied des autels et rendons-nous dignes d'être choisis pour proclamer notre vocation jusqu'à la mort...

Des sanglots partis des bancs interrompirent le P. Baudrez.

— Se trouverait-il parmi vous des âmes pusillanimes, des âmes lâches? s'est écrié M. le supérieur.

Et d'un ton un peu rauque, où perçait quelque colère :

— Que ceux qui tremblent quand je leur montre la perspective radieuse du martyre, l'apprennent de ma bouche : ils sont indignes du sacerdoce. Pourquoi sont-ils venus au grand séminaire ? Ici, s'ouvre la voie douloureuse qui mène au calvaire, où le gibet demeure éternellement dressé. J'invite les ecclésiastiques qui, le cas échéant, ne se sentiraient pas le cœur de mourir, à se lever.

Personne n'a bougé.

Le P. Baudrez, la mine sévère, presque tragique, fouillait les bancs d'un œil aigu. Nulle face ne s'est tournée vers lui pour essuyer son feu. Nous avions tous la tête baissée, chacun le nez fourré dans la soutane de l'autre, aussi serrés qu'un troupeau surpris dans la montagne cévenole par une tourmente de neige ou le voisinage du loup.

Enfin le P. Baudrez, las d'attendre, a entonné :

Veni, Creator !...

Le *Triduum* commençait.

III

Grand Séminaire, 14 mars 1848.

Les têtes se sont redressées, la paix est reconquise, le grand séminaire va comme devant. Tout de même nous l'avons échappé belle, paraît-il. Le dernier exercice du *Triduum* n'avait pas pris fin, que les lettres accumulées chez M. le supérieur étaient distribuées, les portes du parloir, fermées à double tour, rouvertes. Les renseignements ont afflué. Une lettre désolée de ma tante Angèle m'a appris qu'une bande de portefaix — de gens sans aveu — avait planté « un arbre de la Liberté » sur la promenade de la Mairie, et qu'elle avait beaucoup pleuré... Mais M. de Sauviac, dont j'ai reçu la visite, m'a conté des choses effrayantes.

— Les étudiants en médecine, fort nombreux ici, m'a-t-il dit, ivres de joie à la proclamation de la République, se sont rués vers le chemin de fer et ont exigé du chef de gare un train spécial pour aller chercher, à Nîmes, Armand Barbès, conspirateur fameux détenu dans une prison de cette ville. Ils ont ramené Armand Barbès, en effet, et alors, à travers Montpellier, de l'Esplanade au Peyrou et de la Canourgue à la place de la Comédie, le flot des révolutionnaires a roulé en grondant *la Marseillaise*. La saturnale, débraillée, abjecte, hurlante, s'est terminée au théâtre par un banquet où tout ce que nous respectons, tout ce que nous aimons, a été hué, où notre sainte religion particulièrement a subi les derniers outrages, a été vilipendée, bafouée...

— Est-ce possible, monsieur le comte?

— Avant-hier matin, comme le respectable chanoine Pommerol sortait de chez Mme Vigouroux, où il venait de prendre son café au lait, un cordonnier — le sien, chose inouïe! — lui a corné aux oreilles : « A bas le calotin! »

— C'est épouvantable... Et que pensent de ces bouleversements Mme de Sauviac, Mlle de Fouzilhon, Mlle de l'Hospitalet?

— Ma femme n'a pu supporter le spectacle de tant d'horreurs; elle est partie avec Maurice pour notre château de la Roquette, au pic Saint-Loup. Quant à Mlles de Fouzilhon et de l'Hospitalet, depuis le 24 février elles n'ont pas mis le pied dehors. M. le chanoine Pommerol leur dit la messe le matin, puis elles passent le reste de la journée en prières dans leur chapelle de la Confrérie du Saint-Rosaire. Connaissant l'affection tendre que vous gardent ces dames, je les avais décidées à venir vous voir avec moi aujourd'hui. Malheureusement, comme elles se disposaient tout à l'heure à monter en voiture, un cri perçant de « *Vive la République!* » a été poussé par un homme de mauvaise mine qui traversait la rue des Carmes, et elles se sont rejetées dans l'intérieur de l'hôtel, d'où mes supplications les plus pressantes n'ont pu les faire sortir. Voilà dans quel joli pétrin on nous a mis. C'est égal, si je tenais M. de Lamartine !...

— M. Alphonse de Lamartine ?

— Je le rends responsable de tout. Dans notre pays, où elle a accumulé tant de ruines, tant de crimes, on avait conservé la haine de la République; on se souvenait de la guillotine en permanence sur nos places, et on exécrait un régime souillé de boue et de sang. Or il s'est trouvé un écrivain pour idéaliser une époque plus noire que l'Enfer, pour amnistier le bourreau, pour découvrir je ne sais quelle poésie au couperet. En faussant, par son livre, *les Girondins*, l'idée qu'un honnête homme doit se faire de la Révolution, M. de Lamartine a commis un véritable attentat social. Il va sans dire que, l'armée ayant reçu l'ordre de laisser passer « la justice du peuple, » j'ai envoyé ma démission de capitaine du génie au Gouvernement Provisoire...

— Et M. Edmond de Louvières a-t-il également envoyé la sienne? ai-je demandé, cédant à une curiosité irrésistible.

— Edmond de Louvières, qui a permuté, qui se trouve on ne peut mieux à Montpellier près de sa famille, qui d'ailleurs jouit comme un enfant de son épaulette neuve, persiste à servir. Mais ni M. le chanoine Pommerol ni moi, nous n'avons renoncé à l'espoir de le détacher prochainement de l'armée, laquelle va devenir une cohue de sans-culottes. Nous comptons un peu sur Mme de Sauviac pour nous aider dans cette besogne patriotique. Aussi partirons-nous dans quelques jours pour la Roquette, M. le chanoine Pommerol, Edmond et moi.

J'ai éprouvé une inquiétude indicible. Je me suis essuyé le front; puis, ne trouvant pas mieux à dire, j'ai balbutié :

— Alors, monsieur le comte, vous venez me faire vos adieux?

— Justement, mon ami, et vous apporter en même temps des nouvelles de votre cousine Clotilde, de la Visitation. Ce matin, Florien est allé s'informer d'elle de la part de ma tante de Fouzilhon. Elle est en parfait état. Grâce au ciel, la tempête a passé sans l'atteindre.

Cette dernière phrase articulée, M. de Sauviac m'a serré très affectueusement la main et m'a quitté.

IV

Grand Séminaire, 18 mars 1848.

N'ayant jamais ouï parler des choses de la politique, il est tout simple que je n'y comprenne rien. Je n'en demeure pas moins fort abasourdi de ce qu'il m'a fallu entendre dès la proclamation de la République et de ce qu'il me faut entendre encore chaque jour. Nos directeurs, dont aucun n'a été appelé à la guillotine, comme tous avaient l'air de le craindre, ne soufflent plus un mot des événements du dehors; mais, en retour, la plupart de mes condisciples, informés, excités par leurs parents, ne tarissent pas. L'un d'eux se montre particulièrement acharné, et, j'ai le regret de l'avouer, c'est l'abbé Bonafous, que le P. Laplagne m'a souvent proposé pour exemple. La discussion sur les bancs de la cour reste, bien entendu, en des termes doux, polis, ainsi qu'il sied entre ecclésiastiques devisant d'intérêts humains, d'intérêts passagers ; toutefois, Martinage étant intervenu ce matin avec sa brusquerie ordinaire, Bonafous l'a pris de si haut avec lui que tout à coup le ton s'est élevé de part et d'autre, est devenu âpre, aigu, tranchant.

— La République, que vous vantez, que vous paraissez aimer, ne vous a rien fait perdre à vous, monsieur l'abbé, s'est écrié Bonafous, furieux.

— D'abord, monsieur l'abbé, a riposté Martinage, je n'ai pas vanté la République, puis vous n'avez pu descendre dans mon cœur pour savoir si j'aime la République ou si je ne l'aime point. Je disais seulement que nos récréations, depuis plus d'un mois, avaient perdu leur ancien caractère d'intimité... sacerdotale, et qu'il nous serait infiniment plus profitable de les passer, comme jadis, à nous entretenir des choses de notre vocation que de la maigreur de M. de Lamartine, des longs cheveux de M. Garnier-Pagès, de la petite taille de M. Louis Blanc, de la laideur de M. Crémieux...

— Votre père vend toujours le même nombre de portions dans sa gargote du Cours des Casernes, tandis que le mien, harcelé par la canaille, a dû quitter sa préfecture...

— Si, de nouveau, vous vous permettez de mêler mon père à un débat qui ne le regarde en aucune façon, je vous allonge le plus beau soufflet...

Il avait fait un pas vers Bonafous.

— Mon ami, mon cher ami ! lui ai-je murmuré, m'accrochant à sa soutane.

Ce taureau, car il est fort comme un taureau des bas-fonds de l'Espinouze, s'est fait docile à l'égal d'un mouton et m'a suivi à l'autre extrémité de la cour.

V

Grand Séminaire, 20 mars 1848.

Le grand séminaire possède une fort jolie maison de campagne sur la route de Gignac. Nous y allons en bande de temps à autre, le mercredi surtout. Hier, lundi, fête de saint Joachim, patron de M. le supérieur, nous y avons passé la journée. Il tombait des gouttes d'eau quand nous défilions à travers le faubourg Boutonnet; mais il n'est venu à l'idée de personne, pas même du timide P. Perboyre qui nous conduisait, de rentrer au bercail.

Nous cheminions sous cette tiède ondée de printemps, joyeux de notre liberté, caquetant, rajeunis. La moisissure de l'hiver nous avait peu à peu gagné et la langue et l'habit, et maintenant cela nous amusait de secouer nos champignons. Un moment, nous avons dû nous mettre à l'abri sous les arches du long aqueduc du Peyrou, et plus l'averse épaississait, frappait dru, plus nous riions. Soudain le P. Perboyre, qui, pour mieux nous observer, se tenait consciencieusement en dehors des arcades, a vu son tricorne transformé en gouttière. Ç'a été du délire parmi nous. J'entends encore les éclats tambourinants de Martinage. En vérité, nous sommes de grands enfants.

Afin de ne pas perdre notre temps durant cette halte forcée, nous avons récité le chapelet. C'était toujours autant d'expédié pour le soir. Miracle ! dès la deuxième dizaine, les nuages se sont éclaircis, et nous achevions à peine le dernier : « *Je vous salue, Marie,* » que la pluie cessait tout à fait. Un arc-en-ciel magnifique, appuyant ses deux piles, à gauche dans la mer vers Cette, à droite sur le pic Saint-Loup, vers la Roquette sans doute, a envahi le firmament, l'a couronné splendidement jusqu'au zénith. Nous avons déserté les arches de l'aqueduc et nous sommes précipités sous cette arche unique, démesurée, capable de contenir la création sous son arceau.

Le reste du chemin, dans la fraîcheur, a été délicieux. Les oliviers, lavés de leur poussière, lustrés, neufs, nous regardaient passer tout heureux, tout fiers ; puis, par intervalles, les amandiers, fleuris comme de gros bouquets, lançaient à l'envi leurs pétales blancs sur nos chapeaux mouillés, nous en essuyaient les ailes en les parfumant. Enfin, nous avons abordé à notre

« campagne, » enveloppée d'une ceinture épaisse de lauriers-roses arborescents, coupée à intervalles égaux par la colonne immobile d'un cyprès très haut et très pointu.

— Qu'on est bien ici! ai-je dit à Martinage.

— Oui, petiot, on sera bien quand on aura déjeuné, m'a-t-il soufflé très bas.

M. le supérieur, arrivé avant nous avec le P. Lamolinairie, nous a traités aussi magnifiquement que l'a permis le carême, que nous pratiquons dans sa rigueur.

— Ah! ce carême qui me tient la tripe vide! ne cesse de maugréer Martinage.

Pour moi, je l'avoue, le maigre ne m'incommode nullement. Je ne fais jamais attention à ce que je mange.

Mon chambrier s'est arrogé sur moi des droits énormes, des droits régaliens; il a pris d'abord ceux, bien légitimes certes, que lui confère son affection pour le « petiot, » comme il lui prend envie de m'appeler maintenant; puis ceux de Privat, hélas! si loin de nous désormais, peut-être aux portes de la mort. Tout de même, je regrettais de m'être assis à côté de mon ami. Il mangeait avec un appétit qui soulevait chez moi je ne sais quels dégoûts, — un appétit qui m'offensait. Trois fois il m'a demandé de lui passer le plat des *oulettes*, petit gâteau délicat au fond duquel on fait mijoter un hachis de viande, où avait mijoté pour aujourd'hui un hachis de poisson, et trois fois j'ai condescendu à sa prière. A la fin, je me suis révolté. J'ai refusé net.

— Prenez le plat vous-même, lui ai-je répondu.

Il s'est levé, et sans vergogne s'est emparé des deux oulettes qui restaient.

— Vraiment, c'est trop de gourmandise, lui ai-je dit.

— Et quand on a faim, voyons...

La sonnette a tinté.

M. le supérieur a récité les grâces lentement, très ému en ce jour exceptionnel pour lui, puis nous a donné *campos*. J'ai tenu à marquer mon déplaisir à Martinage : une partie de barres s'organisant au sortir de table, j'ai planté là mon chambrier.

Parmi les diacres, les sous-diacres, c'est à qui, durant nos promenades, récitera son office avec le directeur de semaine. Vers les trois heures — l'heure des *Vêpres* — le P. Perboyre, très entouré, a choisi l'abbé Albert Martinage. Mon chambrier a laissé tomber sur nous un regard de triomphe, puis s'est éloigné. Là-bas, à travers une allée de tilleuls, j'ai suivi des yeux le couple allant, venant, murmurant les psaumes, le nez dans le bréviaire. Martinage marchait d'un pas relevé et « faisait sonner sa sonnette, » autrement dit sa voix, plus ronflante que l'ophicléide du lutrin. Il était enlevé par un honneur inattendu, car il ne s'était pas offert le moins du monde. Il doit peut-être sa noblesse à Privat; mais, c'est incontestable, Martinage a sa noblesse.

— Eh bien! m'a-t-il demandé, me rejoignant au bout de vingt minutes, trouves-tu que je m'en sois tiré à mon avantage?

— A merveille.

— On m'accuse, au grand séminaire, de bredouiller mon office au lieu de l'articuler mot à mot, distinctement, ainsi que le veut la *Rubrique*. On ne m'accusera plus après cette épreuve en plein air, j'espère... M'entendais-tu d'ici, petiot?

— Je n'ai pas perdu une syllabe.

— Je suis bien content aujourd'hui, m'a-t-il soupiré en se frottant les mains.

— Pourquoi êtes-vous si content?

Il m'a regardé du coin de l'œil; puis, ses lèvres collées à mon oreille, il m'a rempli la tête de cette exclamation inattendue :

— Vive la République!

— Monsieur Martinage!... me suis-je récrié.

— Alors, toi aussi, avec Bonafous, avec Soulage, tu penses?...

— Moi, je pense, avec M. le supérieur Baudrez, que la République a porté à l'Église « des coups dont elle demeure meurtrie... » Vous êtes donc du parti de cet Armand Barbès, vous?

— Armand Barbès?

— Ce fameux conspirateur que les étudiants ont extrait des prisons de Nîmes...

— Ah ! oui, je sais... Mon père m'a conté ça...

— Et qu'en dit-il de ça, votre père ?

— Il a vu passer Armand Barbès au Cours des Casernes où il allait visiter le quartier de cavalerie, et lui a trouvé figure humaine. Il est bien planté d'ailleurs, avec une barbe magnifique. Il tenait une cravache à la main pour monter à cheval. Il levait de temps en temps cette cravache sur la foule qui le suivait, immense, pressée, et dont les cris semblaient l'importuner beaucoup. — « Enfin, a conclu mon père, c'est un brave et bel homme, l'air un peu triste et très doux. Il est de Carcassonne, et on n'est pas méchant dans le Carcassèz. »

— Pourquoi ne serait-on pas méchant dans le Carcassèz, comme ailleurs ?

— Est-ce qu'on est méchant dans le Midi ?... Suis-je méchant, moi ? Es-tu méchant, toi ?

— Je le vois, monsieur l'abbé, vous marchez avec les révolutionnaires.

— Tu me connais bien !

— Si notre malheureux Privat était ici à ma place, c'est lui qui vous dirait ce que je ne sais pas vous dire.

— Si Privat était ici, il rirait sous cape avec moi du bon tour que la République joue à nos directeurs...

— La République joue un bon tour ?...

— L'Histoire ecclésiastique me donne assez

de mal pour que je ne m'occupe en nulle façon des autres Histoires. Je n'ai pas la mémoire de Pic de la Mirandole, moi. C'est te dire que, sur l'Histoire de la vallée d'Andorre, dont la capitale est Urgel, je suis aussi ignorant qu'une carpe du Lez, s'il y a des carpes dans le Lez. Tout ce que je puis te dire, c'est qu'après les guerres carlistes, où dom Cisneros lâcha plus d'un coup de fusil, il s'éleva entre l'Espagne et la France des difficultés à la suite desquelles Mgr Simon de Guardiola dut quitter son diocèse. Depuis des années, Monseigneur n'a cessé de revendiquer son siège épiscopal, et c'est incalculable le nombre de lettres parties de Montpellier, tant pour Madrid que pour Paris. Jamais un mot de réponse de la reine ou du roi... La République arrive... Sa Grandeur dicte une nouvelle épître à dom Miguel Garcia, et le Gouvernement Provisoire s'occupe immédiatement de la vallée d'Andorre, et M. de Lamartine écrit à Mgr Simon de Guardiola, prince de la Vallée d'Andorre, évêque d'Urgel, qu'il est autorisé à faire ses paquets et à rentrer chez lui... Ah! le bon tour! le bon tour!...

— Je ne vois pas, moi...

— Tu ne vois rien, toi, pauvre innocent! Écoute Martinage, qui n'est pas la moitié d'un imbécile, et tu verras...

Et d'une voix à peine perceptible :

— Nos directeurs exècrent à ce point la

République, qu'ils ont été furibonds en apprenant de la bouche du vicaire général Garcia la fin de l'exil de Monseigneur. — Comment, ce régime épouvantable de la République, duquel on ne devait attendre que du mal, se permettait de faire du bien ! — Ils se sont rués chez l'évêque d'Urgel et l'ont pressé de ne pas quitter le grand séminaire, de repousser une faveur dont l'acceptation de la part d'un prince de l'Église enorgueillirait trop la République, qui d'ailleurs pouvait ne pas être sans danger pour lui. Mais Sa Grandeur, toute à cette idée fixe : revoir son pays, revoir ses prêtres, officier encore une fois dans sa cathédrale avant de mourir, n'a pas articulé un mot à tant d'empressement, à tant de sollicitude. Elle s'est contentée de montrer dom Cisneros cordant des malles dans un coin...

— De qui tenez-vous ces sornettes ?

— Et Cisneros donc !... Seulement nos directeurs se sont vengés de l'entêtement du vieil évêque à vouloir regagner son pays, son diocèse, en obtenant de lui, sous prétexte que nos exercices s'en trouveraient troublés, le secret le plus absolu sur son départ. Depuis huit jours, on cloue des caisses, et, sauf moi, personne au séminaire ne sait à quoi riment tant de coups de marteaux chez Mgr de Guardiola. — « A-t-on craint, si Sa Grandeur bénissait les élèves au moment de s'en aller, que ceux-ci, au lieu de répondre *Amen* à son *Benedicat vos*, ne répondissent : *Vive la République?* » me disait ce matin dom Miguel Garcia, blessé, fumant d'indignation, prêt à éclater comme une bombe de l'armée royale.

— Mais pourquoi, dans cette situation, Mgr de Guardiola ne s'est-il pas adressé à Mgr Thibault?

— Mgr d'Urgel est allé faire ses adieux à Mgr de Montpellier, et le vicaire général Garcia, ne voulant pas voir la dignité de son évêque compromise par une demande quelconque, a insinué qu'il serait infiniment doux à Mgr de Guardiola, dans une cérémonie qui pourrait avoir lieu la veille de son départ, de bénir le grand et le petit séminaire assemblés. Mais Mgr Thibault, prévenu par nos PP. Lazaristes, n'a pas eu l'air de comprendre et a accompagné Sa Grandeur andorrane jusqu'à son fiacre avec force félicitations, compliments, bons souhaits... C'est une abomination! la politique brouillerait des montagnes...

— Quand part-il, Mgr d'Urgel?

— Après-demain matin, au petit jour, avant notre lever sans doute.

— Que j'aurais été heureux de le revoir encore une fois!

— Justement, j'ai arrangé tout pour que tu le revoies encore une fois...

— O mon ami!

— Chut! chut!... Demain au soir, couche-toi tout habillé. Vers minuit, dom Cisneros, qui t'aime, grattera doucement à ta porte. Tu le suivras. A cette heure où tout dort, directeurs et séminaristes, vous ne rencontrerez personne dans les corridors. Oh! puis... à la guerre comme à la guerre...

— Vous avez raison : à la guerre comme à la guerre...

— On part! on part! a piaulé non loin de nous, derrière les lauriers-roses, la voix glapissante de Bonafous, chargé de rabattre le séminaire épars vers la grande route.

Nous nous sommes élancés hors de notre cachette. Le P. Perboyre était à deux pas. Nous avons pris place dans la colonne.

VI

Grand Séminaire, 23 mars 1848.

Minuit n'était pas sonné depuis cinq minutes, qu'une main discrète entre-bâillait ma porte.

— Venez! venez vite!

J'ai reconnu dom Cisneros et l'ai suivi.

L'un et l'autre, pareils à des chats en maraude, nous allions à pas de velours au long du grand corridor des cellules. Mais cela ne nous a servi à rien. Au dernier détour, comme nous arrivions devant la haute fenêtre sans rideaux de l'escalier, claire sous la lune, une silhouette noire, de taille indéfinie, nous a barré le passage. Nous étions face à face avec le P. Joachim Baudrez.

— Où courez-vous donc, mon révérend Père? a-t-il demandé d'un ton tout ensemble sec et narquois.

— Je cours à des choses très pressées, monsieur le supérieur, a répondu le bénédictin.

Et, me retenant au bras droit, il a essayé de tourner l'obstacle. Le P. Baudrez m'a saisi au bras gauche; puis, d'un accent où vibrait une colère contenue non sans peine :

— Rentrez dans votre chambre, monsieur, et couchez-vous.

— Rentrez et couchez-vous, monsieur l'abbé, a ajouté le moine espagnol, dont les doigts crispés m'ont laissé libre à l'instant.

J'ai refait trois pas vers ma cellule, ivre de douleur, titubant.

— Adieu, mon cher enfant! a murmuré dom Cisneros.

Je me suis arrêté, incapable de pousser plus avant.

— Adieu, mon enfant! a répété dom Cisneros.

Je me suis précipité vers lui. Il m'a embrassé étroitement, tendrement, longuement.

— Mais enfin?... a interrogé le P. Baudrez, peut-être bien un peu embarrassé de son personnage.

— Monsieur le supérieur, a dit respectueusement le bénédictin, vous êtes le maître dans cette maison, et je sais, moi qui passe ma vie sous une règle, quelle obéissance vous est due. Je vous supplie, par le souvenir de vos bontés quotidiennes aux prêtres attachés au service de Mgr l'évêque d'Urgel, je vous supplie de ne tenir nulle rigueur à l'abbé Ferdinand Fabre de son escapade de cette nuit. Cette escapade est mon ouvrage, mon ouvrage exclusif. J'avais cru remarquer que Monseigneur, très affectionné à tous les ecclésiastiques du séminaire, nourrissait pourtant quelque préférence pour l'abbé Fabre, et comme, soit fatigue au moment du départ, soit préoccupation de mille affaires, soit énervement du grand âge, Monseigneur n'a pu encore fermer l'œil, j'étais venu chercher le jeune abbé pour causer avec Sa Grandeur, la distraire, tandis que le vicaire général Garcia et moi nous nous occuperions des derniers préparatifs.

— Vous auriez dû, avant de frapper à la porte de M. l'abbé, frapper à la mienne.

— Je le reconnais, monsieur le supérieur, et vous offre mes humbles excuses.

— Je vous autorise à emmener M. l'abbé.

Il a tourné sur ses talons, et s'est effacé dans l'ombre d'un couloir.

En entrant dans l'antichambre où couche dom Cisneros, j'ai été heureux de trouver Martinage. Après la rencontre du P. Baudrez, j'avais besoin de trouver quelqu'un, — un ami. Le bénédictin a raconté notre aventure. Une indignation refoulée faisait trembler sa voix.

— Cette surveillance odieuse est exercée contre Monseigneur, a-t-il conclu.

— Quelle gifle mériterait Bonafous! a dit mon chambrier s'enflammant à son tour.

— Bonafous?

— Hier, à la campagne, caché derrière un paquet de lauriers-roses, ce fils de préfet révoqué nous a entendus, le petiot et moi, quand nous complotions cette visite nocturne, et il nous aura dénoncés...

— Avez-vous fini l'emballage des registres? a interrompu dom Cisneros.

— Voilà! a répondu Martinage, montrant une caisse soigneusement ficelée.

Le bénédictin a touché le loquet d'une porte et nous avons pénétré dans la pièce exiguë servant d'oratoire et de salon à Sa Grandeur. Dom Garcia était là à genoux, penché sur un nécessaire de proportions colossales, capitonné de soie comme un écrin. Autour du grand vicaire, quantité de paquets enveloppés de papier de soie s'éparpillaient sur le tapis. J'ai deviné la mitre à sa forme pointue, dont un des fanons du reste avait crevé le papier de soie; puis j'ai reconnu la crosse, dévissée, réduite à quatre bâtonnets d'inégale longueur. La vue de ces objets sacrés, servant à la pratique du ministère le plus haut, qui traînaient sur le sol comme des choses misérables, m'a serré le cœur. En remarquant combien les mains rudes de dom Garcia étaient inhabiles à plier, à caser en leur endroit douillet tant de joyaux précieux, je ne pouvais m'empêcher de songer à la pauvreté de Mgr d'Urgel, qui n'avait pas, lui, comme Mgr de Montpellier, un *monsieur Félix*, un caudataire intelligent, aux doigts souples, dressé à toute espèce de menues besognes, de menus soins. Enfin, chacun de nous s'y étant mis, le nécessaire, aussi grand, aussi lourd qu'une malle, ma foi, a été fermé, bouclé, cadenassé.

— Et Monseigneur, révérendissime vicaire général? s'est informé dom Cisneros.

— Parlez plus bas. Monseigneur a fini par s'assoupir... En attendant que Sa Grandeur se réveille, nous allons recueillir les papiers déchirés un peu partout et les brûler. Il est inutile de laisser dans cette maison la moindre trace de notre passage.

Au risque de mettre le feu au séminaire, nous avons bourré la cheminée. La flambée a été énorme. On y voyait dans le salon comme en plein jour. Nous nous étions assis au milieu de la pièce, dom Miguel Garcia, grave et morne; dom Cisneros, la face rayonnante, imbibée d'idées heureuses : revoir son pays, sa mère...

Martinage, silencieux, ému; moi, saisi, ayant froid et ayant chaud à la même seconde, content de savoir Mgr de Guardiola rétabli sur son siège, et pourtant triste jusqu'à la mort.

Combien de temps sommes-nous demeurés sur nos chaises, immobiles, les yeux aux rideaux de la fenêtre très lumineuses sous le ciel criblé d'étoiles, chacun de nous cherchant un mot à dire et ne le découvrant pas? Je ne sais... Trois heures ont sonné. Le grand vicaire s'est mis debout, et s'adressant à Cisneros :

— Peut-être conviendrait-il de réveiller Monseigneur?

— S'il vous faut mon avis, révérendissime Père, a répondu le bénédictin, nous ne troublerons pas le sommeil de Monseigneur...

— Mais la chaise de poste sera à la porte du séminaire à quatre heures....

— Eh bien, la chaise de poste fera comme nous, elle attendra.

Le grand vicaire, persuadé, venait de reprendre son siège, quand une petite voix grêle a appelé :

— Garcia !... Cisneros !...

— Monseigneur?... ont répondu à la fois les deux Espagnols, courant à leur évêque.

Martinage s'est rapproché de moi, et, retrouvant sa langue morte :

— Veux-tu connaître mon désir à moi, petiot? Mon désir serait que Monseigneur fît un nouveau somme de plusieurs heures et qu'il descendit seulement quand le séminaire sortira de la méditation du matin... Est-ce qu'on se débarrasse d'un évêque comme cela ! C'est une impiété. Ah ! si j'étais en lieu et place de Monseigneur !... D'abord moi, que quelqu'un me donne une tape, j'en rends dix. Je tiens ce caractère de mon père.

— Monseigneur est fier, et il s'en va sans proférer une plainte. Il est plus grand que son malheur.

— Il a tort d'être si grand. S'il criait un peu...

— Messieurs, Sa Grandeur vous permet d'entrer, nous a annoncé dom Cisneros.

Nous nous sommes insinués sur la pointe des pieds, courbés, balbutiant...

— Mes chers enfants !... mes chers enfants !... a répété Monseigneur debout près de son lit, recevant les services de son vicaire général, qui lui boutonnait la soutane, et Dieu sait avec quelles précautions pour ne pas endommager l'étoffe un peu vieille, quelle tendresse pour lui faire paraître plus court ce moment fort ennuyeux !

L'évêque, son rabat au col, sa ceinture aux reins, s'est appuyé sur le bras de Miguel Garcia, transformé en valet de chambre, et a marché jusqu'à un fauteuil, près du feu allumé. Martinage et moi, nous nous sommes précipités à ses pieds. Il a levé les deux mains et les a appuyées sur nos têtes. Malgré mes cheveux épais, à certains moments je sentais contre mon crâne le contact d'un corps dur et froid. J'ai deviné que Monseigneur m'imposait sa main droite, chargée de l'anneau pastoral, et des larmes d'orgueil, de joie, de béatitude ont empli mes yeux, ont débordé mes paupières, se sont répandues en ruisseaux le long de mes joues.

Sa Grandeur, d'une voix chevrotante, nous a dit :

— Mes chers enfants français, je vous bénis de toute l'abondance des grâces que je reçus du ciel, le jour où il lui plut de m'accorder le sacerdoce dans sa plénitude. Je regrette que l'abbé Privat ne soit pas ici en ce moment : je l'aurais béni comme vous, et du plus profond de mon âme. Privat avait toutes les inquiétudes divines, ce qui est une grandeur ; mais Dieu ne veut pas être recherché, il veut être craint. « Ne scrutez pas en haut, contentez-vous de craindre. *Noli altum sapere, sed time.* » Vous, vous suivrez la voie simple, qui est la véritable voie, car, ainsi que le disait saint Ambroise à saint Augustin, très troublé avant sa conversion : « Le Seigneur n'a pas semé des problèmes à travers le monde, il y a semé des vérités plus éclatantes que le soleil, *veritates sole candidiores.* » Portez droite votre tête, et marchez sans préoccupations d'aucune sorte, car le Père céleste, qui nourrit les oiseaux de l'air, aura toujours une miette pour alimenter votre corps et un rayon pour éclairer votre esprit. Voyez ce que sa bonté infinie vient de réaliser pour moi : j'avais été abattu « comme le cèdre du Liban, *sicut cedrus Libani*, » car les évêques, d'après saint Cyprien, sont dans l'Église de Dieu les « cèdres » qui soutiennent l'édifice, et me revoilà debout. Après des gouvernements monarchiques, tout à fait indignes d'exercer le pouvoir, surgit un gouvernement populaire qui l'exerce dans la justice et dans la dignité, car rien de plus juste et de plus digne que les négociations ouvertes et si heureusement conclues pour mettre fin à mon exil. Que Dieu daigne reconnaître ce que la République a fait pour le plus humble de ses serviteurs, pour le pauvre Simon de Guardiola, évêque très indigne d'Urgel !

Ces derniers mots, délayés, fondus pour ainsi parler dans les larmes qui subitement se sont échappées de ses yeux, nous sont arrivés à peine. Dom Garcia, debout contre le fauteuil de Monseigneur, a articulé nettement :

— « *Domine, salvam fac Rempublicam !...* »

La porte de la chambre s'est ouverte. Cisneros, en faction dans le salonet, est entré.

— Monseigneur, a-t-il dit, le P. Lafon, envoyé par le P. Baudrez, demande si les directeurs du grand séminaire peuvent monter pour vous faire agréer leurs adieux.

Le vieil évêque s'est dressé d'un mouvement

très vif, et sa voix, malgré des pleurs mal essuyés, retrouvant son énergie ancienne :

— Je ne recevrai pas ces messieurs dans cet appartement. Je les supplie de ne pas se déranger à cause de moi. Du reste, je vais descendre pour dire ma dernière messe dans la chapelle, et ceux des PP. Lazaristes qui tiendraient à me rendre leurs devoirs me rencontreront à la sacristie.

Cisneros n'était pas sorti, que Sa Grandeur s'adressant au vicaire général :

— Allons, mon ami, le temps presse.

Miguel Garcia l'a aidé à se mettre sur pieds. Ils se sont acheminés vers le salon. Là, dom Cisneros a soutenu le vieillard au bras gauche, tandis que le vicaire général le soutenait au bras droit. Martinage et moi, ahuris, pantelants, écrasés, muets, nous suivions. Tous les deux pas, Monseigneur tournait la tête vers nous et sa figure, d'une blancheur d'hostie, nous souriait. Au moment de descendre l'escalier, il s'est arrêté au bord de la première marche; après cette halte, nous souriant encore :

— Rentrez dans vos cellules, mes enfants...

Puis d'un ton ineffable :

— Je prierai pour vous à Urgel... Adieu !...

Penchés sur la rampe de fer, nous l'avons suivi dans les tournants de l'escalier éclairé par de faibles lumignons. Tout à coup nos yeux trop chargés, ne l'ont plus vu.

C'est égal, nos directeurs n'ont pas eu le dernier mot. La chaise de poste, attendue pour quatre heures, n'est arrivée qu'à six, au moment juste où le séminaire au grand complet sortait de la méditation. Monseigneur, qu'on n'a pu cacher, emprisonner dans l'une de ses malles, a été acclamé jusqu'à extinction de nos voix.

Sa Grandeur s'est contentée de lever la main et de passer.

DIXIÈME CAHIER

I

Grand Séminaire, 9 avril 1848.

Quand Mᵍʳ Thibault doit officier à la cathédrale, le grand séminaire, en surplis, va l'attendre à la porte de son palais, et, chantant le *Veni Creator...*, lui fait cortège jusqu'à Saint-Pierre. Indépendamment de ce service, fort solennel, fort beau à travers la rue des Carmes, Monseigneur en a un autre, quotidien celui-ci et plus intime, en l'intérieur de ses appartements. Chaque matin, deux séminaristes — un diacre ou un sous-diacre suivi d'un minoré ou d'un simple abbé — traversent le faubourg Boutonnet pour aller servir à Sa Grandeur la messe basse qu'elle dit tous les jours, vers les neuf heures, dans la chapelle de l'évêché.

Hier dimanche, Martinage et moi avons été prévenus par le P. Laplagne que c'était notre tour de faire la petite excursion à la rue des Carmes. Tout d'abord, j'ai été surpris de l'aubaine. — Eh quoi ! on me donnait pour « acolyte » à Martinage, à mon Martinage, quand on pouvait me donner à Bonafous, un modèle de piété assurément, mais avec lequel j'aurais été gêné, je n'aurais osé souffler mot...

Nous n'avions pas fait dix pas hors de la maison, que mon chambrier, les bras en mouvement, la langue en train, enlevé d'aise comme une grosse bartavelle des monts d'Orb, me contait les joies sans nombre que lui réservait la journée : en premier, il aurait l'honneur insigne d'assister Monseigneur à l'autel ; puis il pourrait visiter M. Martin, d'Agde, curé de Saint-Denis ; puis il aurait le temps de se rendre place de la Canourgue pour offrir ses hommages respectueux à Mme la marquise de Thomières, dont le quartier de la Cathédrale admirait la charité, et qui certainement ne l'oublierait pas quand il recevrait la prêtrise...

— Alors, après la messe de Monseigneur, je rentrerai seul au séminaire ? ai-je interrompu.

— Pas le moins du monde ! Tu ne me quittes pas jusqu'à quatre heures. Tu sais, saint Roch et son chien.

— C'est cela : vous êtes saint Roch et je suis le chien.

Son extrême contentement le disposant à rire, il a crevé sur moi comme une outre.

— Tu me suis, répétait-il après chaque éclat; tu me suis...

— Chez votre père, au Cours des Casernes ?

— Chez mon père, au Cours des Casernes.

— Et aussi chez M. Martin, d'Agde ?

— Certainement... Si, au moins, M. Martin, d'Agde, avait la bonne pensée de te gratifier d'un exemplaire de son livre : *Saint Jean Chrysostome !* Quel ouvrage !

— Vous l'avez lu ?

— Est-ce qu'on a le temps de lire, au grand séminaire !

— Et comment savez-vous ?...

— Privat me l'a dit.

— Il avait donc le temps de lire, lui ?

— Je ne sais comment il s'y prenait : il était au courant de tout... Mais aussi sa tête y a passé.

— Ne parlons pas de cela ! me suis-je écrié, blessé au cœur, m'arrêtant au milieu du chemin.

Au bout de six secondes, nous nous sommes remis en marche. Comme nous abordions la rue des Carmes, mon chambrier m'a dit :

— Tu serais peut-être enchanté, petiot, si je te présentais à Mme la marquise de Thomières ?... Tu comprends, tu n'as été recommandé à Mme la marquise par personne, et je n'oserais prendre sur moi... Elle me fait du bien...

J'ai reculé d'épouvante. Puis mes lèvres, collées l'une contre l'autre, ont laissé filtrer ces mots péniblement :

— Je ne veux pas la voir, votre marquise, je ne veux pas la voir.

La porte cochère du palais épiscopal se dressait devant nous. Martinage a soulevé le lourd marteau de fer et a frappé un coup retentissant.

Au grand séminaire, on accuse Monseigneur d'être un peu capricieux, un peu bizarre, parfois un peu violent. Je ne sais, moi qui n'ai jamais eu l'honneur de l'aborder, qui l'ai aperçu seulement le jour de l'ordination, à Noël. Dans tous les cas, il s'est montré aujourd'hui particulièrement aimable pour ses abbés.

— Ne vous en allez pas, j'ai à vous parler, nous a dit Sa Grandeur, comme Martinage et moi, après la messe, l'aidions à dépouiller les ornements sacerdotaux.

« J'ai à vous parler. » Cette phrase m'a effrayé et a troublé mon compagnon. N'osant nous communiquer nos craintes, nous nous sommes à plusieurs reprises regardés avec inquiétude; puis nous avons attendu patiemment, dans la petite chapelle de l'évêché, que Monseigneur, rentré dans son oratoire intime pour y réciter l'*Oratio post missam*, se décidât à nous faire appeler. Enfin le valet de chambre, le fameux *monsieur* Félix, marchant sans bruit dans des pantoufles de feutre, vient nous prévenir qu'on nous attend.

Nous trouvons notre évêque dans son cabinet, assis devant un guéridon où sont posées trois tasses de porcelaine, des tasses magnifiques, avec un filet doré large de deux doigts sur les bords.

Est-ce que Monseigneur aurait envie de nous inviter à déjeuner, par exemple ? Je n'ai pas ouï dire qu'il ait jamais reçu un séminariste à sa table. Sa grosse face rouge, toute rouge, parsemée de croûtelettes se soulevant par places, respire la bonté. Moi qui n'ai vu Sa Grandeur que de loin dans la chapelle du séminaire, qui lui ai trouvé quelque chose de noble, de majestueux dans les traits, je suis ennuyé de lui découvrir ce visage de brique, où s'étale un nez énorme, tuberculeux, renflé comme une tuile de chez Sire. Chose singulière ! je sens diminuer mon enthousiasme pour mon évêque, un peu aussi mon respect.

— Eh bien, Albert, aimes-tu toujours le café au lait ? demande Sa Grandeur à mon chambrier.

— Toujours, Monseigneur, répond-il délibérément.

— Comme lorsque tu étais acolyte à la cathédrale et que tu te glissais dans les cuisines de l'évêché pour en écrémer les pots avec ta fine langue de chat ?

— C'est vrai ! bredouille-t-il, éclatant de rire sans retenue, ce qui me paraît de la dernière inconvenance.

Cependant, Monseigneur, qui n'accorde nulle

attention aux débordements joyeux du diacre.
— il le connaît de si longue date ! — m'invite à
m'asseoir et ordonne à *monsieur* Félix de remplir les tasses. Nous prenons place autour du
guéridon, Martinage avec aisance comme au
réfectoire du séminaire, moi avec stupeur,
l'âme figée, les membres en bois. Sa Grandeur
trempe dans le lait crémeux — c'est à peine si
monsieur Félix lui a versé trois gouttes de café
— de courtes mouillettes beurrées ; Martinage
trempe d'énormes morceaux de pain à tout
instant renouvelés ; moi, je ne trempe rien,
l'estomac malade, serré dans un étau. Monseigneur, avec sa calotte violette, sa soutane violette, sa croix pectorale resplendissante soutenue
par une chaînette en or, l'améthyste étincelant
à son doigt à chacun de ses mouvements, Monseigneur me tourmente, m'opprime, m'éblouit,
voilà. Cette pensée me martèle le cerveau sans
relâche : « Je suis devant mon évêque... » Pourtant, si ma mère, si ma tante Angèle me
voyaient prenant le café au lait, non chez
Mme veuve Vigouroux de la rue de l'Aiguillerie, mais chez Monseigneur, avec Monseigneur, quels remerciements n'adresseraient-elles pas au ciel !

— A propos, Albert, tu es l'ami du pauvre
abbé Privat ? a demandé Sa Grandeur.

— Le pauvre abbé Privat m'aime, en effet,
beaucoup, Monseigneur, et je l'aime beaucoup
aussi.

— Il était fort agité, n'est-il pas vrai, dans ces derniers temps?

— Son agitation ne lui laissait de repos ni jour ni nuit, dans ces derniers temps. Depuis trois mois, il ne vivait plus.

— Il ne vivait plus?

— Votre Grandeur connaît mieux que moi les directeurs qu'elle nous a donnés, et je ne lui apprendrai rien en lui parlant du caractère tout de fermeté, de rigueur, de résolution, de M. le supérieur Baudrez. Au moment du pas décisif du sous-diaconat, l'abbé Privat avait été travaillé par des scrupules; mais les encouragements persistants, impératifs, du P. Baudrez, « debout à la porte de son âme comme un berger à la porte de sa bergerie pour empêcher le loup d'y entrer, » — je cite les propres paroles de l'abbé Privat, — le rassurèrent à la fin, et il se laissa promouvoir au sous-diaconat et plus tard au diaconat sans nouvelle alerte du Démon. Avec la perspective de la prêtrise, l'Ennemi reparut, et Augustin Privat, déchiré à toutes griffes, ne parlait que de disparaître, de s'en aller...

— De s'en aller où?

— Où, Monseigneur? Partout où ne serait pas le séminaire, où ne seraient pas nos directeurs, où nous ne serions pas, nous autres, ses condisciples. M. l'abbé Ferdinand Fabre, bouleversé, l'embrassait alors, et moi je m'éreintais à le calmer, lui répétant, après M. le supérieur Baudrez, que la suprême faveur du sacerdoce, par la présence habituelle de Dieu qu'elle lui promettait au saint sacrifice de la messe, anéantirait ses doutes, le pacifierait complètement. Les élans affectueux du jeune abbé Fabre le touchaient; mais moi, il ne m'écoutait guère et il continuait à se déchirer...

— A se déchirer?

— Je puis dire : à se « déchirer, » Monseigneur, car, un jour, dans ma chambre, en me gémissant ses douleurs, il se passa la main au visage par un geste si rude, que des gouttes de sang en jaillirent de toutes parts. Les ongles d'une bête féroce n'eussent pas amené de pires ravages sur ses traits. — « Mon ami, mon cher Privat!... » lui criai-je m'emparant de ses deux mains. Il tomba brisé sur une chaise et articula trois fois : — « Je souffre... Je souffre... Je souffre... »

Martinage, à court d'haleine, s'arrêta. L'évêque pâlit, le regarda, mais ne l'invita pas à poursuivre. Moi, je laissais errer partout mes yeux pleins, m'efforçant de tenir la tête haute pour faire rentrer les pleurs suspendus à mes cils.

Soudain, Monseigneur, avec une sorte d'emportement :

— Et pourquoi, je vous prie, monsieur, vous qui, dès l'enfance, par un privilège dont vous vous montrez si peu digne, jouissez de vos grandes et petites entrées dans ce palais, ne me dénonçâtes-vous pas le martyre où se débattait le plus intéressant à coup sûr et le plus saint de mes séminaristes ?

— Je n'aurais jamais osé entretenir Votre Grandeur..., balbutia le diacre, atterré de l'algarade.

— En dépit d'un caractère que je voudrais voir à la longue relevé d'un peu de gravité, — de la noble gravité sacerdotale, — vous n'êtes pas sans posséder quelques-unes des qualités de votre mère qui, dans l'humilité de sa situation, fit paraître un cœur droit, franc, honnête, bon, courageux, et je vous blâme...

— Oh ! Monseigneur...

— ... Et je vous blâme de m'avoir laissé ignorer l'acharnement de la lutte soutenue par l'abbé Privat. Votre affection pour lui vous imposait le devoir de m'instruire. C'est le cas de vous rappeler ces mots de l'Écriture : « Un ami fidèle est le remède aux maux de la vie, *Amicus fidelis medicamentum vitæ.* » Qui vous dit, si j'eusse été prévenu à temps, que l'abbé Privat n'aurait pas été sauvé par moi ? J'étais mieux fait que vous pour comprendre le supplice auquel la hauteur exceptionnelle de sa nature religieuse le condamnait, pour m'associer à sa torture, finalement l'aider à triompher de l'Ennemi. On ne vous a donc pas édifié, au séminaire, sur l'abondance de grâces dont les évêques disposent par la vertu unique de l'épiscopat?... « Je puis tout en Celui qui me fortifie, *Omnia possum in Eo qui me confortat.* »

— Pardonnez-moi d'oser intervenir, Monseigneur, c'est un malheur, en effet, que M. l'abbé Martinage ne soit pas venu à l'évêché...

Je n'ai pas achevé ma phrase, la parole coupée par un regard de Sa Grandeur. Ce regard certes était bienveillant, je dirai plus, aimable. N'importe, mon évêque arrêtant ses yeux sur moi, j'ai senti le fil de ma pensée se casser dans mon cerveau et suis demeuré bouche bée.

— Maintenant, a repris Monseigneur avec une émotion qui le pâlissait toujours davantage, maintenant tout est fini peut-être. Le docteur Estor, très dévoué à guérir le vilain eczéma qui m'empourpre la face, me visite de temps à autre. Il m'a apporté, avant-hier, les plus tristes nouvelles de l'abbé Privat. — « La fin est prochaine, m'a-t-il dit. La violence des crises redouble, et le premier assaut emportera, je le crains, — ou plutôt non, je le souhaite, — le malheureux abbé Privat. Le fameux docteur Willis disait qu'une folie seule avait résisté aux efforts de son art, la folie religieuse. Le docteur Willis disait vrai. Avec l'abbé Privat, il ne nous reste qu'à attendre la mort, autrement dit, la délivrance. »

— La mort? a balbutié Martinage.
— La mort? ai-je balbutié.
Alors notre évêque, gravement :

— Dieu est plus grand que tout. Nous devons l'aimer profondément ; mais, en raison de sa grandeur incommensurable, de sa grandeur que l'univers ne saurait contenir, nous devons l'aimer aussi avec sagesse et modération. Nos organes sont trop fragiles pour ne pas éclater au seul contact de sa puissance. Regrettons de n'avoir pas un cœur assez vaste pour y loger notre Dieu, et ne tentons pas, comme Privat, de l'engouffrer tout entier en nous dans un élan d'amour. Notre amour même, engendré de l'homme, est, hélas ! comme tout ce qu'il est permis à l'homme d'engendrer, limité, fini, et il ne dépend pas de nous qu'il ne sorte pas, ne soit pas de nous. Résignons-nous à l'humilité de notre condition misérable et attendons le ciel où le divin Maître est allé lui-même « nous préparer une place, *vado parare vobis locum.* »

Avec ce texte, Monseigneur nous a bénis. Il nous a congédiés.

J'ai suivi mon chambrier, ne sachant trop où j'allais, ne m'en préoccupant guère. Ma pensée, mon être, comme étourdis, étaient à Privat mourant, à Privat que, pour se conformer aux ordres de M. le supérieur, nul séminariste n'avait été autorisé à visiter à l'Hôpital-Général depuis Noël. — Que redoute-t-on ? Est-ce que la folie est contagieuse ? — Pas celle de Privat, toujours, la folie de Dieu.

En cheminant à côté de Martinage muet, je me reprochais amèrement mon obéissance au P. Baudrez, et je m'en voulais, durant mon congé du jour de l'An, de ne pas être allé m'informer de mon ami, de n'avoir rien tenté pour le voir. Sait-on s'il ne m'eût pas reconnu? si des paroles que mon cœur eût trouvées ne lui auraient pas apporté quelque soulagement?

— Tiens! a dit Martinage, voilà une boite comme celle que tu m'as donnée.

J'ai levé le nez. Nous étions dans la rue Cardinal, et nous longions la devanture de la confiserie Caizergues.

— Ah! oui...

Nous sommes arrivés sur la place de la Comédie, à dix pas de la fontaine des Trois-Grâces. Le diacre, son bréviaire sous le bras, n'a pas baissé les yeux devant ces trois femmes en marbre, toutes nues, mais moi je les avais au pavé.

— Décidément, viens-tu au Cours des Casernes? m'a-t-il demandé.

— Non.

— Où iras-tu?

— J'irai voir ma cousine, à la Visitation.

— Et après?

— Après, si vous le voulez, j'entrerai à la cathédrale, où il y a de fort beaux tableaux à regarder, et je vous attendrai jusqu'à quatre heures en les regardant.

— J'aurais pu te reprendre chez Mlle de Fouzilhon.

— Elle est partie pour la Roquette...

— Eh bien, c'est cela, tu m'attendras à Saint-Pierre, non pas à quatre heures, mais à trois heures et demie. Nous devons être rendus au séminaire à quatre heures juste... Prends par l'Esplanade, tu arriveras plus vite rue de la Blanquerie.

Il a disparu dans un tourbillon de poussière.

Ce brusque abandon m'a consterné. Qu'allais-je devenir seul dans la grande ville? J'ai faussé compagnie aux trois femmes nues de la fontaine. Là-bas, devant moi, se détachaient de longues files de soldats alignés. On faisait l'exercice sur l'Esplanade.

Une curiosité me poussant, je me suis aventuré jusqu'au parapet qui barre l'entrée de la promenade aux voitures. Les soldats continuaient leur manœuvre; des officiers allaient et venaient dans les rangs. De temps à autre, un mot détonait, pareil à un cri, et la colonne tournait à droite, tournait à gauche, docile au commandement. Peut-être, dans le fond, mes idées étaient-elles ailleurs qu'à ce spectacle absolument nouveau pour moi; mais tout de même ce spectacle m'intéressait et mes yeux y demeuraient attachés. Soudain, un peloton, gagnant les casernes de la Citadelle, a défilé; il avait en tête un jeune officier assez petit, fin, élégant, raide dans son uniforme, marchant avec la rigidité d'un compas qui marcherait. Dieu ! le lieutenant de Louvières.

M. de Louvières, absorbé, ne déviant d'une ligne, tout à son devoir militaire, ne m'a pas vu ; mais j'ai eu peur, s'il venait à repasser, d'être découvert là parmi cent badauds entassés au soleil, et je me suis sauvé vers l'autre extrémité de l'Esplanade, celle qui envisage le faubourg Boutonnet, les bois de Lavalette, le pic Saint-Loup.

Cependant, les bataillons du génie avaient l'un après l'autre traversé le pont jeté sur le chemin de fer de Montpellier à Nîmes, et s'étaient engouffrés dans les bâtiments de la Citadelle. Plus un soldat, plus un flâneur en l'étendue de l'immense promenade, rase comme la main. J'ai éprouvé un sentiment de bien-être indicible dans ma solitude. Le temps était merveilleusement doux, avec ces courants d'air tiède d'avril qui allument des fleurs à toutes les branches. La plaine vers Castries verdissait d'un vert très clair, presque blanc ; mais, du côté du pic Saint-Loup, aux croupes rocheuses de la montagne, le noir rude de l'hiver persistait. — Je suis bien sûr que Mme de Sauviac, tandis que Montpellier est devenu un véritable parterre, ne saurait cueillir une violette là-haut, ai-je pensé à brûle-pourpoint.

L'*Angelus* a sonné... La cloche de Notre-

Dame, avec ses tintements, a réveillé chez moi des souvenirs mal étouffés : le chanoine Pommerol, M. de Sauviac, M. de Louvières, l'abbé Combalot, le petit Maurice, Mme de Sauviac m'ont occupé à ce point que je n'ai pas songé à réciter les trois *Ave* de rigueur. J'ai quitté le coin où je m'étais réfugié ; mais, au lieu de répondre à la cloche par la prière habituelle, j'ai répondu à une impulsion secrète plus forte que ma piété, et suis allé m'asseoir sur un banc bien connu de moi, un banc ancien, un banc ami, un banc qui s'est mis en travers de ma vocation et par-dessus lequel j'aurai de la peine à sauter.

Les délicieuses minutes ! C'est horrible ! mais, si le bonheur pour moi a été jamais quelque part, je l'ai goûté là dans sa plénitude. Je croyais tenir la main de Maurice, puis j'entendais la voix de Mme de Sauviac s'entretenant avec M. de Louvières. Quel effet, dans mon être ensorcelé, produisait cette voix de miel ! Les femmes ont donc des façons à elles de parler, de se tenir, de regarder, de marcher, de faire tout ? Privat avait raison, un jour, d'attribuer des ailes à une mendiante passant sur un âne dans le chemin de Castelnau. Les femmes ont des ailes de la tête aux pieds, et elles en ont aussi à leurs paroles qui volent, volent, volent toujours. Moi, si affectionné aux linottes babillardes de Camplong, je n'en ai jamais entendu, à l'aube, quand j'allais leur tendre des gluaux dans l'Espase desséchée, préluder d'une intonation plus fraîche, plus pure, plus aérienne...

D'un effort violent, je me suis arraché à mon banc de l'Esplanade, ce banc de perdition, et, revenant sur mes pas, après un crochet aux environs de l'Hôtel Nevet, — un crochet de bête traquée par la meute hurlante, — je me suis perdu dans la ville.

J'ai erré, erré longtemps. Je ne savais où j'allais, et ce m'était un plaisir. Une fois, je me suis trouvé presque hors de Montpellier, sur la route de Lodève. J'ai songé que, de Lodève, on touchait vite à Bédarieux, et l'envie m'a pris aux jambes de courir jusqu'au pays natal. Ici, je me sentais opprimé, écrasé par mille servitudes : là-haut, je serais libre. La vue de « la campagne » du séminaire aperçue parmi ses lauriers-roses et ses cyprès, a suffi pour calmer ma fièvre, car j'étais en proie à la fièvre. Je me suis replié vers le faubourg Saint-Guilhem, que j'ai traversé au pas, tête basse, honteux...

Malheureusement, je suis si faible, si irrésolu, si misérable, si peu à Dieu, que je n'échappe à une tentation que pour tomber coup sur coup dans une autre. J'ai eu peur tout à l'heure de céder à un élan vers les miens, et, par un effort suprême, j'ai pu rétrograder vers la ville. Maintenant, je remonte la Grande-Rue, l'air très calme, les yeux aux distractions de la chaussée, du trottoir, des magasins, et le Démon me ressaisit. Je suis planté à la devanture d'un libraire, dont j'ai lu de loin le nom écrit en grosses lettres : « Patras. » Je regarde, je dévore, je mange les livres neufs étalés sous mes yeux. Les livres m'ont toujours fort troublé ; dès mon enfance, chez mon oncle Fulcran, j'ai eu pour les livres je ne sais quel respect profond, quelle attention émue. Je me suis dit souvent depuis : — « C'est dans les livres que l'homme a caché ce qu'il a de plus noble, de plus haut, de plus vertueux, de plus vaillant..., » et mille fois j'ai baisé avec amour les pages de mes *Confessions* de saint Augustin ou de mon *Imitation de Jésus-Christ*.

Je furète toujours dans les rangées de Patras, ébloui, avide, enchanté, frémissant. — Jocelyn ! — Oui, le *Jocelyn* de Lamartine, le *Jocelyn* de Mme de Sauviac est là, mignon, habillé d'une couverture blanche à filets rouges enchevêtrés qui lui sied à ravir. Au même instant, les griffes de l'Ennemi du genre humain m'entrent dans la chair ; je suis soulevé de terre ; j'ouvre la porte de la librairie ; je compte trois francs cinquante centimes à Patras ; je m'en vais...

Est-ce parce que je porte *Jocelyn* que je marche si vite ? Je ne sais. Le fait est que je vais comme le vent. Je m'arrête à la rue de la Blanquerie. Je respire. Tandis que j'essuie mon front ruisselant, des scrupules me viennent...

— Entrerai-je à la Visitation avec *Jocelyn* dans la poche de ma soutane? N'y aura-t-il pas là comme un outrage fait à ma cousine, fait à Dieu? — Je palpe le livre à sa place, sur mon cœur, et, sans plus ample délibération avec moi-même, j'enfile l'étroite ruelle d'Aigrefeuille, coupant droit vers la cathédrale.

La cathédrale, presque noire malgré sa rosace illuminée, est vide. Un sacristain errant me dit qu'il vient de sonner deux heures et demie. Une heure à attendre! Le Démon, qui me mène en laisse, me chasse hors de Saint-Pierre où je prierais sans doute, et me conduit vers le Jardin des Plantes où je lirai certainement.

Comme je traverse le boulevard, non loin de l'Hôpital-Général, un attelage, qui remonte vers le Palais de Justice, me frappe. On dirait le landau de M. de Sauviac... C'est le landau du comte. J'ai reconnu le cocher. — On est donc rentré de la Roquette? — Je rabats mon chapeau et lance un regard de tous mes yeux. Mme de Sauviac, élégante, occupe dans la voiture sa place ordinaire; mais j'entrevois une autre femme dans le fond, très simplement vêtue, celle-là, dont il m'est impossible de démêler les traits, — Juliette peut-être.

Pourquoi les chevaux vont-ils au pas? J'aperçois alors un véhicule peint en noir, de forme étrange, à caisse démesurément allongée sur des roues très rapprochées, dont l'essieu paraît trop court. Un convoi funèbre! Quelque malheur aurait-il frappé Mme de Sauviac? Est-ce que Mlle de Fouzilhon ou Mlle de l'Hospitalet, qui sont âgées?...

— Vous êtes venu, vous aussi, monsieur l'abbé? me demande quelqu'un.

— Que se passe-t-il, Florien?

— Comment! vous ne savez pas?... C'est M. l'abbé Privat qu'on emporte à Saint-Jean-de-Fos.

— Il est mort?

— Hier matin. M. Estor a tout de suite envoyé une dépêche à Mme la comtesse, et Mme la comtesse m'a dit de la suivre à Montpellier. Ah! qu'elle est bonne! Elle a voulu s'occuper de tout, et maintenant elle accompagne, dans sa voiture, la mère de M. l'abbé Privat jusqu'à Saint-Jean-de-Fos, où elle assistera à l'enterrement...... Je vous salue, monsieur l'abbé.

Je n'ai pas soufflé mot. Je sanglotais.

Les yeux noyés, le visage noyé, j'ai pu enfin, à tâtons, me diriger vers la cathédrale. Juste, comme j'entre sous le porche, Martinage paraît.

— Eh bien? s'écrie-t-il se précipitant à ma rencontre.

— Privat est mort.

— Mort!

Il passe son bras sous le mien, me soutient, m'enlève.

Nous avons fait la moitié du chemin vers le séminaire en silence. Tout à coup Martinage, essuyant de grosses larmes, a murmuré :

« *De profundis clamavi ad te, Domine...* »

Pour moi, je n'ai pu arracher une syllabe à mes lèvres paralysées.

ONZIÈME CAHIER

I

Grand Séminaire, 17 avril 1848.

J'ai des velléités de résolution, mais je suis incapable de me résoudre. Certains transports me portent très haut; puis je ne me soutiens plus et retombe. Je ne me raidis jamais qu'à demi contre ce qui me déplaît, par l'impuissance d'une volonté qui commence tout et n'achève rien. Quand je suis seul avec moi-même, que j'ai le courage d'éliminer de mon examen des considérations de famille accablantes, je découvre, en ma nature loyalement consultée, toutes sortes d'incompatibilités, d'antipathies pour la carrière sacerdotale. Et cependant, par le fait de ma lâcheté invincible, je tremble de devenir prêtre. Il faudrait m'en rapporter à cette voix de probité qui me parle dans le recueillement affecté de mes jours, dans l'agitation plus franche de mes nuits, et, coûte que coûte, secouer le joug. Un peu d'audace, et je serais libre ! C'est justement le défaut de ce peu d'audace — j'en demanderais gros comme un grain de mil — qui tient toute ma vie en échec.

On ne vit jamais dépression morale comparable à la mienne. J'en rougis honteusement. L'autre jour, j'ai cédé à un irrésistible mouvement de vaillance et j'ai acheté chez Patras le *Jocelyn* de Lamartine. Je volais à travers la ville, serrant le livre contre ma poitrine, me sentant réchauffé par lui, enlevé par lui. Je devais, rentré ici, lire, relire ce poème que Mme de Sauviac trouve un chef-d'œuvre, qui est un chef-d'œuvre certainement. Eh bien, rentré ici, je me suis hâté d'enfouir *Jocelyn* dans ma malle, sous mes hardes, et depuis quinze jours je n'y ai pas touché. Assurément la mort d'Augustin Privat, par le vide qu'elle crée autour de moi, — j'avais toujours compté le voir revenir, — la mort d'Augustin Privat n'a pas laissé dans ces derniers temps grande liberté à mon esprit. Mais, je dois avoir la franchise de me l'avouer à moi-même, ce malheur qui pèse toujours sur moi n'a été pour rien dans ma retenue. Ma réserve provient uniquement d'une infinité de scrupules de conscience obscurs, indistincts, subtils, presque intangibles, sous le poids desquels je plie comme un roseau.

Si encore j'avais la fermeté de ne plus penser à ce livre, de l'oublier! Mais il m'obsède, et je souffre mort et martyre, étreint dans cette alternative ou de lire *Jocelyn* ou de le mettre en pièces dans un élan d'énergie.

II

Grand Séminaire, 23 avril 1848, jour de Pâques.

Ma situation est le comble de l'abaissement moral; je n'ai pas voulu m'en expliquer avec le P. Laplagne, trop habile à tisonner au foyer de mon âme et à recouvrir de cendre les moindres braises pour les étouffer. Dans une minute de paix intérieure où la lumière a éclairé le dernier repli de moi-même, j'ai vu clair, très clair. Si je n'ai pas retiré *Jocelyn* de sa cachette, si je ne l'ai pas ouvert, j'eus peut-être quelque mérite à me comporter ainsi. Par-dessus tout, en quelque mauvais pas que mon imprudence m'ait précipité, j'ai le devoir de demeurer honnête, et je cesserais d'être honnête en viciant l'épreuve du grand séminaire que j'ai acceptée. Si je ne puis vivre ici, avec les idées d'ici, l'enseignement d'ici, les contraintes d'ici, je me retirerai de cette partie engagée avec Dieu, mais je ne tricherai point. Or ce serait tricher que d'introduire dans ma vie actuelle des éléments qui ne devaient pas entrer dans le jeu. Je ne lirai pas *Jocelyn*. Saint Augustin écrit à la page 172 de ses *Confessions* : « Cette lutte intestine est un duel de moi-même avec moi-même, *Ista controversia in corde meo, non nisi de meipso adversus meipsum.* » Cette phrase va à mon adresse.

III

Grand Séminaire, 10 mai 1848.

Nous ne sommes pas au milieu de mai et l'on dirait l'été dans sa gloire. On ne peut tenir sous les tilleuls de la cour. Nous ne respirons guère que dans les corridors de l'établissement, dans le parloir surtout, plus enfoui au milieu des constructions, plus abrité, plus frais.

Cette après-midi pourtant, en dépit de ce soleil brutal, nous nous sommes élancés hors de la bergerie comme un noir troupeau de moutons, dans la montagne cévenole, et avons tiré vers Castelnau. Quelle poussière au quartier de la Pierre-Rouge ! Nos soutanes avaient revêtu la couleur grise des oliviers qui bordent le chemin. Les tristes arbres, ces oliviers déjetés, tordus, rogneux ! Pas un mot ; chacun s'éventait ou s'épongeait avec son mouchoir. On se serait cru en juillet, à la saison torride des cigales.

Enfin, un bouquet d'ormes, vert, rutilant, apparaît dans la lumière aveuglante; puis des rochers pointus, concassés, calcinés, croulants, se montrent, embellis par places de touffes de romarins et de lavandes. Des traînées de gazon, parmi lesquelles on entend le clair gazouillis d'un ruisseau, décorent la pierraille pittoresquement. Nous sommes au bord du Lez, à l'entrée des bois de La Valette.

Quelle ombre épaisse! Je me grise avec délices de cette ombre. Un de nos directeurs, le P. Lafon, nous donnant l'exemple, chacun se met en quête d'une place douillette sur l'herbe, s'y étend à demi avec la décence qui convient. La rivière, sinueuse et lente, nous envoie les bouffées d'un air vif, parfumé, réconfortant; la rivière nous baise au front pour ainsi dire. L'abbé Bonafous, saisi par la douceur du paysage, le charme adorable de l'endroit, murmure non loin de moi:

— « Qu'il fait bon ici, Seigneur! Si nous y fixions notre tente?... »

Et déclamant le texte latin, non sans prétention:

« *Domine, bonum est nos hic esse, faciamus hic tria tabernacula.* »

Je ne déteste personne au monde; mais, par exemple, je n'aime pas ce Bonafous, sans cesse sur mes talons depuis un mois ou deux. — Que me veut-il? Lui a-t-on enjoint de m'espionner? — Un hasard heureux me permet de m'isoler : les sous-diacres, novices encore dans la récitation fort compliquée du bréviaire, viennent de se grouper autour de l'abbé Bonafous, chargé de les édifier sur la *Rubrique* et sur l'*Ordo*. Je regarde. Les livres sont neufs ; j'admire les housses de lasting qui les recouvrent soigneusement, donnant un éclat fulgurant à la tranche dorée. Une envie singulière me pénètre dans le désordre de mes idées ; je voudrais avoir mon bréviaire. — Ma tante Angèle, ma mère m'entendront-elles jamais balbutier *Laudes, Matines, Sexte, None* ? — Elles seraient trop heureuses... Et moi, serais-je heureux ?...

Je descends le cours du Lez par un sentier étroit. Des tiges minces de bouleaux jaillissent du sol à droite, à gauche, clairsemées. Ces arbres frêles, délicats, me montrent une écorce argentée qui me réjouit. Pourquoi ? Je ne saurais le dire. Le fait est pourtant que la vue de ces bouleaux m'enchante. Je vais, je vais dans une sorte de ravissement ému. La nature s'empare de moi dès que je me trouve seul avec elle. J'ai éprouvé cela cent fois, mille fois dans mon enfance à Camplong, et plus tard à Bédarieux, à la Tuilerie, à la Grange-du-Pin. Oh ! puis le Lez est si beau avec la profusion de feuilles que je vois trembler dans sa profondeur, découpées à l'emporte-pièce, nettement, vivement...

Je n'entends plus le ronron latin des sous-diacres. Je m'enfonce toujours davantage, je m'enfonce... Ciel! le P. Perboyre. Il est là assis dans la fente d'une rocaille, sur mon chemin, le front penché, immobile. Je le salue avec respect. Il m'aperçoit. Il me sourit. Je m'incline de nouveau, puis j'ose approcher. S'il me disait un mot, il me ferait tant de bien! Il n'ouvre pas la bouche, se lève, disparaît...

Il m'a semblé que le P. Perboyre avait les yeux rouges. — Aurait-il pleuré? — A l'endroit où je l'ai surpris il repassait peut-être dans son cœur le martyre de son frère, et son cœur avait éclaté. On est un saint, mais la famille vous tient aux entrailles tout de même. Un attendrissement me gagne, je pense à la mort glorieuse du missionnaire lazariste, je l'envie. Si je m'étais trouvé à sa place, quelle gloire! Tout d'un coup, retirant *Jocelyn* de ma poche, je le lance dans la rivière. Je n'ai pu m'empêcher de pousser un cri : un trait enfoncé dans ma chair et que j'aurais arraché violemment ne m'aurait pas fait souffrir davantage.

— Que jetez-vous là? m'a demandé Bonafous, planté sous les bouleaux.

— Si vous avez besoin d'un exemplaire de *Jocelyn* par Lamartine, allez le pêcher dans le Léz.

— Et pourquoi aviez-vous ce livre infâme?

— Cela ne vous regarde pas.

IV

Grand Séminaire, 17 mai 1848.

Le soleil rôtit toujours nos murailles et nous grille un brin dans nos cellules ; néanmoins, quand, cette après-midi, Bonafous, de sa voix flûtée, est venu m'apprendre que M. le supérieur me demandait, j'ai tremblé comme, à l'entrée de l'hiver, tremble un rouge-gorge dans les oseraies de l'Espase, à Camplong. Je me suis hâté... lentement. Ce P. Baudrez, grand, décharné, cadavérique, me fait peur.

Me voici devant lui. Il est penché sur une table chargée de livres et de papiers. Il écrit avec une grosse plume d'oie des lignes serrées, toutes noires.

— Monsieur le supérieur ?... ai-je balbutié.

Il ne lève pas la tête, continue d'écrire. Décidément, je n'existe pas pour ce religieux austère, préoccupé de mille intérêts. Le froid qui m'a saisi dès la cour augmente. Encore un peu, je grelotterais... Quel accueil différent je reçois chez le P. Laplagne ! Le P. Baudrez sait pourtant que je suis là puisqu'il vient de me crier : « Entrez !... » Je songe à me retirer, à m'évader de cette présence qui me terrifie. Je m'incline respectueusement, hasarde un pas vers la porte.

Mais M. le supérieur, qui, par quelque jeu des prunelles, — un jeu de prunelles ecclésiastique qui fait voir gens et choses sans les regarder, — suit et les mouvements de sa plume d'oie et le moindre de mes mouvements, m'arrête court.

— Vous ne pouvez donc pas attendre une minute? me dit-il.

Un de ses yeux me fixe et me cloue sur place. Il tousse d'une petite toux de chèvre qui a avalé une ortie. Le cœur arrêté, j'attends.

— Est-il vrai que vous ayez introduit de mauvais livres dans cette maison? me demande-t-il.

— Moi, monsieur le supérieur!...

— Vous tremblez.

— C'est que...

— On vous a vu *Jocelyn* par M. Alphonse de Lamartine.

L'image de Bonafous passe devant moi, et m'enhardissant à cette vision odieuse:

— Et qui me l'a vu, *Jocelyn*?

— Un peu plus d'humilité, je vous prie. Répondez-moi au lieu de m'interroger... Oui ou non, avez-vous apporté *Jocelyn* ici?

— Oui, monsieur le supérieur, j'ai apporté *Jocelyn* ici.

— Si vous eussiez menti, je vous aurais intimé l'ordre de faire votre malle et de quitter le séminaire à l'instant.

Puis, après une pause, d'un ton presque tendre:

— Approchez, qu'on vous tire les oreilles.

Je suis allé à lui d'un élan très vif, subitement dégagé des entraves qui me garrottaient âme et corps. Ses doigts, blancs, osseux, aux phalanges noueuses, aux articulations arrondies et dures commes des billes à jouer, ont en effet saisi mon oreille droite et l'ont serrée à m'arracher le morceau. Cette caresse rude m'irrite dans le fond: je le sens douloureusement, on marche sur moi, on me piétine; mais j'ai échappé à mes terreurs de tout à l'heure, et je ne songe pas le moins du monde à protester. D'ailleurs, un grand séminariste s'est donné à son supérieur, il lui a livré dès le premier jour sa dignité, son honneur, sa vie, et il serait mal venu à réclamer ce qui ne lui appartient plus.

Le P. Baudrez reprend :

— Rentrez dans votre cellule, retirez *Jocelyn* de sa cachette et me l'apportez tout de suite. Il n'est pas de livre plus dangereux que ce poème où un soi-disant prêtre s'est complu à étaler ses turpitudes; ce livre, s'il restait dans cette maison, suffirait à l'empoisonner... Allez!

— Mais je n'ai plus *Jocelyn* chez moi, monsieur le supérieur.

— Vous ne l'avez plus?

— L'abbé Bonafous a dû vous dire que, hier, j'ai jeté *Jocelyn* dans le Lez....

— Que me parlez-vous de l'abbé Bonafous, et où prenez-vous qu'il se soit porté votre accusateur?... Et quand bien même l'abbé Bonafous, s'il a vu dans vos mains l'ouvrage en question, aurait crié au scandale !... Apprenez ceci pour le cas où vous l'ignoreriez : Dieu n'a pas confié la garde, la vigilance de votre vocation à vos directeurs uniquement ; il l'a confiée à tous vos condisciples, aux murailles mêmes de cette maison, qui ont des oreilles, qui trouveraient une langue pour déposer contre vous si vous étiez indigne... Vous avez donc jeté *Jocelyn* dans le Lez ?

— Pourquoi vous mentirais-je, à présent ?

— Vous avez sans doute obéi au remords de votre faute ?

— Je ne sais. J'ai lancé le livre au loin et l'ai vu tomber dans la rivière. Voilà.

— Enfin, je voudrais connaître quelle idée vous a poussé à vous alléger...

Dépité, il s'interrompt. Dans leurs orbites évidés, creux et noirs, ses yeux brillent d'un éclat jaune et long de cierges sur l'autel. Cette lumière, tout entière projetée sur ma face, me gêne horriblement.

Le P. Baudrez continue :

— Je vous crois. Vous êtes un cœur sincère. La pratique minutieuse de la règle vous communiquera la noblesse qui vous manque encore. Si je vous tourmente un peu, cher enfant, c'est pour votre bien.

Ce « cher enfant » emprunte à cette bouche amère une suavité dont je suis pénétré, et ce texte du prophète Osée, que j'apprends par

cœur en ce moment, me traverse la mémoire :
« Il est parfumé comme le Liban, *Odor ejus ut Libani.* »

Je tombe dans les bras de M. le supérieur ; il m'étreint, m'étreint de nouveau. Je ne sais de quel côté tirer avec mes yeux noyés qui ne distinguent rien. Il me prend par la main, me mène jusqu'à la porte de son cabinet.

V

Grand Séminaire, 8 juin 1848.

Je me débats dans les ténèbres infernales. J'ai invoqué Dieu, et Dieu ne m'a pas entendu. Cependant, le mois de juin s'écoule petit à petit, et, le 29, la fête des saints apôtres Pierre et Paul célébrée, il faudra quitter le séminaire pour aller en vacances. — Oserai-je paraître à Bédarieux avec l'habit ecclésiastique, quand je suis si peu sûr de le garder ? — Ce n'est pas au P. Laplagne, conciliant, affectueux, glissant sur tout, n'appuyant sur rien, mais au P. Baudrez, curieux de vous, intraitable, glacé, plus coupant, plus amer que le houx du roc de Bataillo, que j'aurais dû confier la direction de ma conscience, de ma vie. Celui-ci n'eût pas, comme l'autre, offert uniquement à mes lèvres les bords du calice du sacerdoce, il m'eût fait vider le calice jusqu'à la lie. Sait-on, dès lors, si quelque dégoût invincible, quelque haut-le-cœur d'honnêteté robuste ne m'aurait pas sauvé?...

J'ai beau m'ouvrir de mes inquiétudes à mon directeur, doux à l'égal de Jean, le disciple bien aimé du Sauveur, sa mansuétude obstinée a réponse à tout. Grâce à tant de miel répandu, je redoute de demeurer englué dans l'Église comme un frelon dans une ruche, et, ce matin, au fond de ma cellule, il m'a pris une envie folle de crier, d'appeler à l'aide, au secours. Juste, Martinage est entré à cette minute de suprême angoisse. Il riait à gorge déployée.

— Parlez, qu'avez-vous à rire ainsi? lui ai-je demandé, blessé sans trop savoir pourquoi.

— Parbleu! je ris de te voir la figure si longue, m'a-t-il répondu, m'enveloppant de ses deux bras et me soulevant pour s'amuser.

— Je vous supplie de me laisser en paix. Ces jeux m'assomment.

— Mais c'est de l'amitié, ça.

— Nous ne saurions être des amis, puisque nous ne nous comprenons pas.

— Ah! par exemple!...

— Est-ce que vous souffrez ce que je souffre?

— Ma foi, non, je ne souffre pas...

— L'âme ne vous fait donc jamais mal, mal à en mourir?

— Ni l'âme ni le corps ne me font mal. Par

la grâce de Dieu, je maintiens l'une et l'autre en parfaite santé.

— Eh bien! moi, j'étouffe dans votre caserne ecclésiastique...

— Est-ce la perspective d'être prêtre qui t'épouvante?

— Oui.

— Ce n'est pourtant pas si terrible.

— Cela dépend de l'idée qu'on se fait du sacerdoce. Pour moi, le sacerdoce est si haut que je désespère d'ouvrir jamais d'assez grandes ailes pour m'élever jusqu'à lui. Dans ce séminaire tout murmurant de prières et de syllogismes, j'ai écouté attentivement ce que les PP. Lazaristes m'ont dit, ce que m'y a dit Mgr de Guardiola, et, sans que j'aie eu à m'en mêler, mon esprit s'est formé une certaine conception du prêtre. Le prêtre, dans mon opinion, a le devoir étroit de se montrer constamment au-dessus de la nature humaine, de vivre constamment près du ciel. Je me décourage, et je renonce à la poursuite d'une vocation qu'on veut m'imposer et qui n'est pas en moi. Il me faudrait déjà ne me préoccuper que d'en haut, et c'est d'en bas que sans cesse je me préoccupe. Vainement on me répète: « Pensez au ciel! » C'est à la terre que vont toutes mes pensées... Vous avez le secret de ma torture.

Martinage me considérait avec étonnement.

— Je ne savais pas, mon Ferdinand, je ne

savais pas…, a-t-il bredouillé enfin, tout gauche, tout penaud.

Puis, après m'avoir secoué fortement les deux mains, — nouvelle preuve irrécusable de son amitié, — sautant à pieds joints sur mes confidences si douloureuses pour retrouver son caractère :

— Tu ne devinerais jamais, mon petiot, pourquoi je riais de cette force en t'abordant. Je venais de recevoir une lettre de mon oncle Sosthène, m'invitant, comme tous les ans, à aller passer les vacances chez lui, à Riols. Tu te souviens, n'est-ce pas, de mon oncle Sosthène Martinage, brigadier de gendarmerie en retraite ?…

Il a déplié une feuille de papier et a lu :

« Les truites du Jaur, encore que tu leur aies joué plus d'un mauvais tour, ne t'en veulent pas et continuent à se frotter le ventre aux cailloux, au fond de la rivière. Arrive vite, Albert : nous ferons chanter la lèchefrite. »

En repliant la lettre de son oncle, il s'esclafait joyeusement.

— Ah ! oui, nous la ferons chanter, la lèchefrite, nous la ferons chanter ! répétait-il. Tu viendras goûter ma pêche, n'est-ce pas, petiot ? Riols est si près de Bédarieux ! D'ailleurs, en allant, j'ai le dessein de passer à Bédarieux pour le prendre…

La cloche pour le réfectoire ne l'aurait pas interrompu, il ne se serait pas sauvé vers la soupe de midi à toutes jambes, que certainement je lui sautais à la gorge.

— Imbécile ! imbécile ! imbécile ! lui ai-je crié trois fois à travers ma porte close, humilié dans mes souffrances, me reprochant d'avoir parlé à un sourd, m'en voulant de ma naïveté comme d'une bassesse ou d'une duperie.

VI

Grand Séminaire, 22 juin 1848.

Si je sue sang et eau, si je m'indigne, si je pleure en gravissant mon calvaire, c'est que je vois distinctement la croix dressée au bout et qu'il m'importe de ne pas être crucifié. Accepter la prêtrise, c'est accepter le gibet, car un prêtre qui à toute heure n'aurait pas le courage de mourir serait un traître, le rebut de l'humanité. Ah ! s'il m'était permis de faire comprendre à ma tante Angèle, à ma mère, les motifs très religieux de mes répugnances ! Mais où trouver des paroles qui leur rendraient visibles, à elles d'une piété simple, primitive, des choses d'âme si secrètes, si enveloppées ?

Parfois, un vent déchaîné d'orage me soulève, et je démêle fort bien que, si n'étaient mon immense soumission, mon immense respect pour ma tante, mon immense tendresse pour ma mère, dans les flancs de laquelle je respire encore, l'habit que je porte ne chargerait pas mes épaules demain. Mais en quel coin de moi-même découvrir cette force capable d'armer mon bras pour frapper ma mère au cœur ?

VII

Grand Séminaire, 23 juin 1848.

Je n'ai pu supporter la pensée de quitter le grand séminaire sans avoir entretenu le P. Laplagne, sans être allé une dernière fois en consultation chez lui. Sortir d'ici comme je m'évaderais d'une prison, ce serait indigne, presque scélérat.

J'ai mis une sorte de désespoir dans cette confession suprême, et je me suis ouvert à mon directeur de toutes mes misères dévorantes, lui posant le doigt sur chacun de mes doutes, chacune de mes hésitations, — autant de plaies qui saignent incessamment. Il n'a su que répandre sur moi le baume de ses paroles. Mon âme, avide de flagellation, grondait sous les caresses, et une colère terrible la travaillait sourdement. Lui, d'une voix tranquille, me faisait entrevoir mon avancement prochain dans les ordres, me détaillait les grâces attachées aux divers degrés de la hiérarchie sacrée, qu'il comparait à l'échelle de Jacob.

— Hélas! mon Père, ai-je dit, l'interrompant, ces échelons que vous me montrez, je crains bien de n'en franchir aucun jamais. Jacob endormi vit un ange, non un homme, au long de l'échelle mystérieuse dont l'extrémité touchait au ciel.

— Vous serez un ange quand l'évêque consécrateur, missionnaire du Très-Haut, vous aura imposé les mains.

— Non! mille fois non! Je ne suis qu'un homme et, je le devine, je ne serai jamais qu'un homme. Je vous en supplie à genoux, mon Père, conseillez-moi sans ménagements. J'ai mis une telle confiance en votre vertu, qu'un mot de vous, un seul mot, peut me perdre ou peut me sauver. Oh! prononcez le mot qui me sauvera... Je le reconnais, on contracte ici chaque jour des engagements éternels sans y mettre tant de façons. Moi, je ne saurais. Si on me menaçait seulement de la tonsure, et si, par quelque contrainte des miens ou de vous, je venais à l'accepter, à la subir, je serais capable, comme l'abbé Privat, d'en perdre la raison. Ayez pitié! j'aurais horreur de prendre ce qui ne m'est pas dû. Ce serait voler. En me refusant la vocation, Dieu a déposé en moi une hauteur de probité qui me défend contre tout entraînement hypocrite. C'est cette probité aux abois qui vous implore, qui...

— « Marthe, Marthe, disait Jésus à la sœur de Lazare, vous vous mettez en peine de bien des choses. Une seule chose est nécessaire : aimer Dieu...

— J'aime Dieu, je l'aime de toute mon âme, de toutes mes forces; mais les préoccupations de mon être bouleversé sont invincibles. Je vous le répète, mon Père, j'en vois ici qui contractent les engagements les plus redoutables sans le moindre tremblement du cœur ou de l'esprit. Si cette quiétude parfaite est le signe de leur élection, je les admire et les envie; mais si elle n'est qu'une vaine apparence, si surtout il s'y mêle l'ombre d'un calcul, je les plains et ne voudrais pas leur ressembler.

— Je vous rappelle à la charité envers vos condisciples, dont les directeurs de cette maison, après Dieu, ont seuls le droit de sonder les dispositions intérieures. Parlons de vous, puisque aussi bien c'est pour me parler de vous que vous êtes venu. Dans l'état où je vous vois, j'ai peur que vous ne retiriez pas grand profit de mes conseils. Toutefois, je n'hésite pas à vous dire de ne pas hâter vos résolutions. Vous avez passé ici huit mois à peine. Or, huit mois ne sauraient suffire à votre directeur, à vous-même, pour vous connaître, vous sonder, vous pénétrer jusqu'au dernier repli. D'ailleurs, soyez rassuré tout de suite : je vous rouvrirai moi-même la porte du séminaire, dès qu'il me sera démontré que vous n'êtes pas né pour vivre parmi nous, que Dieu ne vous a pas marqué...

Des larmes m'ont empli les yeux.

— Savez-vous ce qui m'inquiète, m'effraye pour vous, mon cher enfant? a-t-il poursuivi.

— Quoi donc, mon Père?

— Le siècle, où des scrupules trop délicats voudraient vous faire rentrer... N'y a-t-il pas au fond de vos tiraillements intimes quelque embûche du Démon?... Assurément, il est épouvantable de penser qu'un défaut d'examen, une méconnaissance de soi, une ruse satanique — cela est arrivé — peuvent précipiter un homme, le premier venu d'entre les hommes, dans la théorie céleste des ordres sacrés, et je ne me ferai pas votre complice pour cette aventure sacrilège. Mais, réfléchissez-y, que deviendra, au milieu des intérêts compliqués, des agissements brutaux du monde, celui qu'une faveur spéciale avait désigné pour une vie de paix, de recueillement, dans le service des plus nobles devoirs, à l'ombre de la croix de Jésus-Christ? Nombre de jeunes gens, après nous avoir quittés, sont revenus, effarés de la seule vue des hommes. Si, à votre tour, vous devez vous éloigner de moi qui vous aime tendrement, je vous invite à travailler, dès ce jour, à vous rendre les nerfs plus résistants, plus solides que vous ne les avez. L'extrême sensibilité de votre nature trop féminine — vous ressemblez à votre mère, m'avez-vous dit souvent

— trouverait dans l'Église sa libre expansion du haut de la chaire chrétienne où l'on est toujours sûr d'émouvoir quand on est ému. A quoi vous servira-t-elle ailleurs? Ailleurs, elle sera votre ennemie de toutes les heures. Partout vous la porterez, vous la traînerez, et partout elle vous trahira : dans les affaires, elle vous fera dupe; dans l'amitié, elle vous fera dupe; dans l'amour, puisque pour l'instant il demeure acquis que la femme vous possède, elle vous fera dupe... Quelques jours à peine nous séparent des vacances : « Veillez et priez, *vigilate et orate.* »

— Et quand j'aurai veillé? Et quand j'aurai prié?

— Vous partirez vaillamment.

— Avec l'habit ecclésiastique?

— Oui, avec le saint habit ecclésiastique. Lui, vous guidera, vous conservera, vous protégera. Le drap noir de votre soutane est, entre le siècle et vous, une muraille plus solide que vous ne croyez. Dieu a mis la main au tissu.

Le cœur transi, le cœur gros, le cœur noyé dans une mer d'amertume, je me suis échappé, refusant d'en entendre davantage. « La solitude, ainsi qu'il est écrit à la page 172 de mon livre favori, de mes *Confessions de saint Augustin*, la solitude allait me donner la liberté de mes pleurs, *solitudo mihi ad negocium flendi aptior suggerebatur.* »

VIII

Grand Séminaire, 24 juin 1848.

Je l'ai éprouvé cruellement après mon entretien avec le P. Laplagne : quelque profonde, quelque abondante que nous jugions notre douleur, la source de nos larmes s'épuise vite. Suprême misère ! l'homme voit tout de suite, touche tout de suite la fin de son être. Désespéré, j'avais cru mon désespoir éternel, et il « s'est évanoui comme l'ombre, » pour rappeler une parole terrible des Livres saints. J'ai eu beau, en me voyant condamné à aborder les miens, ma ville natale, enveloppé dans le funèbre habit de M. Prunières, j'ai eu beau lever une griffe jusqu'à ma poitrine et faire sauter trois boutons de ma soutane, bientôt mes doigts tremblants ont recueilli ces trois boutons sur le carreau de ma cellule et, vaille que vaille, les ont recousus.

O ma mère ! si des forces cachées, dont à certains moments je sens le grondement sourd au fond de moi-même, ne font pas explosion pour me rejeter hors d'ici, comme la poudre de mine, sur les chantiers de la Grange-du-Pin, lance en l'air un bloc de rocher, je suis capable de périr dans cette maison.

IX

Grand Séminaire, 25 juin 1848.

La mine a éclaté cette nuit et avec une telle violence que le sol, autour de moi, est partout jonché de débris.

Comment s'est produit cet événement, cet événement énorme?...

Hier au soir, après le réfectoire, j'ai causé longuement avec Martinage sur un banc de la cour où la lune, très claire, très vive, projetait toute l'ombre d'un tilleul. J'étais attentif aux mille branchettes que la lumière nocturne découpait devant moi avec une surprenante netteté. Martinage jabotait selon son habitude, m'initiant à la capture des truites dans les bas-fonds rocheux du Jaur.

— C'est fin, la truite, c'est fin, disait-il... Il ne suffit pas, pour prendre la truite, de nager comme je nage, de plonger comme je plonge; il faut avoir étudié ses façons, observé comment elle est coutumière de se tenir dans l'eau... Avancez sans bruit dans la rivière; glissez doucement votre main sous le ventre du poisson, au repos parmi des herbes, des racines, des feuilles, des pierrailles; mettez deux doigts aux ouïes et serrez fort, très fort. La truite est à vous...

Le tilleul assurément me causait quelque distraction; mais, somme toute, le gros des renseignements de mon ami, entêté à faire de moi le compagnon de ses pêches à Riols, me restait, et je laissais aller sa langue tout en laissant aller mes yeux. Je dois croire pourtant qu'en dépit d'un calme très bienfaisant, le chagrin, le noir chagrin de ma vie, cheminait toujours en moi, car par intervalles je recevais des secousses intérieures qui, si je ne me fusse de mes dix doigts cramponné au banc, m'auraient précipité sur le sable de l'allée...

On sonna pour la prière.

Est-ce que je chancelais quand je me suis levé? Il ne m'en souvient guère. Ce dont je me souviens, c'est de l'impression très agréable que me procura la grande main fraîche de Martinage tombant sur ma main brûlante et la couvrant à peu près toute.

Avec quel élan j'ai prié! Pour la première fois, dans cette chapelle glacée, tragique, — Privat m'obsède toujours, — dans cette chapelle où j'ai si souvent gémi, si souvent pleuré, j'ai eu le pressentiment que notre âme, stimulée, portée, enlevée par un immense amour, pouvait avoir des ailes. Tout ce qui sortait de moi, paroles, balbutiements, exclamations, soupirs, je le voyais de mes deux yeux ouverts monter, monter, monter, et un apaisement ineffable me gagnait, et « la consolation dans les larmes, » chantée par saint Thomas, s'infiltrait en moi goutte à goutte, me rafraîchissant ensemble les lèvres et le cœur, « *In fletu solatium.* »

Je devais une amende honorable à ma soutane si âprement maudite, si rageusement déchirée la veille : au moment de me coucher, je l'ai baisée avec le respect ému d'un bon prêtre baisant la nappe immaculée de l'autel. Joie, joie céleste ! je me suis endormi en récitant la troisième dizaine de mon chapelet... « *Ave, Maria, gratia plena... Ave...* »

Vers le milieu de la nuit, un sursaut me met debout, et, sans me rendre compte de la chose, je me trouve à bas de mon lit. À la fin de juin, le jour paraît de bonne heure. Je regarde stupidement de premières blancheurs sur mes rideaux... Soudain, avec une violence inouïe, un emportement m'enlève de terre comme un coup de vent une feuille dans les châtaigneraies de Camplong, et je roule, et je flotte, et je vole à travers ma cellule, bouleversant tout, ravageant tout, saccageant tout. Mes livres sont à terre; mes cahiers sont à terre; mes hardes sont à terre; horreur! mon bénitier et mon crucifix sont à terre. Mes ongles ont saisi au hasard et ont bousculé, déchiré, mis en pièces, brisé les objets à leur portée. Je ne veux plus rien de cela, je ne veux plus d'ici... Incontinent, je bondis à ma porte pour m'échapper.

Je marcherai tant que je trouverai chemin sous mes pas...

Au moment où je m'élance, j'entends quelqu'un tousser dans les corridors. Je m'arrête, dresse l'oreille. C'est le P. Lamolinairie, surveillant de semaine, qui fait sa ronde. Mon courage est coupé en deux, et je me rencogne chez moi.

Ma peur, ma lâche peur, me rend quelque calme... C'est étonnant la peine que j'éprouve à m'asseoir : mes jambes ont la raideur de branches desséchées, — les branches de mon tilleul de la cour. Je suis harassé, et je demeure immobile, inerte sur l'unique siège de ma chambre. Je promène mes regards de tous côtés. Quel dégoût il me vient de moi-même ! Il est plus amer, ce dégoût, que le fiel présenté par ses bourreaux à Jésus sur la croix...

La tête basse, l'âme encore plus basse, je recueille mes livres, mes cahiers, mes habits épars. Je n'ose toucher ni à mon bénitier ni à mon crucifix, le premier cassé en trois morceaux, le second, par je ne sais quel miracle, resté intact.

A quoi me résoudre ?

J'examine, je contemple, je savoure un remords qui me déchire comme une pointe. Tout à coup, j'enlève le crucifix et le serre contre ma poitrine à le faire entrer en moi-même malgré la barrière de ma chair. Les sanglots m'étouffent au contact du divin Sauveur, et, le retenant de mes deux mains, je retombe sur mon lit.

Le tranquille réveil ! Je n'ai pas souvenance qu'il se soit rien passé de fâcheux chez moi cette nuit. La vertu du crucifix, collé à mes lèvres, a guéri ma fièvre. La tempête intérieure est apaisée, abolie. Comme je me trouve bien ! Une sérénité quasi divine m'enveloppe. Dans ma pauvre cellule, « le Christ règne, le Christ commande, *Christus regnat, Christus imperat,* » comme dit le P. Laplagne. Que réclame de moi ce Christ si tendre, si *suave*, — encore un mot du P. Laplagne, — ce Christ qui m'a sauvé ? Je devine. Je cours à ma table, et j'écris à ma mère les lignes suivantes :

« *Grand Séminaire, ce 24 juin. Cinq heures du matin.*

« Ma mère chérie,

« La lutte où j'ai manqué périr prend fin dès ce moment. Dieu ne veut pas que je sois prêtre et je ne le serai point. Une lumière m'a éclairé cette nuit : j'ai vu le Fils à la droite du Père, et la volonté d'en haut m'a été clairement manifestée...

« Que deviendrai-je dans le monde où je tombe brusquement, comme précipité du ciel ? Je l'ignore. Je sais seulement que les misères dont j'y serai accablé ne seront rien comparées à celles qui m'assailliraient dans la vie ecclésiastique, pour laquelle je ne suis pas fait. Le sanctuaire m'épouvante à l'égal de l'Enfer.

« Croyez-moi, ma mère, Dieu n'est si redoutable qu'à ceux qui ne se détachent pas de lui, qu'à ceux qui l'aiment. C'est vous avouer qu'il n'entre dans ma résolution que des motifs nobles, des motifs dignes de votre enfant respectueux et soumis, de votre enfant malheureux, qui n'eût jamais plus besoin de votre tendresse et de vos soins. Il me semble du reste que, désormais, je vais vous aimer davantage, mon père, ma tante et vous. Je suis rendu à moi-même et, du même coup, je vous suis rendu.

« FERDINAND. »

Un soleil magnifique emplit ma chambre. O journée radieuse, journée bénie de délivrance, je te salue !

Il est cinq heures et demie. Je me risque dans le grand escalier. Je suis déterminé à aller jeter moi-même ma lettre à la première boîte du faubourg Boutonnet.

Le concierge, occupé à balayer les classes, ne m'a pas vu quand je suis passé, quand j'ai ouvert la lourde porte d'entrée du séminaire. Mon ange gardien me cachait sans doute « à l'ombre de ses ailes, *Sub umbra alarum tuarum protege nos.* »

La lettre est partie.

DOUZIÈME CAHIER

I

Grand Séminaire, 29 juin 1848.

O mon journal si triste, ô mon journal désolé, éclaire-toi, illumine : je suis heureux ! Je viens de voir ma mère, de la serrer dans mes bras, de l'y serrer encore, et mon être déborde des sentiments qui m'enlevaient autrefois et que je croyais abolis. Non ! non ! le grand séminaire n'a pas pris tout mon *moi* des anciens jours, mon *moi* si gai, si épanoui, de Camplong, de Bédarieux, de la Tuilerie, de la Grange-du-Pin... Petit bonhomme vit encore.

Tandis qu'elle s'excusait de n'avoir pu quitter mon père depuis novembre pour me venir voir, surtout de m'avoir laissé souffrir seul, moi, retenant ses deux mains dans les deux miennes, je la considérais, je l'admirais, je la bénissais, et ne savais que lui répondre ceci :

— Vous avez bien fait de rester auprès de mon père, vous avez bien fait...

— Je t'ai apporté tes habits laïques, m'a-t-elle dit tout à coup.

— Oh !...

— Tu dépouilleras la soutane chez Bouffardin, où je suis descendue.

— Que vous êtes bonne ! que vous êtes sainte !...

Je suis impuissant à expliquer la nature de mes sensations, quand j'articulais ces mots bien simples. Le fait est qu'à chaque syllabe, des transports me soulevaient sur le banc du parloir, et qu'après chaque mot, une douceur de miel m'emplissait la bouche. Tous les parfums que mon âme pouvait contenir à la suite de sa longue claustration dans cette maison située aux parterres du ciel, mon âme prodigue les répandait aux pieds de ma mère.

Nous partirons demain, elle et moi. Nous serons seuls. Avant de nous éloigner de Montpellier, nous ne verrons ni ma cousine Clotilde, en retraite depuis le 24 février, ni Mmes de Fouzilhon et de l'Hospitalet, toujours en villégiature au pic Saint-Loup. Dieu a pris pitié de mon état et m'a allégé de visites atroces pour me laisser avec ma mère.

O mon journal, mon ami, je te baise à lèvres pleines. Quelle aide tu m'as prêtée aux mauvais jours ! Je ne te rouvrirai plus ici...

— Le Démon brûle sur toi ses dernières cartouches, m'a dit tout à l'heure Martinage.

— Il vise singulièrement juste, le Démon, lui ai-je répliqué.

— Ah! pour adroit, il est adroit comme un singe...

Il rit encore...

Quand je pense tout de même que demain, ma mère et moi, nous gagnerons Bédarieux, et que je serai libre... Libre ! Est-ce possible ?

Dans mon enfance rustique, à Camplong, je pris un jour, en une crevasse du presbytère, antique prieuré des Frères Mineurs de Saint-François, décrépit, croulant, un jeune hibou qui n'avait pas encore fait ses plumes. J'étais fort content de l'aubaine, et je portai en plein soleil mon oisillon, hérissé, velu comme un gros rat du grenier. Il me regarda de ses yeux jaunes, eut une manière de petit cri aigu, sauvage, puis chancela sur ses pattes, tomba le bec contre le sol. Je le saisis à pleines mains. Il était mort.

Moi, encore que j'aie séjourné en des endroits un peu enténébrés, un peu noirs, je ne suis pas un hibou, voyons, et la vue du soleil ne me tuera pas ?... Peut-être.

FIN

Achevé d'imprimer

le trente avril mil huit cent quatre-vingt-neuf

PAR

ALPHONSE LEMERRE

(Aug. Springer, *conducteur*)

25, RUE DES GRANDS-AUGUSTINS, 25

A PARIS

www.ingramcontent.com/pod-product-compliance
Lightning Source LLC
Chambersburg PA
CBHW060929230426
43665CB00015B/1892